SCHADUWZIJDE

Peggy Blair

Schaduwzijde

VAN HOLKEMA & WARENDORF
Uitgeverij Unieboek | Het Spectrum bv, Houten – Antwerpen

Oorspronkelijke titel: *The Beggar's Opera*
Vertaling: Paul Heijman
Omslagontwerp: Davy van der Elsken | DPS Design
Omslagfoto jongen: Vanesa Muñoz | Trevillion Images
Omslagfoto straat: Peeter Viisimaa | Getty Images
Opmaak: ZetSpiegel, Best

ISBN 918 90 00 30023 5 | NUR 332

© 2012 Peggy Blair
© 2012 Nederlandstalige uitgave: Uitgeverij Unieboek | Het Spectrum bv,
Houten – Antwerpen
Oorspronkelijke uitgave: The Penguin Group

www.unieboekspectrum.nl

Van Holkema & Warendorf maakt deel uit van
Uitgeverij Unieboek | Het Spectrum bv
Postbus 97, 3990 DB Houten

Alle rechten voorbehouden. Niets uit deze uitgave mag worden verveelvoudigd, opgeslagen in een geautomatiseerd gegevensbestand, of openbaar gemaakt, in enige vorm of op enige wijze, hetzij elektronisch, mechanisch, door fotokopieën, opnamen, of enige andere manier, zonder voorafgaande schriftelijke toestemming van de uitgever.

Voor zover het maken van kopieën uit deze uitgave is toegestaan op grond van artikel 16 Auteurswet 1912, juncto het Besluit van 20 juni 1974, Stb. 351, zoals gewijzigd bij het Besluit van 23 augustus 1985, Stb. 471 en artikel 17 Auteurswet 1912, dient men de daarvoor wettelijk verschuldigde vergoedingen te voldoen aan de Stichting Reprorecht (Postbus 3060, 2130 KB, Hoofddorp). Voor het overnemen van gedeelte(n) uit deze uitgave in bloemlezingen, readers en andere compilatiewerken dient men zich tot de uitgever te wenden.

Voor Jade

*In tijden van universele misleiding
verwordt het vertellen van de waarheid tot een
revolutionaire daad.*

– George Orwell

Proloog

Ricky Ramirez' ouders stonden aan de andere kant van de deur en spraken op gedempte toon met de dokters. De hand van zijn grootmoeder voelde als een kippenpoot in zijn kleine hand. Haar ogen waren nog dicht en haar ademhaling was oppervlakkig. De ziekenkamer rook naar tabak en anijs vermengd met zweet.

Hij was eerder verbaasd dan bang toen ze opeens rechtop ging zitten en zijn hoofd aan de oren naar zich toe trok. Ze trok zo hard dat de tranen hem in zijn negenjarige ogen sprongen. 'De doden zullen komen,' raspte ze. 'Mijn geschenk aan jou, als oudste kind.' Haar stem was bijna niet te herkennen. Ze had dagenlang niet gesproken.

'Welke doden, oma? Kom jij terug?' Dode mensen gingen juist weg, en kwamen voorzover hij wist nooit meer terug.

'Nee,' glimlachte ze zwakjes. Haar greep ontspande en ze tikte hem met haar zachte hand op zijn wang. 'Hoe graag ik je ook zou zien opgroeien, mannetje.'

'Wie komen er dan, *mamita*?' Hij wreef over zijn pijnlijke oren.

Haar lichaam zakte langzaam weg in het metalen bed. Ze pakte zijn hand weer.

'Boodschappers van gene zijde. Eshu, de *orisha*, stuurt ze om jou te helpen zodat jij hen kunt helpen. Jij wordt politieagent, Ricky. Ik zie het in je toekomst. Behandel ze met respect, dan behandelen ze jou ook met respect. Maar dit mag je nooit vergeten: Eshu is een bedrieger.' Ze fluisterde haar laatste woorden zo zacht dat hij zijn best moest doen om haar te verstaan. 'Dit blijft ons geheim; de goden worden zo snel boos. Beloof je dat?' Ze gaf hem een kneepje in zijn handpalm.

'Ja, oma.'

Ze liet zijn vingers voor de laatste keer los en sloot haar ogen weer.

Toen haar hand in de zijne kouder werd, wist hij dat ze weg was, maar niet waarheen, en hij begon te huilen.

Toen hij eenmaal over zijn verdriet heen was, raakte de jonge Ramirez opgewonden bij het idee van geestverschijningen. Tegelijkertijd wilde hij dat zijn mamita hem iets bruikbaarders had nagelaten, een honkbalknuppel of zo.

De weken gingen voorbij, daarna de maanden, maar er waren geen doden, geen boodschappers, en hij had nog altijd geen knuppel.

Zijn ouders legden hem uit dat zijn oma oud en verward was geweest, dat ze was gestorven aan een vreemde vorm van dementie die maakte dat ze dacht dat er dingen waren die er niet waren. Zijn erfenis, zo leerde hij later, was er een van defecte genen.

Tegen de tijd dat hij ontdekte dat hij stervende was, was Ricardo Ramirez de inspecteur die aan het hoofd stond van de afdeling Zware Criminaliteit van de Cubaanse Nationale Revolutionaire Politie in Havana.

1

1 januari 2007

Vanuit Hector Apiro's kamer op de dertiende verdieping van de medische toren zag inspecteur Ramirez een jonge politieagent op het trottoir beneden tegen een lantaarnpaal hangen.

Een week eerder, op Kerstavond, had dezelfde verveelde agent gewerkt op een hoek van de Malecón. Hij had toen, net als nu, ongetwijfeld gehoopt op een tasjesdief, een aanrijding, alles wat de sleur maar kon doorbreken. In plaats daarvan, zo had hij verklaard, had hij een buitenlands echtpaar zien ruziën toen een straatjochie probeerde wat geld van hen los te krijgen. Zou de jongen nog in leven zijn geweest als hij had ingegrepen?

Omwille van Apiro hoopte Ramirez bijna van niet.

'Die agent moet beter uitkijken waar hij gaat staan,' had Ramirez 's morgens gezegd tegen de dode vrouw die aan Apiro's bureau had gezeten. Ze was die ochtend op de parkeerplaats opgedoken. Ze was gekleed als een *southern belle* in een jurk met veel ruches en een witte bandana met een reusachtige stoffen bloem. Aan de kralensnoeren om haar hals kon je zien dat ze een volgelinge van santería was, of liever: was geweest.

Op een of andere manier had ze kans gezien haar niet onaanzienlijke derrière in Apiro's stoeltje te persen. Ze zat daar erg ongemakkelijk, wapperde zich met een waaier koelte toe en wachtte geduldig tot Ramirez aan haar moord ging beginnen.

'Eerder deze maand is er hier in de buurt een gebouw ingestort,' legde Ramirez uit, zachtjes voor het geval Apiro de kamer in kwam zonder dat Ramirez zijn kenmerkende hupje had gehoord. 'Ik heb de sterfgevallen onderzocht, Apiro de lichamen.'

Ze knikte beleefd maar wantrouwig. In tegenstelling tot de anderen weigerde ze zich in te laten met pantomime. Ze zou een harde noot zijn om te kraken, dacht Ramirez. Toch had iemand haar gekraakt, dwars door het borstbeen, afgaand op het grote mes dat uit haar borstkas stak.

Het verbaasde Ramirez dat de kanker het mes niet voor was geweest. Zelfs nu ze dood was, had ze een afgekloven zevenduims handgerolde Montecristo in haar hand, hoewel ze nooit meer zou inhaleren. Apiro was van plan 's middags sectie op haar te verrichten.

Ramirez had ten onrechte gedacht dat doden welwillender tegenover zoiets tijdelijks als een lichaam zouden staan, maar hij zag de teleurstelling op het gezicht van de vrouw groeien toen ze Apiro's foto's nauwkeuriger bekeek. Die hingen allemaal beneden oogniveau. Misschien had ze verwacht dat een dokter van Apiro's enorme statuur een, nou ja, navenant lijf had. Maar wat Apiro's tekortkomingen ook mochten zijn, ze waren niets vergeleken met de hare. Apiro leefde tenminste.

Hector Apiro werkte parttime als oproep-patholoog voor de afdeling Zware Criminaliteit in Havana. Ramirez wist niet goed waarom de vroeger zo beroemde plastisch chirurg deze onaangename baan had aangenomen. Het enige wat Apiro daarop zei was dat lijken nooit midden in de nacht verdwenen. Hij verwachtte niets van ze en dus werd hij nooit teleurgesteld.

'Neemt u maar van mij aan,' zei Ramirez geruststellend, 'dat Apiro meer in zijn mars heeft dan u denkt. Ik weet niet wat voor genetische of biologische fout zijn misvorming heeft veroorzaakt, maar die heeft zijn deskundigheid niet aangetast. Alleen zijn gevoeligheden.'

De oude vrouw haalde teleurgesteld haar schouders op. Dat een dwerg, hoe getalenteerd ook, haar ging opensnijden was een dodelijke belediging boven op haar ook al dodelijke verwondingen.

Apiro mocht dan briljant en vriendelijk zijn, de meeste mensen schrokken van zijn achondroplasie. De natuur had Apiro een normale tors gegeven. Zijn hoofd en handen waren ongewoon groot, terwijl zijn armen en benen ongewoon kort waren. De rest van zijn lichaam was, voorzover Ramirez wist, niet aangetast.

Apiro was naar de gang voor een ketel water om koffie mee te zetten.

Ramirez wilde de gebeurtenissen van de voorgaande week met zijn vriend doornemen voor hij zijn eindrapport voorlegde aan de officier van justitie. Een zo belangrijk politierapport vereiste een zorgvuldige reconstructie. Met de leugens die het ministerie van Binnenlandse Zaken eiste, zou het net zo tragisch worden als een Russische roman, maar dan zonder de humor.

Ramirez slaakte een zucht. Hij zou zijn rapport beginnen met Kerstavond, de dag waarop het verleden het heden begon in te halen. In één korte week twee moorden, een zelfmoord en een internationaal schandaal. Sommigen zeiden dat Fidel Castro voor het eerst in maanden misschien uit zijn ziekenhuisbed zou komen om de begrafenissen bij te wonen. Wie zou hebben kunnen voorzien dat er zoveel doden zouden vallen door zoiets alledaags, zoiets gewoons als een ruziënd echtpaar bij de zeewering. De agent beneden op straat in ieder geval niet.

Tja, de dode man had het wel voorzien, dacht Ramirez, en de beeltenis van de voorgaande geest dook weer op. Maar ik snapte niet wat hij probeerde me te vertellen. En toen ik het wel snapte, was het te laat.

'Die fout maak ik niet nog eens,' beloofde hij de dame met de sigaar. 'U kunt erop rekenen dat ik de degene die u dit heeft aangedaan zal vinden. Het is alleen een kwestie van genoeg tijd hebben voor ik de pijp uit ga.'

Ze knikte eventjes en wendde haar blik af.

2

24 december 2006

Een stuk of wat vuile, halfnaakte jongetjes draafden achter Mike en Hillary Ellis aan, die door de Calle Obispo slenterden, langs de galerietjes waarvan de eigenaren *turistas* aanriepen in de hoop hun felgekleurde schilderijen aan hen te kunnen verkopen.

De jongetjes, kleine bedelaartjes, zaten achter de drommen Canadezen en Europeanen aan die naar Cuba waren gekomen voor de zon en een snufje Hemingway. Dit ene knaapje bleef toen de anderen zich verspreidden. Hij huppelde opgewekt naast het echtpaar mee, zich niet bewust van de leugens die tussen hun ogen en monden heen en weer gingen.

De lege metalen marktkraampjes gloeiden in het licht van de ondergaande zon. De pijpjes van de rood-witte korte broek van het jochie flapperden door een briesje toen ze samen de Malecón overstaken. Ze ontweken auto's en de alomtegenwoordige taxi's op weg naar de zeewering, waarachter golven loom over de rotsen spoelden en jonge Cubanen flirtten met de vrouwen die langsliepen.

De jongen wees steeds weer op zijn mond en riep telkens in het Spaans: 'Help me. Ik heb honger. Mijn moeder is weduwe. Mijn zusjes gaan dood van de honger.'

De vrouw deed haar best hem te negeren, maar de man leek niet ongevoelig voor zijn smeekbeden, dus liep het jochie achter hen aan en bedelde om geld in een taal die ze niet verstonden.

'Nee,' zei ze bij herhaling, en ze gebaarde dat hij moest weggaan. 'Schiet op, weg! In godsnaam, Mike, ik heb je nog zo gezegd hem niks te geven. Nu laat hij ons nooit meer met rust. Ik heb het zo gehad met die mensen die ons constant achternalopen.'

Mike zocht in zijn broekzak naar meer munten. Hij dacht nog steeds dat je iets kon bereiken met omkoping.

'Ik denk niet dat er iemand aan doodgaat als ik hem een paar peso's geef, Hillary,' zei hij, hoewel zou blijken dat hij het bij het verkeerde eind had. 'Niet zo negatief. We zijn met vakantie.'

'O ja? Het is me de vakantie wel. Wat een rotland,' snauwde ze zachtjes, hoewel het duidelijk was dat het jongetje geen Engels sprak. 'Ik kan er niet tegen. Al die gebouwen die op instorten staan. Ik heb het gevoel dat ik in het Beiroet van na de bombardementen ben.'

'Je bent nog nooit in Beiroet geweest,' wierp Mike tegen. Zijn kaken stonden strak toen hij de jongen nog twee peso's in zijn groezelige handje gaf. Bij elkaar vijf.

'Hier, dat is genoeg. *No me moleste, por favor.*' Laat ons nu alsjeblieft met rust. Het enige Spaans dat hij sprak, met dank aan de portier van hun hotel.

Het joch hield het geld stevig vast en sloeg even zijn armen stijf om Mike heen. Mike probeerde te lachen, maar zijn mondhoeken krulden de andere kant op. Het jochie leek er niets van te merken.

'Hollen, wegwezen,' zei Mike, en het jochie knikte, met een brede grijns. Hij bleef even staan en keek naar een groepje oudere jongens die aan de andere kant van de straat over de stoep draafden. Toen ze uit het zicht waren, rende hij zelf uiteindelijk weg, de peso's in zijn knuistje. Hij schoot als een felgekleurde vis tussen de toeterende auto's door tot zijn gele shirtje verdween in de dieper wordende schaduwen van een parkje met een hoog hek erom, in de buurt van de kunstmarkt. Achter een muur van palmen draaiden een reuzenrad en een draaimolen langzaam hun rondjes.

'Je weet verdomd goed wat ik bedoelde,' zei Hillary, openlijk woedend nu het jongetje weg was. Ze koersten met de energie van een zelfmoordsprong af op een volgende ruzie. Ze wendde zich af, strak van woede. Mike leunde tegen de zeewering, wachtte schichtig op haar volgende uitval.

Mike had recht op een aantal weken vrij na zijn ziekteverlof. Commissaris O'Malley had hem gezegd er alle tijd voor te nemen, er eens helemaal uit te gaan. Pas weer aan het werk te gaan als hij helemaal uitgerust was. En hij moest tot die tijd elke dag een wip maken met die knappe vrouw van hem. Ellis had Havana gekozen als verrassingsbestemming. Hij kon zich niet meer herinneren waarom hij had gedacht dat Hillary ervan zou genieten – of, om eerlijk te zijn, waarom hij zich daar druk over maakte.

Het enige wat haar opviel was de armoede. Gezinnen op elkaar gepropt in ruïnes van woonkazernes die overeind werden gehouden met stukken gejat hout; rillende honden die gek waren van de honger. Ze was begonnen met klagen vanaf het moment dat ze voet op Cubaanse bodem zette.

Zeemeeuwen zwierden boven hun hoofden, krijsend. Andere dobberden als kleine witte boeien op de donkere golven. Ze keek hem hoofdschuddend aan, afkeer in haar ogen. 'Ik weet bij god niet waarom je dat deed, hem nog meer geld geven nadat ik je uitdrukkelijk had gezegd het niet te doen.'

Mike haalde hulpeloos zijn schouders op. 'Ze hebben niks, Hillary. Waarom maak je je zo kwaad om een paar dollar?' Maar hij wist dat dat niet de aanleiding voor haar woede was, dat waren ze zelf. Of liever: dat was hij.

'Dat is nou net jouw fout,' zei ze met een stem zo breekbaar als een twijgje. 'Je zei dat alles met een paar dagen Havana weer oké zou zijn. Nou, wijzelf veranderen er geen spat door, is het wel? En nog een paar dagen maakt geen donder uit. Ik heb mijn terugvlucht vervroegd. Ik vlieg vanavond al terug naar Ottawa.'

Een oude auto knalde zo hard dat het leek of er een schot viel. Mike's hart verkrampte bij het geluid. Hij voelde de harde stomp van de spierkrampen waar hij last van had sinds de dood van Steve Sloan. Paniekaanvallen, had de politiepsychiater gezegd. Angst.

Even kreeg hij geen adem. Hij leunde over de zeewering en de scherpe randen van de stenen drukten tegen zijn borst. Op het water daarbeneden glansden de regenboogkleuren van oliënresten. Hij slikte en haalde diep adem. Het lukte hem rechtop te gaan staan toen de spier boven zijn hart langzaam ontspande. 'Dus je wilt scheiden? Is dat het?'

Ze ontweek zijn vraag. 'Ik vlieg om negen uur. Jij vindt het hier zo fijn, blijf jij maar lekker hier.'

'En wanneer heb je dat allemaal besloten?' Hij pakte haar bij haar arm, probeerde haar te dwingen hem aan te kijken, maar Hillary was koppig. 'Wanneer heb je de luchtvaartmaatschappij gebeld? Toen ik vanochtend onder de douche stond, nadat we hadden gevrijd?'

'Wat maakt het uit?' Ze rukte zich los. 'Hoe dan ook, ik ga weg.'

'Ga je bij mij weg? Of ga je uit Cuba weg en denk je erover na?'

'Je hebt niet tegen me te schreeuwen, man.' Ze gooide haar haar achterover, verontwaardigd. Hij zag tranen in haar ogen, maar wist niet wat die betekenden. 'Het was een vergissing om hier te komen, dat weet jij net zo goed als ik. Ik ga nu naar het hotel om te pakken. Ik ga naar mijn ouders en ik bel je wanneer ik weet wat ik ga doen.'

'Je bedoelt dat je die gluiperd van een advocaat van je laat bellen.'

'Als je het zo wil spelen...'

Ze beende weg zonder achterom te kijken. Haar zilveren sandaaltjes tikten op de gebarsten stenen. De Cubaanse mannen langs de zeewering sisten haar bewonderend na.

3

De eerste keer dat het gebeurde, schoot Ramirez zo hoog overeind dat zijn hoofd tegen het dak van zijn blauwe Chinese miniautootje bonkte. Hij keek om zich heen, maar in de krioelende mensenstroom op de stoep leek niemand het bloederige lijk te zien dat rustig op de achterbank zat.

Was dit een wrange grap? Deed een van zijn collega's of hij het slachtoffer was dat hij even daarvoor op de plaats delict had achtergelaten?

Ramirez keek naar links en rechts de straat af. Daar was niets bijzonders te zien en niemand lachte om zijn verwarring. 'Moet dit soms grappig zijn?' wilde hij weten. 'Wie heeft je gestuurd?'

Het lijk haalde de schouders op en gaf daarmee aan niet te kunnen praten.

Ramirez keek scherper of er bedrog in het spel was. Maar tenzij het slachtoffer van de moord een tweelingbroer had, viel zijn echtheid niet te betwisten. Hij had een gapende rode wond in zijn hals waar zijn keel was doorgesneden en de blauwe plekken in zijn gezicht waren identiek aan die van het lijk dat Ramirez zojuist nog had onderzocht.

'Dit bestaat niet,' zei Ramirez bevend.

Hector Apiro en zijn technisch rechercheurs waren nog op de plaats delict en hielden zich bezig met het stoffelijk overschot van deze man. Hoe kon hij daar liggen, dood in een steegje, en ook hier zitten, bij hem in de auto?

Ramirez knipperde een paar maal met zijn ogen, in de hoop dat de geest zou verdwijnen, maar telkens wanneer hij ze opende, was de dode er nog. Hij zwaaide schuchter naar Ramirez, maar die wuifde niet terug.

De ondode man liep de hele morgen als een hondje achter Ramirez aan door het politiebureau. Hij verdween uit het zicht wanneer Ramirez naar het toilet ging. Ramirez kwam naar buiten terwijl hij zijn gulp dicht ritste en zag de geest op de gang staan wachten. Hij haastte zich de gang door, met het spook op zijn hielen.

Apiro had de lijkschouwing op de man voor twee uur 's middags vastgesteld, al over twintig minuten. Ramirez liep zo snel mogelijk naar het lijkenhuis, maar zonder hard te lopen. Hij probeerde geen aandacht te trekken en vroeg zich opnieuw af waarom niemand de bloederige geest in zijn kielzog zag.

Je bent al vierentwintig uur dood, dacht Ramirez. Apiro gaat je zo meteen opensnijden. In godsnaam, wat ben jij?

Ramirez stoof de metalen deur van Apiro's heiligdom door. De dode man bleef buiten staan, met een frons op zijn gezicht. Toen Ramirez het mortuarium binnenging, was de verschijning nergens meer te bekennen.

Ramirez leunde tegen de deur om zeker te weten dat hij goed dichtzat. In de kleine ruimte keek hij angstig om zich heen. Daar was alleen Hector Apiro. Hij stond op zijn trapje en boog zich over het lijk dat languit op een metalen brancard lag die hij gebruikte om autopsies op te plegen. Een echte snijtafel zou goten hebben gehad voor het afvoeren van bloed en andere vloeistoffen, maar Apiro moest het doen met metalen emmers.

Ramirez hing zijn jasje op en probeerde zijn armen in de mouwen van een witte laboratoriumjas te wurmen, verplichte dracht wanneer hij op Apiro's werkplek was. Zijn handen beefden en hij prikte voortdurend naast de armsgaten. Apiro was druk bezig en had het niet door. Nu draaide hij zijn hoofd naar hem toe en groette hem. 'Goedemiddag, Ricardo. Lieve hemel, wat zie jij pips. Alsof je een spook hebt gezien.'

'Niks aan de hand, Hector.' Ramirez slikte een paar keer. 'Het gaat prima met me.' Maar hij was er niet zo zeker van of dat wel waar was.

'Er staat een glas op de archiefkast voor het geval je wat water wilt drinken. Lijkschouwingen zijn nooit leuk, ook voor mij niet. En als je frisse lucht wilt, ga je gang. Dit lijk loopt niet weg.'

Ook daar was Ramirez niet zo zeker van. Hij liep op Apiro af, schuchter, bijna bang om te kijken voor het geval het lijk zou bewegen.

Apiro had de kleding van de dode verwijderd, maar het was duidelijk dezelfde man die Ramirez al de hele morgen lastigviel. Het zou Ramirez niet hebben verbaasd als de dode naar hem had geknipoogd, maar de ogen die naar het plafond staarden waren zonder leven, als van was. In vergelijking hiermee is het ding op de gang lévend, dacht Ramirez. In godsnaam, wat ís het?

'Hij is toch wel dood, hè?' vroeg Ramirez. Maar het bewijs van de dood lag voor hem op de snijtafel en in glazen potten op het werkblad.

'Als hij het nog niet was, dan is hij het nu wel,' lachte Apiro. 'Al zijn organen liggen eruit.'

Ramirez zocht in zijn zak naar een sigaar. 'Zeg eens, Hector, geloof jij in geesten?'

'Als man van de wetenschap geloof ik in maar weinig dingen,' zei Apiro peinzend, met het scalpel in de hand. 'Hoewel ik er zeker van ben dat dergelijke illusies een geldig maatschappelijk doel dienen. Katholieke priesters geloven tenslotte ook in geesten, nietwaar? De geconsecreerde hostie. De Heilige Geest.'

'Geloof jij er zelf niet in?'

'In priesters?' De patholoog schudde zijn hoofd en wierp Ramirez een stralende blik toe. 'Je weet hoe ik over georganiseerde religies denk. En je kunt je voorstellen hoe ik denk over een God die míj naar zijn evenbeeld zou hebben geschapen.'

'Maar als iemand je zou vertellen dat hij een geest heeft gezien? Een geloofwaardig iemand?' hield Ramirez aan. 'Die niet zo snel iets verzint?'

'Ja, kijk Ricardo, in geesten geloven is één ding, ze zien is iets anders. Ik zou ervan uitgaan dat die persoon een medisch probleem heeft. Er zijn bepaalde ziektes, zoals tumoren, vergiftigingen, bijvoorbeeld loodvergiftiging, die hallucinaties kunnen veroorzaken. En dat geldt ook voor bepaalde psychische kwalen zoals schizofrenie en ouderdomsdementie. Zelfs een beroerte kan dat effect hebben.'

'En hoe zit het met de *santeros*?' wilde Ramirez weten. Hij trok een kruk bij en ging zitten om zijn benen vastigheid te geven. 'Ze beweren dat ze met de doden kunnen communiceren. Mijn grootmoeder geloofde in *vodun*. Die van vaderskant.'

Slavenhandelaren hadden Ramirez' voorouders in de negentiende eeuw uit West-Afrika gehaald om in Cuba tabak en suikerriet te oogsten. De Yoruba waren aangehangers van zowel het vodun, eigen religie, als het katholicisme, dat hun door hun eigenaren werd opgedrongen. Tenminste, ze deden alsof. Ze bekleedden hun religie met katholieke rituelen, maar gaven hun eigen praktijken niet op. Het resultaat, een mengeling van katholicisme en vodun dat santería of lukumi werd genoemd, omvatte een geloof in verscheidene goden en regelmatig en geanimeerd contact met de geestenwereld.

Apiro knikte, weifelend. 'Bijgeloof, denk ik. Ik dat opzicht verschilt de santería niet van andere religies. Op dat punt ben ik het met Castro eens. We zijn allebei opgeleid door jezuïeten en we zijn allebei atheïst geworden. Misschien is er een verband.'

Ramirez kromp ineen toen Apiro met zijn gehandschoende vingers in de halswond rondtastte, maar het lichaam schokte niet. Beslist dood, dacht Ramirez. Geen twijfel mogelijk.

'Geloofde je grootmoeder in geesten?' vroeg Apiro. Hij leunde tegen de bovenste tree van zijn trapje terwijl hij op Ramirez' antwoord wachtte. Die boog lichtjes zijn hoofd, indachtig zijn belofte van geheimhouding. Zijn grootmoeder had gesproken over een geschenk door vele generaties heen, over boodschappers van gene zijde. Een geschenk dat voor de deur op hem stond te wachten, met de felle snee van zijn wond als een rode bandana om zijn nek.

'Mijn ouders zeiden dat ze was overleden aan een aparte vorm van dementie. Maar ze wist waar ze was en wie wij waren, tot op het allerlaatste moment. Ik was erbij toen ze stierf.'

'Dan had ze vermoedelijk een kwaal die DLB heet,' zei Apiro. 'Dementie met Lewy-lichaampjes. Die kan bijzonder overtuigende hallucinaties veroorzaken. Degenen die eraan lijden, weten vaak dat hun visioenen niet echt zijn, ze vinden ze soms zelfs vermakelijk. Bijvoorbeeld sokken die in jonge poesjes veranderen.

Hoewel jonge poesjes die in sokken veranderen praktischer zouden zijn. Volgens mij is het moeilijker om mee om te gaan dan alzheimer, omdat de patiënt weet wat er aan de hand is. Het is een afschuwelijke ziekte, Ricardo. Ik vind het heel erg te horen dat zij eraan leed.'

'Is dat het enige ziekteverschijnsel, Hector?' vroeg Ramirez terwijl hij met bevende handen een sigaar aanstak. 'Waanvoorstellingen?'

'Hallucinaties en waanvoorstellingen zijn niet helemaal hetzelfde, Ricardo. Van hallucinaties is sprake als men dingen ziet die niet bestaan. Het is een waanvoorstelling als men erin gelooft. En nee, er zijn zeker nog meer verschijnselen als de ziekte voortschrijdt.' Apiro wendde zich weer naar het lijk. 'In de eerste stadia komt er heel vaak slapeloosheid voor. En verder tremors in de ledematen. Afname van de cognitieve capaciteiten komt veel later. Helaas valt de kwaal pas met zekerheid vast te stellen bij een hersenautopsie, hoewel CT- en MRI-scans behulpzaam kunnen zijn als er vermoedens van DLB bestaan. Fantastisch dat je grootmoeder zo lang heeft geleefd. DLB kan al heel vroeg toeslaan, vaak als mensen nog maar veertig of vijftig zijn.'

'Mijn god,' zei Ramirez. Zijn maag draaide om. Hij leed al maanden aan slapeloosheid, sinds hij promotie had gemaakt. En nu blijkbaar ook aan hallucinaties. 'Wat is de prognose, Hector?' Ramirez durfde het bijna niet te vragen.

'Ongeneeslijk. Meestal sterft de patiënt binnen vijf of zes jaar.'

'Is er geen behandeling voor?'

'Ik ben bang van niet.' Apiro keek zijn vriend onderzoekend aan. 'Ben je bang dat je vader het heeft? Men beschouwt het niet als erfelijk, maar ik kan proberen een MRI-scan te regelen. Mogelijk dat het een afspraak voor over een paar maanden, misschien wel een jaar, wordt. We hebben in Havana maar twee apparaten en beperkte middelen. En zoals in de meeste gevallen gaan de toeristen voor.'

Ramirez schudde zijn hoofd. Zijn vader was oud maar gezond. Hij wist niet hoe hij Apiro moest vertellen dat hij degene was die geesten zag, niet zijn vader. En wat had een MRI-scan voor zin wanneer daarmee niet werkelijk kon worden vastgesteld of hij de ziekte had en Apiro noch iemand anders er überhaupt iets aan kon doen?

Ramirez haalde gejaagd adem, hevig geschokt. Francesca was vier maanden zwanger van hun tweede kind. Wat moest hij doen? Hij kon zijn vrouw niet vertellen dat hij waarschijnlijk dood was voor hun nu nog ongeboren baby de schoolgaande leeftijd had bereikt. Francesca zou een eind aan haar leven maken.

Apiro kwam van zijn trapje af en trok zijn handschoenen uit. 'Als je me de naam en geboortedatum van je grootmoeder geeft, kan ik in onze archieven nagaan wat haar autopsie heeft opgeleverd. Wanneer is ze overleden?'

'In 1973, toen ik negen was. Ze moet toen in de negentig zijn geweest. Maar haar exacte geboortedatum weet ik niet, Hector,' antwoordde Ramirez, wiens gedachten zo zwaar als lood waren, langzaam. 'Ze was een Yoruba, geboren als slavin.'

Tot het eind van de negentiende eeuw beschouwde men slaven als eigendom en werden er geen geboortebewijzen uitgegeven. Maar toen zijn grootmoeder stierf, was ze een vrije vrouw. Volgens de Cubaanse wet een mens, geen ding. 'Hebben ze zo lang geleden al een lijkschouwing gedaan?'

Apiro knikte. 'Wel als ze dementie met Lewy-lichaampjes hebben vermoed. Die ziekte heeft al minstens honderd jaar de belangstelling van de medische wetenschap. Het kan even duren, Ricardo, maar ik zoek het uit, dat beloof ik je.'

Die oude gegevens waren Ramirez' enige hoop. Maar ze waren niet gedigitaliseerd en Apiro belde hem een dag later om te zeggen dat hij, zolang dat nog het geval was, geen kans zag een sectierapport van een voormalige slavin die ruim drie decennia eerder was overleden, boven water te halen.

De dode man verdween een paar dagen later, nadat Ramirez zijn moordenaar had gevonden, en Ramirez zag deze geestverschijning nooit meer terug.

Maar ongeveer een maand later verscheen er een andere dode man in de hal voor zijn appartement. Net als de eerste geest zei ook deze geen woord. Hij communiceerde met Ramirez door middel van schouderophalen, opgetrokken wenkbrauwen en ietwat onhandige pantomimes. Ook hij verdween nadat Ramirez zijn zaak had opgelost.

Met het voortschrijden van zijn ziekte doken er DLB-hallucinaties op in Ramirez' werkkamer, in zijn auto en bij hem thuis. De doden die hij bedacht zeiden nooit iets, ze gebaarden alleen, of maakten bewegingen in de lucht. Ze verdwenen altijd wanneer hun moordenaars waren ontmaskerd.

Tot zijn verbazing lukte het Ramirez aan hen te wennen. Zoals Apiro had voorspeld, vond hij de producten van zijn afstervende synapsen af en toe zelfs vermakelijk.

Zijn hallucinaties keken mee over zijn schouder, grinnikten wat om zijn vergissingen. Ze waren immer beleefd, bleven buiten het toilet, de badkamer en de slaapkamer, en wanneer Ramirez voorstelde dat ze weggingen, deden ze dat. Een betekenisvolle blik was genoeg.

Uiteindelijk wist Ramirez zichzelf ervan te overtuigen dat ze gewoon uitingen van zijn overwerkte onderbewuste waren. Beelden geproduceerd door zijn vermoeide brein om hem te helpen aanwijzingen te verwerken die hij anders misschien over het hoofd zou zien. Soms sprak hij met hen over zijn onderzoeken, en ze luisterden altijd met aandacht, en knikten dan instemmend of schudden het hoofd als ze andere ideeën hadden.

Hij vertelde Francesca niet van zijn ziekte, want hij wist gewoon niet hoe hij erover moest beginnen. Uiteindelijk voelde hij zich lichamelijk in orde, zij het moe door gebrek aan slaap. Afgezien daarvan deed hij zijn werk beter, was hij meer gefocust, ofschoon hij 's nachts lag te woelen en te draaien.

Zijn kleine Estella was niet langer een baby maar vijf jaar oud toen Ramirez' handen onbeheersbaar begonnen te trillen.

Ramirez wist dat zijn tijd opraakte.

4

Met het vallen van de avond verdiepte de kleur van de hemel zich tot hetzelfde azuur als van de zee. Wolkenvegen zweefden boven de koeler wordende lucht.

Cuba was zeer afgesloten van de buitenwereld, een stad die ooit gonsde van het leven en langzaam gewurgd werd door het Amerikaanse handelsembargo. Zelfs nu, zo tegen etenstijd, doorbrak niet één buitenlandse vissersschuit het schitterende wateroppervlak; alleen een enkele sleepboot trok in de verte een luie lijn door het water. Hij sleepte een donkere, voor Mike Ellis ondefinieerbare vorm.

Het einde van weer een prachtige dag. Geen voortekenen van een ramp, geen dreigende onweerswolken, niets om Ellis te waarschuwen dat de fictie die hij met veel moeite in stand had gehouden – zijn huwelijk – juist bij deze zeewering zou eindigen.

De afstand tussen hemel en zee verdween langzaam. Slechts een dun streepje licht duidde op de grens tussen lucht en water. Vissers dobberden op vrachtwagenbanden op de golven en wierpen nachtlijnen uit vanuit hun rubberen boten.

Een paar verweerde mannen met eeltige handen en blikjes met aas aan hun voeten hielden vislijnen vast. In de beginnende schemering kringelden vage slierten sigarettenrook om hun hoofden omhoog. Mensen lachten, genoten van de verfrissende zeebries. Overal op de Malecón toeterden auto's begroetingen naar elkaar. Ellis voelde zich totaal niet op zijn plaats: schuldig, gekwetst en alleen.

Een jonge zwarte Cubaan in T-shirt en korte broek, een streepjesoverhemd om zijn middel gebonden en een honkbalpet dwars op zijn hoofd, kwam voor Ellis staan, blokkeerde de doorgang.

'Hé, mister, waar jij vandaan?' zei de man met een brede grijns. 'Jij uit Canada? Jij hebt stuk zeep?'
'Niet nu.' Ellis wrong zich langs hem heen. 'Laat me met rust. No disturbo, por favor.'
'Wat scheelt eraan, señor? Het is een mooie dag, u zou moeten lachen.'
De Cubaan keek hem bezorgd aan, of misschien medelijdend. Hij legde een hand op Ellis' schouder. Ellis mepte hem weg. De man deed een paar passen terug. Hij hield zijn handen voor zich om Ellis' boosheid af te weren alvorens zich om te draaien en achter een andere toerist aan te gaan.

Ik heb een borrel nodig, dacht Ellis, anders draai ik door. Meer dan één. Een tanklading. Wat kan het verdommen, ik hoef niet te rijden.

Hij besloot naar Hemingways favoriete bar te gaan, El Bar mi Media Naranja. Het gaf hem op een of andere manier een beter gevoel, de wetenschap dat zelfs een macho als Hemingway problemen met vrouwen had gehad.

5

De barman was stevig gebouwd, met spieren als kabeltouwen en een boksersneus. Mike Ellis had zijn tweede *añejo* puur op, zonder ijs, en de barman had een ruime hand van schenken. De zeven jaar oude rum smaakte als zoet heet water. Ellis sloeg de volgende snel achterover, klopte weer op de bar. Hij trok zijn jasje uit en legde het op de kruk naast hem, en voelde dat de warme alcoholstroom een kalmerende uitwerking had.

Dus eindelijk is het dan toch zover gekomen. Ze is echt bij me weg. Ellis had zijn uiterste best gedaan een huwelijk te herstellen dat in wezen even onherstelbaar was als de ingestorte buitenkanten van de gebouwen overal om hem heen. Verdomme, dat kreng. Van nu af aan zou elke Kerstmis hem eraan herinneren hoe zijn toekomstige ex-vrouw hem in Oud-Havana aan de kant had gezet.

Ellis hoorde nog steeds Steve Sloans stem, voelde nog de forse arm die Sloan om zijn schouder had geslagen de avond voor hij stierf. Hij kon bijna het koude bier voelen dat Sloan in zijn hand had geschoven in de rokerige, lawaaiige bar toen Ellis zei dat hij niet wist wat hij moest doen.

'Je bent niet de enige die dat overkomt, makker. Ik ben een recidivist.' Sloan was pas dertig maar al twee keer getrouwd en gescheiden. 'Ik had nooit met die vrouwen moeten trouwen, met geen van beiden. Wees maar blij dat jullie geen kinderen hebben.'

Maar Sloan had niet geweten dat Hillary zwanger was.

Zelfs in zijn overhemd met korte mouwen had Ellis het warm. Een mahoniekleurige plafondventilator hield de lucht boven de bar zachtjes in beweging. Op de muur hing een rij ingelijste foto's. Daaronder strekte een spiegel zich over de hele lengte van de bar

uit. Hij keek naar zijn spiegelbeeld, keek hoe de andere klanten deden of ze niet naar zijn dikke littekens keken.
'Hoe heet je?' vroeg Ellis aan de barman.
'Fidel,' zei die met een lachje. 'Net als hij. Castro.' Hij zette een volgend drankje voor Ellis neer en gebaarde met zijn hoofd naar een verschoten bruin en witte foto van de jonge Castro. Met een baard, lang, bonkig, bijna knap met zijn platte kleppet en kaki jasje. De heroïsche populist had een dictator overwonnen, dacht Ellis, om er vervolgens zelf een te worden. Castro had Cuba gered of het verwoest, dat hing af van je standpunt.
'*Gracias*, Fidel,' toostte Ellis op de barman, en hij sloeg het glas achterover.
Fidel wees met zijn schouder naar de rij flessen achter hem en trok een wenkbrauw op. Ellis knikte. Fidel hevelde een donkerbruine fles Havana Club over. De barman had hem niet gevraagd naar zijn littekens maar Ellis zag dat hij hem af en toe discreet opnam en zich afvroeg wat er met zijn gezicht was gebeurd.
Achter de bar was Fidel bezig de glazen te spoelen. Hij zette ze naast de glazen die hij al had klaarstaan met limoensap en suiker; hij verwachtte een invasie van toeristen.
Zes uur. Zeeën van tijd om dronken te worden. Wat hij in gedachten had was strontlazarus, zoals Sloan zou hebben gezegd. Hij wilde het verleden laten verdwijnen, uit zijn geheugen wissen, de schietpartij vergeten en niet meer weten hoe verschrikkelijk hij de zaak had verknald. *Fuck Steve.*
De politiepsych had gezegd dat hij leed aan het overleverssyndroom. De psychiater had geen idee hoe het er die nacht op die gang aan toe was gegaan, wat er echt was gebeurd.
Angst. Ja, zo kon je het noemen. Maar dat was niet het woord dat Ellis zou kiezen. Hij staarde naar zijn lege glas en bestelde nog een fles.

'Ik wil wel een *mojito*,' zei de vrouw.
De barman lachte, bewonderde haar uiterlijk, haar coupe soleil en haar laag uitgesneden blauwe topje. Ze had een strakke beige rok aan waar haar lange, fraai gevormde benen goed door uitkwa-

men. Ellis keek naar haar rok, die opkroop toen ze zich op de kruk naast hem hees. Ze droeg zilverkleurige open sandaaltjes met hoge hakken.

De barman veegde de bar voor haar schoon. De vrouw was lang en slank, een beetje gekleed zoals zijn vrouw, realiseerde Ellis zich. De gelijkenis werkte deprimerend.

Fidel kneusde een paar verse blaadjes munt in een glas vol ijs, deed nog wat suiker bij het limoensap, goot de rum erbij en gaf Ellis' mooie buurvrouw het drankje aan over de brede koperen plaat. Ze zette het op een kurken onderzetter met de tekst 'Home of the Famous Hemingway Mojito', waarop het een kring van condensvocht achterliet.

'Gracias, Fidel.' De vrouw draaide zich met een lachje naar Ellis toe. Ze had zijn littekens niet gezien en kon ze ook niet zien omdat ze aan de goede kant van zijn gezicht zat, de kant waar alles gewoon leek.

Ellis wierp een blik op zijn spiegelbeeld. Zijn mond was vertrokken in een eeuwige sardonische grijns, het litteken op zijn voorhoofd was een dunne witte lijn beneden de haarlijn waar het mes hem had geraakt. Hij herinnerde zich het warme bloed dat langs zijn kin liep en zich vermengde met zijn tranen. Hij leegde zijn glas.

Boven zijn spiegelbeeld hingen zwart-witfoto's van Hemingway, samen met de bekende foto's van Castro. Op de oudste foto's was Hemingway een knappe man, nog niet opgeblazen door de drank. Later had hij een korte witte baard. Vaak stond hij naast een jongere, magerdere Castro.

De foto's verrieden niets van Hemingways verloren strijd tegen zijn depressiviteit of van de stemmen die hij al een tijdje hoorde op het moment waarop de sluiters klikten. Hemingways littekens zaten vanbinnen, waar niemand ze kon zien. Ellis wist niet goed of dat beter was.

Fidel schonk hem bij; de amberkleurige vloeistof gloeide in het glas. Ellis keek weer in de spiegel. Soms zeiden vrouwen tegen hem dat hij er sexy uitzag, dat zijn gezicht aan karakter won door de littekens. Maar hij wist wel beter. Hij zag de angst in de ogen van zijn vrouw wanneer ze naar hem keek. Hillary was bang voor hem. Hij had het die morgen gevoeld, toen ze eindelijk, aarzelend hadden gevrijd. Ze was bang dat hij van de affaire wist.

Terwijl híj degene was die een moord had gepleegd.

6

De vrouw nipte van haar drankje en zette daarna haar glas op de bar. Ze veegde haar handen droog aan haar rokje. In het donkere mahoniehout van de bar was haar spiegelbeeld te zien. Ze had roze nagellak die paste bij de zonnebril die ze boven op haar volle blonde haar had gezet.

Buiten moest het tegen de dertig graden lopen. De zon was een oranje tennisbal die langzaam in de zee rolde.

'Alles goed met u, señor?' vroeg ze, zo te horen oprecht bezorgd. Ze had een lage, hese stem. Een whiskystem. Er lag een zachte glans op haar huid.

Ellis bekeek haar wat beter. Begin of halverwege de twintig, schatte hij. Waanzinnig knap met haar blanke huid en grote bruine ogen. Zijn type, dat wil zeggen, dat was ze ooit geweest.

Ze lachte weer naar hem en hij besefte dat ze een prostituee was. Een van de duizenden Cubaanse *jineteras* die op vreemdelingen azen om hun armoebestaan voor een paar uur of een paar nachten te verlichten. Hij zou de voorkeur hebben gegeven aan iemand die zich aangetrokken voelde tot hem, niet tot zijn portemonnee. Maar vanavond, voor deze ene keer, deed hij het er misschien maar mee.

'Ja hoor, prima,' zei hij. Hij probeerde naar haar te lachen, haar zijn kapotte gezicht te laten zien, voor het geval ze van gedachten mocht veranderen.

Ze wendde haar blik niet af. Nee, ze keek hem recht aan met een openlijk belangstellende blik. Toen hij zich afwendde, zei ze zacht: 'Sorry, ik wilde u geen ongemakkelijk gevoel bezorgen.'

Ze sprak met een gruizige, verleidelijke stem die het tegenovergestelde suggereerde. Dat ze hoopte op zijn verwarring, dat ze hem in werkelijkheid van zijn kruk wilde duwen om hem ter

plekke op de grond te bestijgen. Zijn mond was plotseling droog.
Hij greep naar een volgend glas.
   Ze schoof haar kruk wat dichterbij, speelde met haar glas, ging
met haar nagel over de bovenrand. Van tijd tot tijd keek ze hem
aan met een zedig lachje. Haar lichaamstaal liet weten dat ze
geen haast had.
   'Kunt u even op mijn tas passen? Ik moet naar de wc.'
   'Natuurlijk,' stemde hij in. Hij zag haar heupwiegend naar de
toiletten achter in de bar lopen. Ze liet haar gestreepte tas achter,
als een ontdekkingsvlag op haar zitplaats geplant zodat de vrouwen in de bar wisten dat hij bezet was.
   Mannenogen volgden haar. Zelfs de Hemingways aan de muur
leken haar slanke lijf met hun ogen te volgen terwijl ze soepel uit
het gezicht verdween.

Een Zuid-Aziatische man met een strohoed op trok aan de andere
kant van Ellis een kruk bij. Het was de enige lege kruk die er in
de kleine bar over was. De man was behaard, een dikke donkere
vacht. Haar piekte uit zijn kraag.
   'Waar komt u vandaan?' vroeg de man. Hij leunde tegen de bar,
met zijn gezicht naar de toiletten achter in de bar waar de vrouw
verdwenen was.
   'Canada.'
   'Ik kom uit Londen. Het Engelse Londen. Mooi is het hier, hè,
in Cuba?'
   Ellis knikte.
   'Bent u hier al lang?' vroeg de man terwijl Fidel een mojito voor
hem neerzette.
   'Ongeveer een week.'
   'O. En waar in Canada woont u?'
   'Ottawa.'
   'Dat is toch de hoofdstad?'
   'Ja.' Ellis nam nog een grote slok, zette zijn glas neer. Iets in de
man stootte hem af. Hij antwoordde kortaf, liet niets los.
   'Koud.' De man deed of hij huiverde. 'Eskimo's. Sneeuw en ijs.
Ik ben er nog nooit geweest. Wat doet u in Canada?'

'Politiewerk.'
'O ja?' zei de man, duidelijk geïnteresseerd. 'Dus u bent een diender. Zo ziet u er ook uit nu ik erover nadenk. Wat voor soort politiewerk?'
'Op dit moment zedenmisdrijven. En mishandeling van kinderen.'
'Zo. Dat zal wel heel interessant zijn. Veel werk?'
'Erg veel.' Ellis bedacht dat niet veel mensen zijn werk als 'interessant' zouden omschrijven.
'Ik werk in de modellenbusiness.'
De man draaide zich met zijn gezicht naar de spiegel. Ze keken naar het spiegelbeeld van de vrouw die heupwiegend terug naar de bar liep.
'In welk hotel zit u?' vroeg de man terwijl ze dichterbij kwam.
'Hotel Parque Ciudad.'
'Ah,' zei de man. 'Prachtig gebouw. Bevalt het u daar?'
'Het personeel is buitengewoon hulpvaardig.'
'Er is laatst een nieuwe vleugel bij gekomen. Heel prettig, heb ik gehoord.'
'Inderdaad. Daar heb ik mijn kamer.'
De vrouw gleed weer op haar kruk en legde, naar steun zoekend, een hand op Ellis' schouder. Hij dacht dat ze haar ogen even naar de Zuid-Aziaat toekneep, maar hij was er niet zeker van. Het duurde maar heel even.
'U bent heel sterk,' zei ze tegen Ellis, maar om een of andere reden dacht hij dat die opmerking eigenlijk voor de andere man bedoeld was. Die hield haar blik vast toen ze een arm door die van Ellis stak en dichterbij schoof. Fidel bracht de onbekende nog een drankje.
'Nu is het mijn beurt,' zei Ellis. 'Ben zo terug,' beloofde hij, maar hij vond het niet prettig haar alleen te laten.

Toen Ellis van de wc terugkwam, zag hij hen beiden in de brede spiegel. De donkere man leunde over Ellis' kruk en hield zijn gezicht vlak voor dat van de vrouw. Ellis zag dat hij met zijn vinger langs zijn keel streek en iets tegen haar zei. Ze kromp ineen op haar kruk. Toen Ellis ging zitten, zag hij dat ze beefde. *Wat was dit verdomme?*

Wat kon het hem schelen? 'Ken je die man?' vroeg hij. Hij probeerde zich voor te stellen wat de man had gezegd dat haar zo de stuipen op het lijf had gejaagd. Ze schudde te snel van nee en hij geloofde haar niet. Hij draaide zich om naar de man. 'Misschien kun je de dame met rust laten, makker,' zei hij, bijna snauwend.

'Ik drink alleen maar even iets,' antwoordde de man. 'En ik knoopte een gesprekje aan met de dame. Als je haar tenminste zo wilt noemen.'

Maar zijn onbeschoftheid tegenover de vrouw maakte Ellis plotseling weer woedend. Hij zette zich schrap, klaar voor het gevecht. Steve Sloan en hij zouden hebben geloot om te zien wie van hen een klootzak als deze vent tot gort mocht slaan.

Ellis liet zei zacht maar dreigend: 'Luister eens goed, makker. Je blijft verdomme bij haar uit de buurt, begrepen? Vanavond hoort ze bij mij. Gesnapt?'

'Ik zei toch dat ik alleen maar wat kwam drinken,' antwoordde de man. Hij smeet een paar bankbiljetten op de bar. 'Alsjeblieft, ik heb al voor je betaald. Even goeie vrienden? Gewoon een misverstandje. Ik ben al weg, dus maak je niet dik.'

'Goed idee,' zei Ellis sarcastisch.

De man sloeg zijn drankje achterover en liet zich van zijn kruk glijden. Hij had op Ellis' jasje gezeten, reden voor Ellis om hem nog minder te mogen.

'Dank u,' zei de vrouw, duidelijk blij dat de man vertrok. 'Dat was niet leuk meer. Je hebt in Cuba een hoop mannen die iets tegen vrouwen zoals ik hebben.'

'Kan ik nauwelijks geloven. Hij was gewoon jaloers. Denk er maar niet meer over na.'

Ellis legde zijn hoofd in zijn nek en liet de zoete, bruine vloeistof in één teug door zijn keel omlaag glijden. Lang gerijpte rum. Het nirvana.

Voor het eerst in maanden glipten Steve en Hillary weg.

7

De vrouw legde haar hand op die van Ellis en gaf er een kneepje in. Ze verleidde hem en tot zijn verrassing merkte hij dat erop reageerde. Hij voelde zich al lange tijd niet meer aantrekkelijk. Hij pakte de fles en schonk zich nog eens in, zonder morsen. Terwijl ze zaten te praten schonk hij ook haar in. Ze was welbespraakt en charmant. Ze vertelde dat ze in de toeristenbranche werkte, waarbij ze hem een knipoog gaf omdat ze wist dat hij exact doorhad wat ze was en er niet mee zat.

'Wat doe jij voor werk?'

'Ik ben politieagent, in Canada.' Hij vertelde dat hij onlangs een nieuwe functie had gekregen en nu bij de afdeling Kindermisbruik en Zedenmisdrijven werkte. Dat hij eerst nog ziekenverlof had in verband met zijn verwondingen.

'Hierom?' Ze raakte het dikke litteken op zijn lip aan.

'Ja, onder andere.' Hij vond het prettig dat ze er geen vragen over stelde. 'Vind je mijn littekens eng?'

'Nee, helemaal niet,' zei ze. 'Je krijgt er een interessant gezicht door. Ze geven het karakter.'

'Dat heb ik al vaker gehoord. Maar ik geloofde het niet.' Hij probeerde te grinniken, een scheve mond in de spiegel.

'Ik weet iets meer van littekens, heus. Ik wilde daarstraks niet onbeleefd zijn toen ik ernaar zat te staren.' Ze legde een zachte hand tegen zijn wang, ging lichtjes met haar vingers over het litteken dat van zijn voorhoofd naar zijn bovenlip liep. Hij haalde haar hand weg en zij pakte zijn vingers, ging er met haar tong luchtig overheen. Het wond hem op.

Hij stak zijn hand weer uit naar de fles, eerder als afleiding dan iets anders, maar die was leeg.

'Hier,' zei ze, en ze schoof haar glas naar hem toe. 'Neem het mijne maar. Ik heb het niet aangeraakt. Ben je hier in je eentje?'
'Nu wel. Mijn vrouw is vandaag naar huis gegaan. Vervroegd.'
Hij dronk het glas leeg, hield het op. Hij keek naar de bovenkant van zijn hand, waarvan de knokkels onder de littekens zaten van het tussenbeide komen bij de vechtpartijen van anderen. Er liep een zweetstraaltje over zijn rug. De plafondtegels zwierden rond.
Jezus, ik begin echt dronken te worden.
'Wat naar,' zei de vrouw. 'Zocht je daarom gezelschap?'
Hij voelde haar warme hand op zijn been. Ze ging met een vinger langzaam over zijn dij. 'In een mooie stad als Havana hoort niemand alleen te zijn. Je wilt toch niet alleen zijn? We moeten een plek vinden waar we heen kunnen.'
Hij gaf niet meteen antwoord maar dacht na over de vraag of hij de nacht met een vrouw wilde doorbrengen om voor een paar uur zijn echte leven te vergeten.
Even schoot de gedachte aan aids door hem heen, maar toen verscheen het gezicht van zijn vrouw voor zijn geestesoog. Hij duwde het opzij. Hillary was weg. Ze waren eindelijk van elkaar af. Hij was alleen in Oud-Havana en nee, dat wilde hij niet. Wel verdomme, waarom niet? Laat Steve de kolere krijgen.
'Een beetje gezelschap zou wel fijn zijn,' zei hij, nog wat huiverig. 'Maar kun je nog even wachten? Ik moet eerst nog naar de wc.'
Hij moest een condoomautomaat hebben. Hij had al jaren geen condooms meer gebruikt en vroeg zich af hoe het zou voelen.
Hij kwam onhandig van zijn kruk af. De plafondtegels gleden met hem mee en de muren vertoonden nu golvingen. Hij hield zich vast aan stoelleuningen en steunde daarna tegen de zijmuur toen hij door het smalle gangetje naar de toiletten achter in de bar liep. Zijn shirt plakte aan zijn rug. Het was ondraaglijk heet geworden in de bar.
Ellis duwde de deur open en liep naar de wastafel, waar hij in de spiegel een glimp van zijn verminkte gezicht opving. Hij plensde wat water in zijn nek en zette zijn handen op de wasbak om zijn evenwicht te bewaren toen de muren als een draaimolen

langzaam om hem heen begonnen te draaien. Er was een condoomautomaat, maar die was leeg.

Hij begon aan de terugtocht naar de vrouw, met zijn hand aan de muur om overeind te blijven. Hij botste in het halletje tegen een man, gaf hem een lichte zet naar links. De man keek hem kwaad aan, bracht zijn lelijke kop met littekens vlak voor Ellis' gezicht. Die deinsde terug, tot hij zich realiseerde dat hij tegen een spiegel aan was gelopen.

Ik ben ladderzat, dacht hij. Het lukte hem bij zijn kruk terug te komen zonder verder nog iemand te ergeren. Zijn jasje lag op de grond. Hij raapte het op maar viel bijna om toen hij zich bukte. Onvast kwam hij overeind.

'Jeetje, je bent echt dronken, hè?' lachte de vrouw. 'Ik kan je maar beter gauw in bed stoppen. In welk hotel zit je?'

'Parque Ciudad,' zei hij, verbaasd dat hij niet met een dubbele tong sprak, maar dat dachten de dronken chauffeurs die hij had gearresteerd ook altijd van zichzelf. 'Weet je waar dat is?'

'Ja, natuurlijk, schat.' Ze hield haar mond vlak bij zijn oor en fluisterde zacht: 'Ik hoop dat je er begrip voor hebt dat ik nooit zoen. Dat is niet persoonlijk bedoeld, hoor.'

Hij trok zijn jasje aan; de buitenlucht was koeler. Hij struikelde, moest zich concentreren om zijn evenwicht te bewaren. Ze greep zijn arm stevig vast, gebruikte haar heup om hem overeind te houden. De kinderkopjes waren ongelijk. Hij had een bittere smaak in zijn mond en zijn tong was te dik om nog vlot te kunnen praten. Af en toe struikelde hij, maar ze ving hem steeds weer op. Ze was sterker dan ze eruitzag.

Hij hoorde de geluiden van mariachibands met hun trompetten, gitaren en maracas. De muziek klonk vervormd en hard. Er zat zelfs een doedelzak bij. Hij probeerde iets te zeggen, commentaar te leveren op het feit dat er uitgerekend in Cuba een Schotse doedelzak was, maar de verbinding tussen zijn hersenen en zijn mond was verbroken. Hij lachte, maar er kwam geen geluid uit.

In de verte knalde vuurwerk. Hij trok een lelijk gezicht bij het lawaai, keek hoe de kleuren in de hemel uitwaaierden als de uitlaatstromen van de Canadian Snowbirds. Hij kon zich niet herinneren ooit zo dronken te zijn geweest.

Hij besefte dat hij haar naam niet wist. Als ze die al had genoemd, was hij hem vergeten. Om een of andere reden leek het hem beter er niet naar te vragen. Hij geneerde zich ervoor dat hij op het punt stond met haar te gaan vrijen en zich haar naam niet herinnerde. Het was hem niet helemaal duidelijk waar ze nu heen gingen, maar ook dat leek er niet toe te doen.

Hoe heet ze?

Hij wist niet hoe lang ze in het donker hadden gelopen, waarbij de vrouw een groot deel van zijn gewicht opving, hem aanmoedigde, hem zacht lachend over het pad hielp tot zijn hotel uit het donker opdoemde.

8

Inspecteur Ramirez was van plan met Kerstmis uit te slapen, met zijn vrouw te vrijen en met zijn kinderen te spelen. En misschien te luisteren naar het kerstcadeautje dat hij van Francesca had gekregen, een cd van de fantastische Cubaanse sopraan Lucy Provedo.

Hij had er niet op gerekend die ochtend de dood te zullen onderzoeken van een jongetje dat als een vis uit de zee was gehaald. Of 's middags Hector Apiro praktisch op het gemaltraiteerde lichaampje te zien zitten.

Net als de meeste Cubanen waren Ramirez en zijn gezin op Kerstavond heel laat opgebleven. Zijn huis was het enige waar op een avond dat er zo'n belangrijk feest werd gevierd, plaats was voor alle negen familieleden zonder het risico dat het zou instorten. Fidel Castro had het kerstfeest jarenlang verboden omdat het de suikerrietoogst in de war stuurde. Maar kort voor het bezoek van de paus enkele jaren geleden was hij van gedachten veranderd, en dus was het kerstfeest weer toegestaan, ook al werden religies officieel ontmoedigd.

Terwijl de kinderen buiten speelden, namen de volwassenen het ervan met muziek, bier en rum. Daarna liepen ze samen met honderdduizenden Cubanen naar het Plein van de Revolutie voor de nachtmis. Onder het luiden van de kerkklokken was op een reusachtig tv-scherm de toespraak van de paus te zien. Ook al was Cuba officieel atheïstisch, de meeste Cubanen geloofden een beetje in het katholicisme, voor het geval dat. In Cuba is het katholicisme een waarborg.

Ze liepen terug naar huis en namen onderweg op verschillende plaatsen afscheid van familieleden. Nu lag Ramirez wakker, luisterde naar het zachte snurken van zijn vrouw en dacht na over het feit dat hij haar nu al zo miste.

Hij drukte een kus op haar haar voor hij uiteindelijk in slaap viel. Hij sliep rusteloos, tot zes uur, toen de telefoon ging en hem met een schok wekte. Naast hem roerde Francesca zich. 'Ik hoor klokken luiden, Ricardo. Maar het is toch nog te vroeg voor de kerk?'

'Het is de telefoon maar, *cariño*,' fluisterde hij. 'Ga maar weer slapen. Ik neem wel op.'

Hij stond op en stootte zijn hoofd tegen een bel. Francesca had het huis versierd met metalen kerstklokken en zelfgemaakte sterren die overal aan hingen, ook de plafondlampen. Ramirez bukte zich om te voorkomen dat hij een oog kwijtraakte.

Hij trok zijn ondergoed aan en liep naar de keuken, waar hij zijn teen stootte aan een stoel toen hij om de vreemdeling heen liep die hem in de deuropening opwachtte. '*Coño,*' vloekte hij zachtjes, en hij hupte verder op zijn andere voet tot de pijn was gezakt.

De dode man haalde verontschuldigend zijn schouders op. Hij stond met zijn hoed in zijn handen. Een man van middelbare leeftijd met een lichtbruine, verweerde kop. In tegenstelling tot zijn andere hallucinaties herkende Ramirez deze man niet. Ramirez wist vrij zeker dat hij hem nog nooit had gezien. Het was geen slachtoffer in een van zijn zaken.

Ramirez greep de hoorn en maakte een eind aan het niet-aflatende gerinkel; hij stond te hannesen en hield wat volgens hem de speaker was tegen zijn oor, maar slaperig als hij was, had hij de hoorn omgekeerd en dus vroeg hij zich af waarom hij niets hoorde behalve een ver geruis. Ten slotte wist hij het ding om te keren.

De dode man zweefde naderbij. Het leek onbeleefd hem eindeloos te laten wachten. 'Het is mijn vrije dag,' fluisterde Ramirez met zijn hand op het mondstuk.

Dat scheen een teleurstelling voor de man te zijn, maar hij liet zichzelf toch uit.

Een logische vergissing, bedacht Ramirez. Kerstmis was, anders dan Kerstavond, in Cuba een werkdag. Maar voor het eerst in jaren had Ramirez een vrije dag.

'Ja,' zei hij, ervoor zorgend dat hij zachtjes sprak, maar hij wist wie het was en schatte dat zijn reeks gewerkte kerstdagen ononderbroken zou blijven.

Hij hoorde de stem van de vrouw die vroege dienst op de meldkamer had. 'Inspecteur Ramirez? Het spijt me verschrikkelijk dat ik u moet wakker maken, maar tegenover de medische torens aan de Malecón is het lichaam van een jongetje uit zee gehaald. Het ziet er verdacht uit. Dokter Apiro is al ter plaatse.'

'Vertel me wat er bekend is.' Ramirez rommelde rond om ergens pen en papier te vinden.

Ramirez' afdeling kreeg per jaar maar zo'n twintig moorden te verwerken, en dat op een bevolking van twee miljoen inwoners. Kindermisbruik was niet ongewoon, zij het dat het niet altijd werd gemeld. Maar de moord op een kind was buitengewoon zeldzaam; het was jaren geleden dat zijn afdeling er een had onderzocht.

Zijn zwarte opschrijfboekje zat in zijn broek, en die lag in de slaapkamer, op de grond. Hij vond een door zijn dochtertje gemaakte tekening en begon achterop aantekeningen te maken. Het moest maar. Ramirez wilde Francesca niet wakker maken door de slaapkamer weer in te gaan en daar naar zijn opschrijfboekje te zoeken, want alle kans er dan een volgende moord onderzocht zou moeten worden.

'Een visser, Carlos Rivero, heeft het jongetje twintig minuten geleden gevonden. Hij was bezig zijn aasblikken klaar te zetten toen hij iets zag drijven. Hij riep om hulp en een andere visser kwam aanrennen en samen hebben ze het lichaam over de zeewering getild. Toen pas beseften ze dat het jongetje dood was. Vanwege de feestelijkheden gisteravond duurde het even voor señor Rivero een politieagent had gevonden.'

Dat zou niet lang een probleem zijn, dacht Ramirez. Binnen de kortste keren zouden er tientallen agenten op de plaats delict zijn. Ze stoven op elk voorval af met het tempo van kakkerlakken die het licht ontvluchten. Maar volgens de meldkamer had de agent die er het eerste bij was, zich goed van zijn taak gekweten.

Agent Fernando Espinoza had bevestigd dat de jongen dood was, aangetekend hoe laat hij was gekomen en, nu de herinneringen nog vers waren, verklaringen van de getuigen opgenomen. Verder had hij naar tekenen van geweld op het lichaam gezocht, die hij zorgvuldig in zijn notitieboekje had opgeschreven. Pas daarna had hij het lichaampje gefouilleerd. In de onderbroek van het jongetje vond hij een portefeuille met daarin een Canadees paspoort en een politiepenning.

De vrouw in de meldkamer gaf Ramirez de naam en geboortedatum van de man in het paspoort: Michael Taylor Ellis, geboren 29 augustus 1969. En volgens zijn penning was señor Ellis rechercheur bij de Rideau Regional Police in Ontario, Canada.

'Verdronken?'

'Dokter Apiro zegt "trauma door klap met stomp voorwerp".'

Het was Espinoza's eerste moord, maar het leek erop dat hij zijn verstand ongewoon goed gebruikte. In plaats van de plaats delict verder te verstoren had hij de meldkamer gevraagd Ramirez om nadere instructies te vragen.

'En dat is de reden waarom ik u op uw vrije dag uit uw bed moet bellen,' verklaarde de meldkamer. 'Nogmaals mijn oprechte verontschuldigingen, inspecteur.'

'Je hebt het goed gedaan, Sophia. Ik was al bang dat ik vandaag aan de slag zou moeten, en in de loop van de tijd heb ik geleerd dat waar ik het meeste bang voor ben ook gebeurt. Roep die jonge agent op, als je wilt, en verbind hem met me door. Trouwens, *Feliz Navidad.*'

'Dank u, inspecteur,' zei Sophia, en toen, gegeven de omstandigheden, onzekerder: 'Ik hoop dat u en uw familie ook een fijne kerst hebben.'

Ramirez stond nog in zijn ondergoed en hij was ongeschoren, maar hij werd snel wakker. Zijn plannen voor de kerst lagen aan duigen. Er was nog genoeg over van de kip van gisteravond om zijn familie nog een keer te eten te vragen. Het kerstdiner was de eerste maaltijd in maanden geweest waarbij hij vlees had geproefd. Gezien de verontrustende aard van dit telefoontje was het niet waarschijnlijk dat er gauw een tweede zou komen.

De lijn kraakte toen de meldkamer afscheid van hem nam en hem doorverbond met Espinoza.

'Agent Espinoza?'
'Ja, señor?'
'Je hebt goed werk verricht. Nu moet je ervoor zorgen dat je de plaats delict onaangeroerd laat en beschermt, en dat je de toeschouwers zo ver mogelijk uit de buurt houdt. Heb je van die gele afschermtape?' Ramirez hoopte dat de surveillancedienst die nog had. Zo niet, dan kon het maanden duren voor ze die weer hadden.
'Ik bel erachteraan, señor.'
'Mooi. Ik kom naar de plaats delict zodra ik ben aangekleed. Tot die tijd voer jij het bevel.' Ramirez kon bijna zien hoe er een brede grijns op het gezicht van de jongeman doorbrak nu hij als straatagent een dag met echt politiewerk voor zich zag.

Een dood kind. Ramirez vroeg zich af wanneer het jongetje zou langskomen.

9

Mike Ellis werd 's morgens om een uur of vijf wakker. Hij had barstende hoofdpijn. Pas toen hij de badkamer in ging om een glas water en een aspirientje te pakken, besefte hij dat Hillary al haar spullen had meegenomen. Een fractie van een seconde kreeg hij een adrenalinestoot omdat hij dacht dat er in hun hotelkamer was ingebroken.

Toen herinnerde hij zich hun ruzie, hoe Hillary hem op de Malecón had laten staan, debatterend met zichzelf. Hij liep terug naar het bed. Haar kant was leeg, het kussen glad en strak.

Verdomme. Hij trok de kastdeur en de laden open. Ze had al haar spullen meegenomen, behalve de pil, de strip lag nog in de badkamer. Misschien was dat met opzet, haar manier om hem te zeggen dat seks tussen hen beiden er niet meer in zat, dat ze zich niet langer tegen zijn sperma hoefde te beschermen.

De kleine safe met cijferslot in de kast stond open. Al het Cubaanse geld was weg, alleen zijn travellercheques lagen er nog. Dat vuile kreng, dacht hij ongelovig.

Hij ging te snel rechtop staan en voelde zijn hoofd weer tollen. Hij liep terug naar de badkamer, spatte water in zijn gezicht en bekeek de verschrikking in de spiegel.

Zijn littekens waren een felle kleur rood, nog lelijker en gezwollener dan anders. Hij slokte een glas water leeg, en nog een. Hij had een smaak in zijn mond van koperen munten, zijn lippen voelde hij niet.

Wat was er gisteravond in godsnaam gebeurd? Vanaf zijn terugkeer in het hotel was Kerstavond bijna geheel in nevelen gehuld. Hij vroeg zich af hoeveel het had gekost om zo dronken te worden en hoopte dat er nog wat over was.

Zijn broek vond hij keurig opgevouwen op een stoel bij het bureau maar hij kon zich niet herinneren hem daar te hebben neergelegd. Hij controleerde de zakken. Leeg. Daarna doorzocht hij zijn jasje, dat op de grond lag, het bureau en nogmaals de safe. Niets.

Waar is verdomme mijn portefeuille?

Dat was het moment waarop hij in paniek raakte. Hij dacht aan de vrouw in de bar.

Die heeft verdomme mijn portefeuille gepikt.

Ellis ging weer op het kingsize bed liggen en probeerde zich de voorgaande avond te herinneren. Was ze meegekomen naar zijn kamer? Hadden ze seks gehad? Stel dat ze aids had? Maar hij kreeg alleen maar vage beelden die, hoe langer hij wakker was, steeds meer details verloren. Niks. Zijn hersenen waren net zo verstijfd als de rechterkant van zijn gezicht. Hij moest overgeven en haalde de badkamer net op tijd.

Goeie genade, Mike, dat was me het drinkgelag wel.

Geen vrouw, geen portefeuille, geen ID-bewijs, geen geld en God mocht weten aan wat voor risico's hij zich had blootgesteld. Daar zat hij nou, vast op een eiland met een communistische dictatuur, niet in staat te bewijzen, als nodig was, dat hij Canadees staatsburger was. In een land waar alleen al Amerikaan-zijn een misdrijf was.

Shit, shit, shit. Hij zou zijn travellercheques moeten inwisselen bij het wisselkantoortje van het hotel als dat openging, en het verlies van zijn creditcard bij Visa moeten melden. Hij probeerde zich te herinneren wat hij verder nog kwijt was behalve zijn portefeuille en zijn vrouw. Zijn ziekteverzekeringspas, rijbewijs, paspoort. Wat Amerikaanse dollars. Misschien wat peso's. Zijn politie-ID.

Shit. Dubbel-shit. O'Malley zou niet blij zijn. Hij werd geacht even secuur op zijn portefeuille en politiepenning te passen als op zijn politiewapen.

Hij wist niet goed hoe hij aan een nieuw paspoort moest komen, hij wist niet eens of er in Havana wel een Canadese ambassade was. Op de website van Buitenlandse Zaken werd aangeraden er een fotokopie van te maken; die zat in zijn koffer. Het was hem niet duidelijk of het zou helpen, maar zolang de overheidskantoren gesloten waren, kon hij niet veel doen.

Hij kwam wankelend overeind, stond onvast op zijn benen. Hij nam een douche, deed zijn joggingbroek en een sweatshirt aan en trok zijn hardloopschoenen aan. Jaren geleden was hij begonnen met hardlopen, in de tijd dat Sloane en hij een team waren geworden, uit angst dat elke dag rondrijden in een surveillanceauto hem slap zou maken. Hij herinnerde zich het oude grapje: een lastige vent is goed te vinden.

Via de achtertrap ging hij naar de uitgang van het hotel. Hij liep de Agramonte af richting de Malecón en toen zijn benen weer stevig genoeg aanvoelden, begon hij langzaam de Via Monumental af te joggen naar het stadscentrum. Toen hij de beheersing van zijn voeten terug had, zakte de loomheid weg en stampte hij langs de zeewering. Er stond een licht briesje en hij kwam soepel in zijn looppritme.

Niet ver van de medische torens, het centrum van Cuba's plastische-chirurgiebusiness, bleef hij staan. De zeeweg werd door tien, vijftien politieauto's geblokkeerd. Op de stoep was het een gekrioel van wel twintig agenten, hoewel het nog te vroeg in de ochtend was voor 'rubbernekken', zoals ze in Canada toeschouwers noemden. Hij zag technisch rechercheurs in witte overalls. Een klein mannetje knielde naast een lichaam op een stuk plastic dekzeil. Hij vroeg zich af of er iemand verdronken was.

Ellis dacht erover een van de agenten te vragen hoe hij aangifte van de diefstal van zijn portefeuille moest doen, maar hij wilde hen niet lastigvallen als er een dode was en hij wist sowieso niet of er iemand Engels sprak. Toen hij zich omkeerde om naar het Parque Ciudad terug te gaan, bedacht hij dat Miguel hem waarschijnlijk wel kon vertellen hoe hij het moest aanpakken.

10

Inspecteur Ramirez belde zijn ondergeschikte, rechercheur Rodriguez Sanchez, thuis. Hij hoorde de vermoeidheid in de stem van zijn collega en wist meteen dat ook Sanchez die nacht laat naar bed was gegaan.
'Gelukkig kerstfeest, Rodriguez. Sorry dat ik je wakker bel, maar er is vandaag blijkbaar werk aan de winkel.' Hij lichtte de jongere man in over de situatie. Hun zinnen werden telkens onderbroken door mislukte pogingen een geeuw te onderdrukken, pogingen om hun vermoeide hersenen van zuurstof te voorzien.
Sanchez was pas begin dertig en een betrekkelijke nieuwkomer op de afdeling Zware Criminaltiteit, maar hij was Ramirez' beste rechercheur. Hij had hem onlangs gezet op het volgen van de toeristische sekswebsites die begonnen op te duiken tijdens de controle van in- en uitgaand internetverkeer met het buitenland. Gezien de tijd die Sanchez doorbracht met virtueel politiewerk, dacht Ramirez dat Sanchez het misschien wel fijn vond weer eens betrokken te zijn bij een moordonderzoek in de echte, tastbare werkelijkheid. Zelfs 's morgens vroeg.
'Heb je nog altijd je contacten bij het vliegveld, Rodriguez?'
'Ja, natuurlijk. Ik ben er vorige week nog geweest.'
'Mooi. Dan moet je er weer heen om de registraties door te nemen. Die meneer Ellis heeft, toen hij door de douane ging, moeten aangeven wat zijn logeeradres is. Ik wil de naam van zijn hotel weten. En neem ook kopieën mee van de bewakingstapes toen hij bij de douane was. O ja, en hoe de honden reageerden.'
'Ik heb vandaag wel een auto, maar geen benzine, dus ik neem de bus of ik ga liften. Dat is sneller dan wanneer ik moet wachten tot ik word opgepikt door een surveillancewagen.'

Ramirez zuchtte. Het brandstoftekort was een probleem voor de hele afdeling. Ze redden het door auto's te laten rouleren en verder alle vervoer te gebruiken dat ze maar konden vinden. Sanchez had geen eigen auto. Als hij zijn brandstofrantsoen voor december had opgebruikt, kreeg hij pas benzine op 1 januari. Ramirez vroeg zich wat er zou gebeuren als alle politieauto's in Havana zonder benzine kwamen te staan. Achtervolgingen te voet? Dan moest hij misschien fietsen voor zijn mensen regelen.

Dat was nog een reden waarom hij Sanchez achter de computer had gezet: dat werk kon hij op het bureau doen. Buiten hen hadden maar weinig overheidsdiensten geautoriseerde internetverbindingen. Sommige hotels, zoals Hotel Nacionale, hadden toegang tot internet, maar alleen voor buitenlandse toeristen. Verder was het in Cuba, op enkele uitzonderingen na, illegaal.

'Als je op het vliegveld klaar bent, moet je de meldkamer vragen of ze een wagen sturen om je op te halen. Ik wacht op je op de plaats delict. Later vandaag moet je een auto van iemand van de ploeg regelen want die zul je nodig hebben.'

'Een halfuurtje,' zei Sanchez.

Ramirez schoor zich snel en trok zijn blauw-grijze uniform aan, zoals hij altijd deed wanneer hij naar een plaats delict ging. Dat had een praktische reden: zijn uniformen kon hij op kosten van de overheid laten reinigen, zijn pakken niet. Stomerijen waren er alleen voor de turistas.

Bovendien had Francesca hem een uitbrander gegeven toen hij net hoofd van de afdeling Zware Criminaliteit was geworden en was thuisgekomen met vlekken van dubieuze oorsprong op zijn kleren. 'Ik heb geen waspoeder, Ricardo,' had ze venijnig gezegd, 'en ik ben niet van de technische recherche. Ik voel er niets voor jouw plaatsen delict schoon te maken.'

Zijn vrouw zou buitengewoon ongelukkig zijn geweest als ze had geweten hoeveel plaatsen delict hem naar huis volgden. Maar sindsdien trok hij op zulke momenten zijn dienstuniform aan, en hij had gemerkt dat zijn mensen dat ook prettig vonden. Hij leek daardoor een van hen en niet hun meerdere.

Ramirez kuste zijn slaperige vrouw gedag en verontschuldigde zich ervoor dat hij weg moest. 'Ik kom zo snel mogelijk naar huis. Ik beloof je dat ik het goedmaak als deze zaak achter de rug is. Wil je wat kip voor me achterhouden als er nog wat over is?'

Zijn dochtertje en zoontje sliepen met hun armen over elkaar heen. Hij gaf hun allebei een kusje, heel licht om hen niet wakker te maken. Ze zouden hun pakjes moeten openmaken zonder hem erbij. Hij had zijn best gedaan speelgoed voor hen te vinden, wat niet meeviel met het handelsembargo.

11

Toen Inspecteur Ramirez op de Malecón arriveerde, vond hij daar Hector Apiro op zijn knieën naast een lichaampje op een plastic dekzeil. De dode man liep vlak achter hem met een bezorgd gezicht, misschien omdat hij bang was dat het onderzoek naar zijn eigen dood door dit tragische voorval vertraging zou oplopen. Ramirez gaf hem met een blik te verstaan dat ja, dit kind zijn eerste prioriteit was.

De dode man trok zich terug, zijn hoed omdraaiend in zijn handen omdraaide, maar toch bleef hij nerveus en afwachtend in de buurt, als een tienermeisje bij de telefoon.

'Gelukkig kerstfeest, Hector,' zei Ramirez tegen de patholoog. Hij vroeg zich af hoe Apiro Kerstavond had doorgebracht.

Ofschoon Apiro Ramirez' beste vriend was, was Ramirez nog nooit bij hem thuis geweest en had Apiro een uitnodiging om bij hem te komen nooit gehonoreerd, zelfs niet voor de feestelijkheden de avond ervoor. Deze kleine man woonde alleen en hij had wel eens tegen Ramirez gezegd er niet op te rekenen ooit nog te zullen trouwen. 'Ik gunde mezelf de lol, jaren geleden, te fantaseren dat ik op een dag de liefde zou ontdekken. Maar over die illusie was ik snel heen. Er was ooit een patiënte, en het was stom van me. Je kunt je de ethische complicaties voorstellen, Ricardo, zelfs als ze dezelfde gevoelens zou hebben gehad. Als je de lengtekwestie achter de rug hebt, is dat het enige probleem van het dwerg-zijn. Je dromen zijn niet zo klein als anderen soms denken.'

Ramirez wist dat Apiro de hele kerstdag bezig zou zijn met de gang van zaken op de plaats delict en met het lichaam van het kind om ervoor te zorgen dat de bewijzen onweerlegbaar waren.

De kleine man keek op en lachte. 'Nog een zalig kerstfeest, Ricardo. Hoe was het diner gisteravond?'
'Heerlijk. Ik was bijna vergeten hoe kip smaakt.'
'Ach ja, kip. Ik weet nog dat de paus in 1998 naar Havana kwam. Castro had die Kerst voor iedereen een kip geregeld. Ik vroeg me af of Castro een *babalawo* was. Want voordat de paus kwam, was er nergens een kip te vinden, en toch had Castro er duizenden.'

Ramirez grinnikte. Een babalawo was een santería-priester, een tovenaar die als onderdeel van zijn duistere magie dieroffers bracht. Castro had inderdaad kippen uit de lucht geplukt.

'Zeg, Hector, wie van die kerels is Espinoza? Ik had hem vanochtend hier de leiding gegeven.'

'Die jonge knaap daar.' Apiro wees naar een politieagent van amper twintig, die tegelijkertijd trots en bezorgd keek.

'Ik ben zo terug.' Ramirez ging naar de gedrongen politieagent, die probeerde groter te lijken door op de bal van zijn voeten te gaan staan. 'Agent Espinoza? Je hebt vandaag goed werk verricht.'

'Dank u, inspecteur.' De jongeman bloosde. Hij gaf Ramirez een doorzichtige plastic bewijszak met de portefeuille en het Canadese paspoort. 'Inspecteur,' zei Espinoza erbij met een ondertoon van opwinding in zijn stem, 'ik geloof dat ik de overledene heb geïdentificeerd.'

Ramirez moest inwendig een beetje lachen. Een slachtoffer 'de overledene' noemen was de manier waarop nieuwe agenten afstand namen van de dode. Maar in zijn eigen wereld waren de doden helemaal niet op afstand. Hij wierp een blik op de zeewering, waar de dode man schuchter een hand in de lucht stak in een poging de aandacht van de inspecteur te trekken.

Espinoza vertelde dat hij, in afwachting van Ramirez' komst, de andere agenten die in Oud-Havana te voet op surveillance waren, per radio had opgeroepen. 'Ik heb ze gevraagd of een van hen vanochtend of gisteravond een jongen van een jaar of negen in een rode korte broek met een werkje had gezien. Agent Lopez zei dat hij het even zou gaan vragen bij het reuzenrad omdat dat een enorme trekpleister voor de kinderen uit de buurt is. Hij meldde me net dat de man die het reuzenrad bedient bezig is het park te openen. Hij zegt dat de man een gespannen indruk maakt.'

Niet zo verwonderlijk, dacht Ramirez. De meeste Cubanen schrokken als de politie hun een bezoekje bracht.

'Misschien is hij bang dat de aanwezigheid van de *policía* mogelijke klanten afschrikt. Wat is Lopez te weten gekomen?'

'Dat een jongen in een rode korte broek gisteren ronddraafde met een groepje grotere knapen. Ze probeerden bij de toeristen geld los te krijgen.'

'Laat Lopez een verklaring opnemen, wil je?'

'Dat heb ik al gedaan, señor.'

'Mooi. Wist de getuige wat de naam van het jongetje was?'

'No, señor. Maar een van de agenten die meestal voor het Palacio de los Marqueses de Aguas Claras staat, heeft een paar jongens gistermiddag staande gehouden en gewaarschuwd de toeristen minder agressief te benaderen. Hij kon zich herinneren dat een van de jongens een geel shirt en een rode korte broek met een wit patroontje aanhad. Hij heeft zijn naam genoteerd en gedreigd met zijn ouders te gaan praten als hij niet ophield de *extranjeros* lastig te vallen. Het zou dezelfde jongen kunnen zijn.'

'Waarschijnlijk wel.'

Ramirez noteerde Espinoza's penningnummer en afdeling en overwoog hem naar zijn eigen afdeling te laten overplaatsen. Straatagenten die zelf konden nadenken waren even zeldzaam als kippen. De meesten waren bijna hersendood van verveling.

Hij bedankte de jonge straatagent, pakte zijn radio en liet de meldkamer hem doorverbinden met rechercheur Sanchez.

'Rodriguez, je moet nog één ding voor me doen voor je hierheen komt. Ik wil dat je contact opneemt met Interpol en vraagt of ze Ellis willen checken.'

Ramirez haalde de verfrommelde tekening van zijn dochter uit zijn zak en gaf Sanchez de naam en geboortedatum van de Canadees. Hij was blij dat het hem was gelukt een pen te vinden. Naar een potlood moest je soms jaren zoeken.

'Zeg, is dat señor Rivero, die visser?' Ramirez gebaarde met zijn hoofd naar een knoestige man van achter in de zestig of begin zeventig die iets verder stond, met een groot blik aas aan zijn voeten. Hij leek geschokt en ietwat van zijn stuk gebracht.

'Ja. Ik heb hem gevraagd hier te blijven voor het geval u hem nog wat wilde vragen.'

Ramirez ging naar hem toe. De oude man stond te beven, ongetwijfeld door het waden in het koude water, maar waarschijnlijk ook vanwege zijn vondst. Rivero was die morgen niet zo vroeg opgestaan om een kinderlijk te vangen.

De woorden kwamen de oude man als water over de lippen. 'Toen ik die rode stof bol van de wind in het water zag, dacht ik dat iemand zijn jack verloren had. Het leek wel een plant die op het water bloeide. Toen zag ik een bruin handje drijven en realiseerde ik me wat het was.'

De knieën van de visser bloedden; hij had ze opengehaald aan de puntige rotsen toen hij het jongenslichaam uit het water haalde. Hij was lijkbleek en verkeerde duidelijk in een shocktoestand. Ramirez legde een arm om zijn schouders en bracht hem naar Apiro.

'Señor Rivero, heel erg bedankt voor wat u hebt gedaan. We stellen het werkelijk zeer op prijs.'

'Ik kon niks meer doen,' zei Rivero. Hij schudde zijn hoofd. Zijn ogen waren rood van de tranen. 'Hij was al dood. En nog zo klein, echt nog een jongetje.'

'Hector, kun jij meneer Rivero's knieën verbinden? En mocht je een thermosfles met koffie bij je hebben, dan denk ik dat meneer wel een kop kan gebruiken om op te warmen.'

Apiro knikte, lachte de man vriendelijk toe en dook in zijn koffer. Ramirez wist dat hij ervoor zou zorgen dat Rivero ook nog een glas rum kreeg voor hij vertrok. 'Dokter Apiro verzorgt uw wonden. Kunnen we verder nog iets voor u doen?'

'Nee, inspecteur, dank u wel.'

'Laten we hopen dat de rest van de dag minder schokkend voor u is. Maar u kunt trots zijn op de manier waarop u zich vandaag hebt gehouden. U hebt toch het koude water maar getrotseerd.'

Veel Cubanen zouden bij het zien van het lichaam in het water zijn weggelopen, uit angst op een of andere manier de schuld van de dood van het kind te krijgen.

Ramirez bekeek het lichaampje nauwkeuriger. De jongen had geen shirtje meer aan en was ondervoed zoals veel Cubaanse kinderen, vel over been. Zijn ribben waren goed zichtbaar en zijn rechteroog was bont en blauw.

Apiro draaide de jongen voorzichtig om. Op zijn rug zaten paarse plakkaten. Met zijn gehandschoende handen trok Apiro de broek en de onderbroek uit. 'Moet je kijken.' Hij wees Ramirez op de kleine scheurtjes rond de anus.

'Verkracht?'

'Op zijn leeftijd zal het waarschijnlijk niet met wederzijds goedvinden zijn geweest,' mompelde de dokter. 'Er is bij deze aanranding fors geweld gebruikt. Zitten zou voor dit kind een tijdlang heel pijnlijk zijn geweest, om over poepen maar te zwijgen.'

'Wat is de doodsoorzaak?'

'Dat kan ik nog niet met zekerheid zeggen, maar op basis hiervan...' Apiro wees naar een bult op het achterhoofd, '... zou ik zeggen dat hij met een hard voorwerp is geslagen.'

'En die blauwe plekken in zijn gezicht en op zijn rug?'

'Moeilijk te zeggen. Die op zijn gezicht kunnen van de rotsen zijn. Om er zeker van te zijn moet ik de verwondingen bij de autopsie nader onderzoeken. Maar zoals ik het inschat, zijn ze ante mortem, van voordat de dood intrad, niet erna.'

'Van geweld?'

'Ach, Ricardo, dat weet je nooit zeker bij jongens van die leeftijd. Die spelen, klimmen in bomen, lopen tegen dingen aan, geven elkaar een zet, vechten... Maar wanneer ik eenmaal een overzicht heb en alle bekende feiten heb kunnen wegen, heb ik een helderder beeld. Vanmiddag doe ik de autopsie. Ik moet wel,' zei hij gelaten, 'want de koeling werkt niet goed.'

'Wat een pech,' zei Ramirez, en hij dacht aan de omstandigheden waaronder Apiro die middag zijn werk moest doen, als het echt warm werd.

De patholoog grijnsde. 'Neem je sigaar maar mee.'

12

In de lobby schitterde een reusachtige kerstboom. Hij was versierd met lange slingers knipperende blauwe en groene lampjes die op verschillende momenten aan- en uitgingen zodat de boom als door magie telkens van kleur veranderde. De twinkelende lichtjes deden pijn aan Mike Ellis' ogen. Hij nam de lift naar zijn kamer, kleedde zich uit en nam de tijd voor zijn tweede douche van die dag. Het water prikte in zijn ogen, maar hij had in ieder geval het gevoel dat zijn benen weer van hem waren.

Ellis droogde zich af en liep naakt de kamer door, waar hij de gordijnen dichttrok om het licht buiten te houden. In een van de laden vond hij een kaki broek. Hij trok een schone onderbroek aan, een golfshirt, sokken en schoenen, pakte zijn zonnebril en nam de lift naar de lobby beneden.

Op het daklicht van het restaurant beneden hem zag hij nog druppels van de vroege ochtendregen, maar de hemel was stralend blauw. Weer een prachtige, verpeste dag.

Het was net na achten, maar het wisselkantoortje was open. Hij verzilverde zijn travellercheques, vouwde het geld op en stopte het in zijn achterzak.

Toen hij de lobby betrad, wierp Ellis een blik op de receptie en daar zag hij Miguel, die toen Ellis dichterbij kwam naar de deur liep om hem zoals altijd uit te laten. Zijn handschoenen waren smetteloos wit, zijn hoed stond precies recht. Een knappe jongeman.

'Zalig kerstfeest, señor Ellis,' zei Miguel met een glimlach, en hij gaf de draaideur een zet. Maar in plaats naar buiten te lopen, zoals anders, bleef Ellis staan.

'Jij ook een zalig kerstfeest gewenst.' Ellis probeerde terug te glimlachen, maar zijn lip bewoog niet meer aan de kant waar het mes een haal had gemaakt. 'Zeg Miguel, ik ben gisteravond mijn portefeuille ergens kwijtgeraakt, vermoedelijk in de buurt van El Bar. Je weet wel, het café van Hemingway. Enig idee hoe ik dat moet aanpakken?'

'Ik zal de politie voor u bellen, señor, en ze laten weten dat ze hier contact met u opnemen zodat u aangifte kan doen. Ik weet niet precies onder welk bureau het valt. Maar wees gerust, ik regel het voor u.'

'Dank je. Ik kan me niet voorstellen dat ze er veel mee kunnen, maar mijn paspoort zit erin.' Hij gaf Miguel de details en tien peso's. 'Als dank voor alles wat je voor me hebt gedaan. En ook omdat het Kerstmis is.'

'U bedankt,' zei Miguel, en hij liet het biljet snel in zijn eigen zak glijden. Met een brede grijns drukte hij Ellis pijnlijk stevig de hand.

Vijf peso's was in Cuba bijna een maandinkomen. Tien CUC's was, omgerekend naar de meeste toeristenvaluta, een hoop geld. Maar Miguel was Ellis en zijn vrouw gedurende hun hele verblijf behulpzaam geweest. Hij had een tour voor hen geregeld, hen gewaarschuwd voor *jineteros*, de straatverkopers die zouden proberen hen af te zetten, en hij had hun zelfs een paar woorden Spaans geleerd.

'Dat is veel te veel, señor Ellis. Ik vind het ontzettend vervelend voor u van uw portefeuille. Maar onze politie is heel efficiënt, dus maakt u zich niet ongerust. Ik weet zeker dat ze hem zullen vinden.'

'Kan ik hier ergens een ontbijt krijgen?'

'Hotel Machado is heel goed, señor. Het park door en dan aan uw rechterhand.'

Buiten stond een stel koetsjes in de koele schaduw van de bomen van het stadspark bij Parque Ciudad. De timide paardjes met oogkleppen zwiepten met hun manen in de hitte en schudden voortdurend hun hoofd. Ze zagen er net zo belabberd uit als Ellis zich voelde.

Er stond een rij taxi's, waarvan drie of vier chauffeurs hem aanriepen. Hij wees hun aanbod af.

Hotel Machado was gemakkelijk te herkennen aan de opvallende blauwe letters van de naam op de tweede verdieping. Het terras lag uit de zon en keek uit op het park.

Ellis bestelde zwarte koffie en goot die naar binnen. Het ging er vlot in en hielp zijn aangevreten zenuwen tot rust te brengen. Hij trok de aandacht van de kelner en bestelde zilvervliesrijst, eieren en bonen.

Het begon al warm te worden. Hij keek naar een stel jongens die in het park aan het spelen waren. Ze hadden een petfles en schopten die rond alsof het een voetbal was. Eén jongen had sportschoenen met veters aan die hem veel te groot waren, de anderen liepen op blote voeten.

Hoewel hij al een week in Havana was, vond Ellis de armoede in Cuba nog steeds schokkend. Onderweg van het vliegveld had de taxichauffeur verteld hoe de Cubanen uitkeken naar Castro's dood, hoe zat ze het waren in een derdewereldland te leven. Dankzij het kosteloos openbaar onderwijs had bijna iedereen in de dienstverlenende sector, zelfs prostituees, een universitaire graad. Er zaten artsen bij, ingenieurs. En ze wilden meer uit hun leven halen dan dit.

'Ik weet niet of u dat grapje kent,' zei de taxichauffeur. 'Een Cubaanse vrouw is blij dat haar nieuwe vriendje taxichauffeur is, maar diep ongelukkig als ze ontdekt dat hij alleen maar neuroloog is.' Hij lachte en beukte met zijn vuist op het stuur. 'Kijk naar mij. Ik ben afgestudeerd in deeltjesfysica en ik ben taxichauffeur omdat we in Cuba geen laboratoria hebben. Niets is hier simpel, neemt u dat maar van mij aan. Helemaal niets.'

'Hoe veilig is Havana?' vroeg Hillary. 'Kun je hier 's avonds de straat op?'

'Natuurlijk. U moet alleen uw hand op uw portemonnee houden, *señora*. Er zijn overal zakkenrollers. Maar maakt u zich niet ongerust,' stelde hij haar gerust. 'Afgezien daarvan is dit het veiligste land ter wereld. Moet u zien hoeveel politie er is. Vanaf het hele eiland komen ze hierheen voor werk. We noemen ze *palestinos*, omdat ze nooit meer weggaan. Ze hebben het saaiste baantje in heel Cuba. Echt, ze moeten gewoon misdrijven bedenken om iets te doen te hebben.'

De taxichauffeur had gelijk, besefte Ellis toen de kelner zijn koffiekopje bijvulde. Op elke straathoek stond een jonge politieagent met een marineblauwe broek en een pet, en soms zelfs meer dan één. Ze leken op ongedurige kinderen met wapens. Het stelde niet gerust.

13

Inspecteur Ramirez en zijn geestverschijning keken bedroefd toe terwijl het kleine stoffelijk overschot in het witte busje werd geladen dat lijken naar het lijkenhuis bracht.

Ramirez slaakte een zucht. Zaken waarin kinderen een rol speelden waren het zwaarst. Het dossier zou moeilijk zijn voor iedereen in zijn eenheid, vooral voor mensen met kinderen, inclusief hijzelf. Edel, zijn zoontje, was ongeveer van dezelfde leeftijd als het slachtoffertje.

Later die dag zou Ramirez de treurende ouders moeten vertellen dat hun zoontje dood was. Hij wilde dat hij hun kon vertellen dat ze al een verdachte hadden gearresteerd en dat die al bijna voor het vuurpeloton stond. Hij wierp een blik op de dode man en zag tot zijn verbazing dat die een traan wegveegde.

Er stopte een surveillancewagen, waar rechercheur Sanchez uit stapte. Hij zag er vermoeid uit, zijn uiterlijk ruiger dan anders. Hij gaf Ramirez de bewakingsbanden waar deze om had gevraagd. Terwijl de twee in gesprek waren, begonnen de mannen van de technische recherche het trottoir minutieus op bewijsmateriaal te onderzoeken.

Ramirez en de dode man stapten over de afzettingstape om hun niet in de weg te zitten. Ramirez maakte de plastic bewijszak open die Espinoza hem had gegeven en haalde er het paspoort uit, sloeg voorzichtig de natte bladzijden om. Hij schrok zichtbaar toen hij de littekens zag, die op de strenge zwart-witfoto sterk vergroot waren. Het zag ernaar uit dat Michael Ellis een ernstig ongeluk had gehad. Zijn gezicht was als een legpuzzel in stukken gesneden.

'Geen knappe kop,' zei Ramirez, en hij liet Sanchez de foto zien. 'Weet je al waar hij logeert?'

'Hotel Parque Ciudad. Maar moet u horen: ik werd op weg hierheen gebeld door de meldkamer. Er was een anonieme melding binnengekomen dat een man met allemaal littekens in zijn gezicht in het stadspark een paar jonge jongens had benaderd en voor geld seks met ze wilde hebben. Dat moet de man van het paspoort zijn geweest. Volgens mij moeten we nu naar zijn hotel gaan en hem ondervragen, voordat hij de hele dag de deur uit is.'

'Wat komt het mooi uit dat we zo vroeg in ons onderzoek al een melding binnenkrijgen,' merkte Ramirez droogjes op.

Volgens de Cubaanse wet had de politie maar drie dagen om een onderzoek naar een ernstig misdrijf af te ronden. De wetgever had deze eis opgesteld, vermoedelijk omdat er dagelijks diverse vluchten vanaf het eiland vertrokken. Anders zouden verdachten het land kunnen ontvluchten voordat het onderzoek was voltooid. Cuba had met niet veel landen een uitleveringsverdrag, alleen een paar informele afspraken.

Om die reden moest de afdeling Zware Criminaliteit snel werken wanneer buitenlanders van misdaden werden verdacht. Zijn mensen waren meestal binnen de tijd klaar, ondanks het praktisch continue gebrek aan middelen, zoals de benzine die Sanchez tekortkwam en het forensisch materiaal dat Apiro moest ontberen, iets wat hem er niet van weerhield zijn werk gewoon te doen.

Wanneer ze een verdachte hadden opgepakt moest Ramirez zijn dossier binnen tweeënzeventig uur aan een aanklager overhandigen, samen met een rapport. Als hij die deadline niet haalde, moest Ramirez zijn verdachte laten gaan, schuldig of niet. De meeste turistas wisten niet van het bestaan van deze wet, wat veel Cubaanse overheidsdienaren de kans bood geld op te strijken in plaats van een wankele zaak aanhangig te maken. Een win-winsituatie, zoals ze in Amerika zeiden.

Als Ramirez meer tijd wilde, was hij genoodzaakt een plan te bedenken dat schetste wat hij nog moest doen. De aanklager moest dan een soms onwillige juridische commissie zover zien te krijgen dat op basis van dat plan een borg werd geweigerd. Commissies konden schichtig reageren als er toeristen bij betrokken waren.

Voor Ramirez zou het leven een stuk makkelijker zijn als hij zijn werk binnen de termijn van drie dagen kon afmaken. Hij gaf er de voorkeur aan de zaken eerst informeel te houden, te voorkomen dat de klok werd gestart en ervoor te zorgen dat hij genoeg tijd had.

Sanchez daarentegen vond dat het, gezien de krappe deadlines, efficiënter was de verdachte valselijk te beschuldigen, en dat het onderzoek erdoor werd bespoedigd. Ramirez was er nooit helemaal van overtuigd geweest dat Sanchez een grapje maakte.Hij verdacht Sanchez er half en half van de melding zelf te hebben gedaan.

'Jammer dat die melding anoniem was. Heeft de meldkamer een nummer?'

'Mobieltje. Geen nummervermelding.'

'Kenmerken betreffende de stem? Een man, een vrouw?'

'Daar heb ik naar gevraagd. Ze had vergeten het te noteren.'

'Dat is nou jammer,' zei Ramirez. 'Maar er zijn overal *cederistas*.'

Het was niet ongewoon dat leden van een buurtpreventiegroep een misdrijf doorgaven zonder zich te identificeren, maar het gebruik van een mobieltje was uitzonderlijk. Cubanen mochten er alleen met toestemming een hebben en het waren er maar weinig. Maar Sanchez had er ook geen, alleen de telefoon bij hem thuis en zijn politieradio-ontvanger, wat betekende dat de melding ergens anders vandaan moest zijn gekomen.

'Dan is Michael Ellis misschien onze man,' zei Ramirez, hoewel het hem niet beviel een buitenlandse politieman te beschuldigen van een ernstig misdrijf wanneer dat gebeurde op grond van slechts een anoniem telefoontje. 'Laten we eens gaan kijken wat hij te melden heeft.'

14

Inspecteur Ramirez parkeerde tegenover het vernieuwde hotel dat op een dure locatie aan de rand van Oud-Havana stond, aan de noordrand van het fraaie, rijk beboste Parque Ciudad, het stadspark. Sanchez en hij staken over. Een geüniformeerde portier liet hen binnen door de draaideur.

De dode man aarzelde. Cubanen mogen een toeristenhotel alleen binnen als ze er werken. Maar er was geen wet die dode of imaginaire Cubanen verbood wat dan ook te doen. Ramirez dacht dat het een van de weinige wettelijke beperkingen was die de Cubaanse overheid had vergeten in te voeren. Een amendement zou wel niet lang op zich laten wachten.

Dankzij de wettelijke lacune kon de dode man met de twee agenten naar binnen. Hij bleef staan om de reusachtige kerstboom te bewonderen die de entree domineerde, terwijl de twee rechercheurs naar de receptie liepen. Ze identificeerden zich bij de jongedame achter de balie, hoewel het duidelijk was dat ze van de politie waren: Ramirez was nog in uniform. Hij vroeg de vrouw, net geen tiener meer, welke kamer van señor Michael Ellis was.

Ze keek het na. 'Kamer 612, señor.'

De portier kwam naar hen toe toen ze op het punt stonden de lift naar de zesde verdieping te nemen. 'Ik hoorde dat u naar señor Ellis vroeg,' zei hij. 'Ik was net van plan u te bellen. Señor Ellis vertelde me vanochtend dat hij gisteravond zijn portefeuille heeft verloren. Hij vroeg me of ik aangifte wilde doen. Hij is een paar minuten geleden weggegaan, u bent hem net misgelopen.'

'Heeft hij uitgecheckt?' vroeg Ramirez, en hij haalde zijn opschrijfboekje tevoorschijn.

'O nee, señor, ik denk dat hij zo terug is. Ik heb hem aangera-

den naar hotel Machado te gaan. Volgens mij wilde hij daar gaan ontbijten.'
'Was je hier toen hij gisteravond thuiskwam?' Een suggestieve vraag, dat wist Ramirez. In de rechtszaal mochten alleen de rechters en de lekenleden van de commissie zulke vragen stellen. Maar nu, als rechercheur, had hij volledige vrijheid bij het vergaren van bewijzen.
'Ik ben hier altijd,' zei Miguel Artez droevig, met een lachje. 'Ja, ik was hier toen señor Ellis thuiskwam, maar toen heeft hij niets gezegd over zijn portefeuille. Hij was heel erg dronken toen hij thuiskwam. Het kan best zijn dat hij pas vanochtend heeft gemerkt dat hij hem kwijt was.'
'Hoe laat was dat?' vroeg Sanchez. 'Toen hij thuiskwam.'
'Een uur of elf, denk ik, halftwaalf misschien. Ik had dienst tot middernacht. Het was niet lang daarvoor.'
'Was hij alleen?' vroeg Ramirez.
'Ik dacht het wel.' Artez dacht even na. 'Ja, zeker weten. Zijn vrouw is gisteren tijdens mijn dienst vertrokken. 's Avonds. Ik heb nog een taxi naar het vliegveld geregeld en haar met haar bagage geholpen.'
'Had hij geen kind bij zich?'
'Nee,' zei de portier verbaasd. 'Ze waren hier met zijn tweeën.'
'Logeert hij hier nu alleen?' vroeg Sanchez.
'Ja, natuurlijk. Señora Ellis was heel aardig,' benadrukte de portier. 'Heel mooi ook. Ik vond het jammer dat ze Cuba zo snel verliet, en in haar eentje.'
Sanchez noteerde naam, adres en geboortedatum van de portier. Hij ging opzij staan om Ramirez onder vier ogen te spreken. 'Ik vind dat we de kamer van señor Ellis moeten doorzoeken vóór we met hem praten. We hebben genoeg bewijzen tegen hem: zijn portefeuille op het lichaam en die melding over de kinderen in het park.'
Ramirez dacht erover na. Sanchez had gelijk. Wanneer ze goede gronden hadden om iemand van een misdaad te verdenken, kon de politie een staatshotel zonder huiszoekingsbevel doorzoeken. In dit geval waren de gronden niet heel erg sterk, maar genoeg voor de wet.

Ramirez ging terug naar de receptie en vroeg de jongedame om een sleutel van de hotelkamer van señor Ellis. Ze gaf hem een plastic kaartje. Eerst wist hij niet goed wat hij ermee aan moest. De enige hotels waar hij in had verbleven waren die in Moskou. Toentertijd had een strenge etagedame met tegenzin stalen sleutels uitgedeeld, alsof het koolrapen waren.

Ramirez en Sanchez liepen door de roze gang met blauw betegelde vloer naar kamer 612. Ramirez roffelde op de deur, Sanchez trok zijn pistool. Toen er geen reactie kwam, ging Ramirez met de sleutelkaart op en neer door de smalle sleuf onder de deurklink tot er een groen lampje aanging en het slot klikte.
Langzaam opende hij de deur en liet hen binnen, maar er was niemand. De dode man volgde hen naar binnen.
Het was een rommeltje in de kamer: het bed was niet opgemaakt, de gordijnen zaten stijf dicht. Ramirez deed het licht aan, trok de gordijnen open en liet het ochtendlicht binnen.
Sanchez stopte zijn wapen weg en beiden trokken rubberhandschoenen aan. Die waren in China gemaakt door een bedrijf dat ook condooms maakte. Er zaten vaak gaten in de handschoenen – en in de condooms ook, gezien de uitdijende Chinese bevolking.
'In deze kamer is niets wat op een vrouw wijst,' merkte Ramirez op. De dode man lachte even. Misschien was de geest vrijgezel, dacht Ramirez. Het ironische van zijn werk was dat de meeste moorden in de huiselijke sfeer plaatsvonden. Echtelieden, minnaars, mensen die om elkaar gaven, hadden de meeste kans elkaar te vermoorden, maar het betekende ook dat iemand het merkte als een geliefde verdween. Een man alleen kon maandenlang zoek zijn voor er iemand aandacht aan schonk.
Wie ben jij toch?
'Nee,' zei Sanchez, en het duurde even voor Ramirez doorhad dat Sanchez iets zei. 'Ik heb het gecontroleerd toen ik op het vliegveld was. Michael en Hillary Ellis zijn 18 december aangekomen. Ze zouden op 2 januari teruggaan, maar uit de passagierslijsten blijkt dat zij gisteravond om negen uur naar Ottawa is te-

ruggevlogen. De portier had gelijk, ze is eerder teruggegaan. In feit een hele week.'

'Hoe laat zei je dat haar vliegtuig vertrok?'

'Negen uur, negen uur 's avonds.'

'Hmm, dat is pas interessant.'

Ramirez opende de vouwdeur van de kast in het halletje. Daarin stond een kofferrek waarop een groene koffer rustte. Hij maakte hem open. De koffer was leeg, op een papiertje na. Een fotokopie van hetzelfde paspoort als ze in zijn portefeuille hadden gevonden. Het muurkluisje boven de koffer was dicht. Verder was er niets te zien. Ramirez stak de fotokopie bij zich en sloot de kastdeur.

Naast een houten bureau in de slaapkamer stond een stoel waar een colbertje overheen was gegooid. Een pantalon lag in kreukels op de grond. Ramirez ging de zakken na maar die waren leeg.

'Kom eens kijken,' riep Sanchez. Ramirez ging naar de andere kant van de kamer. Sanchez wees naar een kapotte capsule die op het vloerkleed naast het bed lag, tussen de muur en het raam. De dode man wees naar Sanchez.

'Bewaren,' beval Ramirez.

Sanchez haalde een plastic zakje uit zijn zak, stopte de capsule erin en verzegelde het zakje. Hij zette zijn paraaf erop en gaf het aan Ramirez, die het in zijn zak stopte.

Daarna ging hij naar de badkamer en deed er het licht aan. 'Señora Ellis moet overhaast vertrokken zijn.'

'Hoezo?' vroeg Sanchez verbaasd.

Ramirez kwam naar buiten en hield de plastic schijf met anticonceptiepilletjes op, grijnzend. 'Een Cubaanse vrouw zou de deur niet uit gaan zonder dit hier.'

Verder zag Ramirez niets bijzonders in de badkamer. Een elektrisch scheerapparaat, een klein flesje met hotelshampoo, een stuk zeep. 'Dus toeristen krijgen gratis shampoo en zeep als ze hier logeren,' zei hij.

Hij rook aan de zeep, bedacht hoezeer zijn vrouw echte shampoo en geurige zeep op prijs zou stellen in plaats van dat ene stuk grauwe, bijtende en niet-schuimende zeep waarvoor ze één keer in de maand in de rij stond.

'Kijk eens wat ik onder de matras vind,' riep Sanchez vanuit de andere kamer. Hij zwaaide met een stel polaroids en een cd.

Ramirez wierp een blik op de foto's en werd misselijk. Hij zag een jongetje dat een man pijpte; op een andere stond het jongetje voorovergebogen. Op elke foto hetzelfde jongetje. Hij kon zich voorstellen wat er op de cd stond.

Het was onmogelijk de man op de foto's te identificeren: de camera was op het jongetje gericht. Maar geen twijfel over de identiteit van het jongetje: het was het jongetje dat Carlos Rivero die morgen uit het water had gehaald.

Het mobieltje van de inspecteur ging over. Het was het vrouwelijke lid van zijn rechercheteam, Natasha Delgado, dat hem op de hoogte bracht van het buurtonderzoek. Opnieuw hadden zijn mensen het goed gedaan.

'We hebben een aantal mannen op de Malecón gevonden die een buitenlander met een gehavend gezicht hebben gezien,' zei Delgado. 'Een van hen herinnert zich hem te hebben zien lopen met een Cubaans jongetje in een rode korte broek, en een blonde vrouw. Een andere man zei dat de extranjero hem wegduwde toen het jongetje iets tegen hem zei, dat de buitenlander duidelijk boos was.'

'Goed werk, Natasha. En laat dokter Apiro en zijn mensen meteen hierheen komen.' Hij klapte zijn mobieltje dicht. 'Behandel dit als een plaats delict,' droeg hij Sanchez op.

De mannen liepen de gang op. Ramirez controleerde of de deur op slot was. Hij gaf Sanchez de sleutelkaart en liet hem op de gang staan om ervoor te zorgen dat niemand de kamer betrad.

De dode man ging naast Sanchez staan. Hij hield zijn hoed op zijn hart, als iemand die rouwt bij een graf.

Ramirez nam de lift naar de lobby om daar op Apiro te wachten. Wanneer het forensische proces eenmaal was begonnen, vereiste het protocol dat de politie het verzamelen van bewijsmateriaal overliet aan het forensisch team om vervuiling van de plaats delict te voorkomen.

Apiro arriveerde een paar minuten later, met zijn zwarte koffertje in de hand. Ramirez vertelde hem wat ze hadden gevonden.

'Dank je, Ricardo, ik neem het wel over van Sanchez.'

'Wil je tegen hem zeggen dat ik buiten op hem wacht?'

Het was niet de eerste keer dat Ramirez zulke foto's had gezien, maar ze brachten hem altijd weer van zijn stuk. Hij had behoefte aan frisse lucht, moest de bittere galsmaak in zijn mond kwijt. Hij probeerde niet aan zijn eigen kinderen te denken.

Een paar minuten later voegde Sanchez zich bij hem. 'Ik kan naar Hotel Machado lopen en de verdachte hierheen brengen om te worden verhoord,' suggereerde hij.

'Nee,' zei Ramirez. 'Het is beter als we de auto nemen. Voor het geval hij probeert ervandoor te gaan.'

15

Toen Mike Ellis wachtte tot de kelner hem de rekening bracht, kwam er een kleine Cubaan met een wit open shirt en een lichtelijk pokdalig gezicht naar zijn tafeltje toe. Een stel hoofden draaiden mee. Ellis' hart sloeg een paar slagen over. Hij vroeg zich af hoe de agent in burger hem had kunnen vinden, tot hij zich herinnerde dat Miguel had beloofd de politie te bellen over zijn portefeuille. Hij dwong zichzelf te ontspannen.

'Señor Ellis?'

'Ja.'

'Ik ben rechercheur Sanchez van de Cubaanse Nationale Revolutionaire Politie. U wilde aangifte doen van het verlies van uw portefeuille?'

'Inderdaad.'

'We hebben hem gevonden. Ik verzoek u met me mee te gaan naar het bureau.'

'Natuurlijk,' zei Ellis, en hij voelde iets van zijn spanning wegzakken. 'Dat is fantastisch nieuws.'

Hij legde een paar peso's op tafel voor de rekening, en een ruime fooi. Ze liepen naar een heel klein blauw autootje dat op een parkeerplaats tegenover het hotel stond. Ellis kon niet ontdekken wat het merk was. Het wagentje had geen politiekenmerken en de ramen stonden open. Sanchez opende het achterportier. Achter het stuur zat een man in een lichtblauw en grijs overhemd en een donkere broek, het uniform van de Cubaanse politie.

Het autootje was veel te klein voor iemand van Ellis' afmetingen en bij het instappen stootte hij zijn hoofd tegen de portierrand. Hij trok een lelijk gezicht van de pijn, kroop verder in elkaar, vouwde zich het autootje in en wrong zijn benen achter de voorstoel tot ze bijna tegen zijn borst gedrukt zaten.

Zoals bij alle politieauto's konden de achterportieren niet van binnenuit worden geopend, maar in dit geval kwam dat door roest en had het niets te maken met voorschriften.

'Ik wist niet dat de Cubaanse politie tijdens de feestdagen de tijd had om zo'n onbelangrijke kwestie als een verloren portefeuille te behandelen. Ik ben onder de indruk. Dank u zeer. Waar is hij gevonden?'

Geen van beide mannen gaf antwoord.

Ellis keek naar buiten terwijl ze door straten reden waar het krioelde van toeterende rijtuigjes en taxi's. Ze stopten voor een rood verkeerslicht naast een *camello*, een van die merkwaardig gevormde bussen samengesteld uit vrachtwagenonderdelen en gerecyclede bussen. Een paar tellen lang nam de grote bus, afgeladen met honderden vermoeide Cubanen, het zonlicht weg.

Ellis streek over zijn littekens, herinnerde zich hoe donker het was geweest toen Steve Sloan in zijn armen was gestorven.

Sanchez en Ellis liepen naar de tweede verdieping van het hoofdbureau van politie. Het gebouw was allerminst wat Ellis ervan had verwacht. Het was geen overheidsgebouw in Sovjet-stijl zoals hij elders in Havana had gezien; het leek meer op een middeleeuws kasteel met torentjes met een mooie stenen wal.

Sanchez opende de deur naar een donkere kamer. Hij deed de tl-balken aan, die van tijd tot tijd flikkerden. Ellis vermoedde dat de stroomvoorziening in Cuba niet erg betrouwbaar was. Op een gebaar ging hij op een stoeltje van hard rood plastic en metalen poten zitten.

De kamer had grijze muren met grote scheuren, maar het was er koel vergeleken met de verschroeiende hitte buiten. Er zat een spiegel in een van de muren. Ellis nam aan dat het een doorkijkspiegel was, net zoals ze in de verhoorkamers van de Rideau Regional Police gebruikten, zodat de rechercheurs konden zien hoe de verdachten werden verhoord zonder zelf te worden gezien.

Sanchez deed de deur dicht. Hij ging tegenover Ellis zitten en

haalde een taperecordertje tevoorschijn dat hij op het formica blad voor hem legde. Hij drukte de opnameknop in.
'We nemen dit verhoor op.' Hij vroeg niet om toestemming, en het verbaasde Ellis dat de afhandeling van portefeuillediefstal zo formeel moest gebeuren.
'Dit is een verhoor van señor Michael Ellis,' zei Sanchez in het microfoontje. 'U komt uit Canada, nietwaar?'
'Ja, dat klopt. Ik kom uit Ottawa, Ontario.'
'Spreekt u Spaans, señor Ellis?'
'Nee, een paar woordjes maar.'
'Oké, dan gaan we verder in het Engels.' Sanchez sprak met een zwaar Spaans accent, maar zijn Engels was heel goed. 'Het is vandaag dinsdag 26 december 2006. Dit verhoor wordt gevoerd door rechercheur Rodriguez Sanchez van de afdeling Criminaliteit, sectie Havana.'
Sanchez haalde een plastic bewijsmateriaalzak tevoorschijn, opende hem en legde de inhoud voor zich op tafel. 'Is dit uw portefeuille?'
Hij was doornat en er zaten zoutvlekken op het bruine leer, maar Ellis herkende hem meteen. 'Goddank. Waar is hij gevonden?'
'Op het lichaam van een jongetje, eerder deze ochtend.' Sanchez wachtte op een reactie van Ellis.
'Die kleine rotzak,' riep Ellis uit, en hij lachte toen hij zich realiseerde wat er was gebeurd. Het was dus niet die hoer geweest. Zijn opluchting verraste hem. 'Hij moet hem gerold hebben. Hij liep gisteren achter mijn vrouw en mij aan te bedelen. Nadat ik hem wat geld had gegeven, sloeg hij zijn armen om me heen, en toen moet hij hem hebben gerold. De taxichauffeur waarschuwde ons er al voor. Ik had nooit gedacht dat ik moest uitkijken voor een kind.'
'Hebt u verder nog contact met de jongen gehad?'
'Nee,' zei Ellis. 'Ik kwam er vanochtend pas achter dat het ding weg was.'
'Kunt u zich nog iets van hem herinneren?'
Ellis bedacht hoe bizar de vorige avond was verlopen. 'Volgens mij had hij een rode korte broek aan, en een licht shirtje. Kan het

geel zijn? Hij was eerst met een groep jongens die in het oude centrum liepen te bedelen, en toen de rest wegliep kwam hij bij de zeewering achter ons aan – achter mijn vrouw en mij.'
De Cubaanse rechercheur zweeg, het recordertje liet een zacht gezoem horen. Ellis kon verder niets bedenken.
'Mag ik?' Hij pakte zijn portefeuille en opende hem. Zijn penning zat er nog in en zijn paspoort was dan wel kleddernat, maar hij had hem in ieder geval weer. Het verbaasde hem niet dat het geld, ongeveer ter waarde van honderd Amerikaanse dollars, weg was. 'Dat is zo'n beetje het enige wat ik me kan herinneren.'
'Herinnert u zich dat u na de ontmoeting met de jongen een man op de Malecón hebt gezien?'
'Pardon?'
'Bent u aangesproken door een man?'
'Ik heb op weg naar de bar een hele hoop mannen bij de zeewering gezien.' Ellis probeerde te bedenken waar Sanchez heen wilde. 'Het kan zijn dat ik even met iemand heb gepraat, maar een echte herinnering eraan heb ik niet. Later ben ik ontzettend dronken geworden.'
'Waarom was dat?'
'Omdat mijn vrouw... Ach, dat is een heel verhaal. Ze is gisteravond naar huis teruggegaan en ik besloot wat te gaan drinken.'
'Een man heeft u op de Malecón gezien en hij zegt dat u ontzettend kwaad werd nadat het jongetje was weggerend.'
Die opmerking maakte Ellis ongerust. Ze wekte de indruk dat de politie onderzoek naar hém deed, niet naar de diefstal. 'Mijn vrouw vertelde me dat ze eerder uit Cuba wegging. Daar hadden we onenigheid over. Maar het is niet zo dat we tegen elkaar hebben staan schreeuwen. Eerder het tegendeel.'
Zo hadden ze te vaak ruziegemaakt, bedacht hij. Zich inhouden, verbergen wat ze werkelijk wilden. Wat ze werkelijk waren. Maar wat zou hij haar kunnen vertellen? Niet de waarheid.
De volgende vraag van de rechercheur onderbrak zijn gedachtegang. 'Uw vrouw is dus niet meer in Havana?'
'Nee, zoals ik al heb verteld: ze is gisteravond vertrokken.' Ellis probeerde van onderwerp te veranderen. 'Behalve het geld

is er niets weg uit mijn portefeuille. Mag ik hem terug hebben?'
Hij stak zijn hand weer uit, maar deze keer trok Sanchez hem terug. 'Het is een bewijsstuk in een misdaad, señor Ellis. Ik heb u al verteld dat we hem hebben aangetroffen op de jongen.'
'Nou zeg,' zei Ellis met een ongerust lachje. 'Hoe oud is hij? Zeven, acht? Als het daarom gaat... Ik doe geen aangifte, ik ben allang blij dat hij terug is. Zo ernstig is het nou ook weer niet.'
Sanchez zei niets. Ellis kende dat trucje. Verdachten voelen zich ongemakkelijk als er een stilte valt; daardoor worden ze uit hun tent gelokt. Opeens had hij het gevoel dat deze ondervraging over iets anders dan zijn portefeuille ging. *Wisten ze het?* Hij moest ervan uitgaan dat het niet zo was. Hoe zouden ze het kunnen weten? Zelfs zijn vrouw wist van niets.
'Ik word verhoord alsof ík iets fout heb gedaan. Was het een misdaad om het jong wat geld te geven?' vroeg Ellis.
'U bent in Cuba, señor Ellis. Er is pas sprake van een misdaad als het vooronderzoek is afgerond.'
Ellis leunde achterover, probeerde te bedenken hoe hij de dubbelzinnigheid van dat antwoord moest benaderen. Hij besloot zelfvertrouwen voor te wenden. 'Rechercheur Sanchez, ik ben agent bij de Canadese politie, rechercheur, net als u. Als er in deze zaak meer aan de hand is dan u me tot nu toe hebt verteld, kan ik u misschien verder helpen. En zo niet, dan zou ik, met uw welnemen, graag andere dingen gaan doen. Ik ben met vakantie.'
Hij stond op. 'Ik waardeer uw behulpzaamheid, maar ik wil geen aanklacht tegen het jongetje indienen. Ik zou Miguel nooit hebben gevraagd aangifte te doen als ik had geweten dat het knaapje de dief was.'
'Dit verhoor is pas afgelopen als ik dat zeg,' zei Sanchez. 'Gaat u alstublieft weer zitten. Ik weet heel goed wat ik doe, daar kunt u van opaan.'
Ellis zakte terug op zijn stoel. Boven op zijn verwarring voelde hij woede en angst komen.
'Señor Ellis, u bent gisteravond in een bar zeer dronken geworden?' vervolgde Sanchez.
'Ja, dat heb ik u al verteld.'

'En u zegt dat de jongen eerder op de dag uw portefeuille heeft gestolen?'

'Ik ga ervan uit dat dit het geval is, ja.'

'Hoe hebt u dan uw drank betaald?'

Daar had hij niet aan gedacht, maar Sanchez had gelijk. 'Dan moet ik hem daarna hebben verloren. Of ergens hebben laten liggen. Misschien wel in de bar.'

'En het was puur toeval dat hij bij het jongetje terechtkwam?'

'Blijkbaar, als hij hem bij zich had. Maar wat maakt het uit?' vroeg Ellis. 'Ik heb al gezegd dat ik hoe dan ook geen aanklacht indien.'

Maar op het moment dat hij dat zei, begon hij zich zorgen te maken. Als het jongetje zijn portefeuille niet 's middags had gepikt, hoe was hij er dan aan gekomen? En hoe had hij zijn drank afgerekend?

Even vroeg Ellis zich af of de Cubanen zijn conduitestaat bij de politie had gevonden, maar dat idee schoof hij ter zijde. Nee, hij verkeerde in moeilijkheden door iets wat hier was gebeurd, niet in Ottawa. Maar hij wist niet wat, dus moest hij op zijn hoede zijn.

Sanchez boog zich naar hem toe en legde met een klap een polaroid van een jongetje op de tafel. 'Het jongetje, señor Ellis. Het jongetje dat u geld hebt gegeven. Hij heette Arturo Montenegro. Hij was nog geen negen jaar.' Sanchez leunde achterover, keek naar Ellis' reactie.

Een kleine jongen, rond gezichtje. 'Ja, hij lijkt op hem. Heb ik de wet overtreden door hem geld te geven? Dan betaal ik de boete wel. Geloof me als ik u zeg dat ik er geen idee van had dat jullie zoiets zo serieus zouden nemen.'

Rechercheur Sanchez keek Ellis aan met een blik waarin afschuw en verbazing zich mengden. 'In Cuba nemen we de verkrachting van en de moord op een kind zeer serieus. Dat bestraffen we met het vuurpeloton.'

16

Inspecteur Ramirez had de Canadees tijdens de rit naar het politiebureau in zijn zijspiegel zitten bekijken. Zijn auto had geen achteruitkijkspiegel en het was vrijwel onmogelijk om in Havana een nieuwe spiegel voor een Chinese auto te vinden.

Hij lette op tekenen van schuld in de houding van de man, maar het enige wat hij zag was een niet bijzonder gespannen, zij het oncomfortabel zittende toerist. De Canadees leek niet bezorgder dan andere buitenlanders in Cubaanse hechtenis, wat betekende dat hij verre van ontspannen was. Toch nam Ramirez niets ongewoons waar, op het hoekige litteken na dat van het voorhoofd langs de neus van de verdachte liep, vervolgens zijn bovenlip verwrong en zijn gezicht in twee ongelijke delen verdeelde.

Sanchez en Ramirez hadden afgesproken dat ze de verdachte aanvankelijk niets zouden vertellen. Ellis kon niet weten dat het lichaam van de jongen was gevonden. Ze zouden hem niet arresteren, hem zelfs niet laten weten dat hij verdachte was. Nee, Sanchez zou hem ondervragen over zijn portefeuille en zien wat voor informatie hij losliet, terwijl Ramirez hem vanuit de kamer ernaast zou observeren en wachten tot Apiro met zijn voorlopige onderzoeksresultaten over de brug kwam. Sperma, haar, bloed: zodra Ramirez wist of ze op de plaats delict een van die zaken hadden aangetroffen, zou hij het verhoor overnemen.

Ramirez hoopte dat Apiro snel met labresultaten zou komen. Hij voelde de adrenaline stromen vanwege de opwinding zo vroeg in het onderzoek al een verdachte in bewaring te hebben. Ondervragingen, kruisverhoren, zorgen dat verdachten zich in hun eigen woorden verstrikten, dat was zijn grote kracht. Net als wanneer je een grote vis aan de haak had, lag de pret in het uitspelen, afmatten. Dat was de kant van zijn werk waar hij het meest van genoot.

Dit was Ramirez' eerste zaak die om de dood van een kind ging, en het was van groot belang dat het onderzoek in zoiets ernstigs volgens de regels werd uitgevoerd, en dat hij de gedachten aan zijn zoontje Edel op afstand hield. Hij vroeg zich af wat voor beest voor zijn eigen genot een jongetje zou verkrachten, wat voor monster een klein kind zou vermoorden.

Ramirez herinnerde zich dat Leo Tolstoj, de Russische schrijver, als jongen een club had. Zijn vriendjes konden er alleen lid van worden als ze tien minuten in een hoek konden staan zonder aan een ijsbeer te denken. Edel was de ijsbeer in de hoek. Hij moest tijdens het verhoor proberen niet aan Edel te denken en zich te blijven concentreren op de reacties van de verdachte.

Tot nu toe had Ramirez vanachter de doorkijkspiegel gezien dat Sanchez standaard verhoortechnieken toepaste. Hij probeerde de Canadees angst aan te jagen, hem in te palmen, druk op hem uit te oefenen zodat hij bekende. Weinig resultaat, behalve een inconsistentie betreffende het moment waarop de verdachte zijn portefeuille had verloren.

De deur ging piepend open en Hector Apiro kwam binnen. De kleine patholoog was onbevooroordeeld en heel goed in wat hij deed, ondanks zijn overduidelijke gebrek. Apiro nam er de tijd voor zijn voorlopige resultaten toe te lichten. 'Ik had binnen een paar uur een rapport op papier moeten hebben, maar er zaten wat vlekken op de lakens die we in kamer 612 in beslag hebben genomen. Spermavlekken. Ik heb ze onder de microscoop bekeken en vergeleken met de monsters uit het rectum van de jongen. Beide bevatten bewegende zaadcellen. Ook hebben we het ondergoed uit die kamer onderzocht. Niet het ondergoed dat hij aanheeft natuurlijk, dat heeft hij nog aan,' grapte het manneke. 'Dat hoop ik tenminste.'

Ramirez grinnikte. Zwarte humor hield hen beiden op de been.

'In een la troffen we een onderbroek aan met microscopisch kleine bloedvlekken van hetzelfde type als van de jongen,' ging

Apiro verder. 'Het sperma in alles monsters lijkt van een en dezelfde man afkomstig te zijn, met bloedgroep A. Een DNA-test moet uitwijzen of het zo is. Ik kan natuurlijk niet bewijzen dat het sperma van déze man afkomstig is.'

'Het is zijn bed, niemand anders kon erin. Het moet wel van hem zijn. We hebben meer dan genoeg,' zei Ramirez. 'Voldoende bewijs van een misdaad' was alles wat hij nodig had voor een arrestatie. Hij was blij dat hij zo snel al aan die wettelijke eis kon voldoen. 'Verder nog iets, Hector?'

'In het bloed van het jongetje heb ik rohypnol gevonden.'

'Die daterapedrug?'

'Ja,' zei Apiro, 'een sterke tranquillizer die de slachtoffers verdooft. In veel landen tegenwoordig verboden. In Cuba is het moeilijk te vinden, en elders trouwens ook. Toen het hier in 1986 verboden werd, losten de voorraden al snel op. Maar er is nog wel wat in omloop, voornamelijk voor dierklinieken, waar het wordt gebruikt om dieren voor een operatie te verdoven. Om die reden moet het gemakkelijk te traceren zijn. Dat is gunstig voor jou, toch?'

'Het helpt in ieder geval wel. Ik laat Sanchez ernaar zoeken. Wanneer heeft het jongetje het spul binnengekregen? Kun je me dat vertellen?'

'Ervan uitgaande dat hij maar één capsule heeft genomen, ergens gisteravond. Misschien een uur of drie, vier voor hij stierf. Dat is een redelijke aanname. Gezien zijn gewicht zou hij aan twee doses zijn overleden. Rohypnol heeft een betrekkelijk lange halveringstijd. Ik kan, op basis van de hoeveelheid in het bloed van de jongen op het moment dat zijn metabolisme stopte, dus het moment van zijn dood, gaan terugrekenen en met een tijdspanne komen. Maar ik ben pas zeker van mijn rekenwerk als ik een werkende rekenmachine heb, en van de mijne zijn de batterijen leeg.'

Ramirez schudde zijn hoofd. Hij was na al die jaren af en toe nog steeds gefrustreerd door de zaken die een fatsoenlijk onderzoek verhinderden. 'Ik zal Sanchez vragen om er een paar uit de bewijzenkamer te halen. En wat denk je, Hector? Is die man schuldig?'

'Ach, Ricardo, ik ben maar een wetenschapper. Ik kan je alleen maar vertellen wat ik heb gevonden. Maar het zou een stuk schelen als je kans zag een bloedmonster van je verdachte te krijgen, zodat ik zijn DNA kan vergelijken met mijn monsters. Nog mooier zou het zijn wanneer je op een of andere manier wat zaad te pakken kon krijgen.' Apiro lachte. 'Probeer of je hem een paar minuten alleen kan laten met een tijdschrift met vrouwen met grote borsten en een plastic zak. Hoewel, dat zou best eens lastig kunnen zijn. Ik heb in Cuba al in geen twintig jaar meer zo'n soort tijdschrift gezien.'

'Ik ook niet, vriend,' grinnikte Ricardo, waarna hij ernstiger vaststelde: 'Maar hij is niet geïnteresseerd in vrouwen. En we moeten er misschien ook geen grapjes over maken.'

'Dat moeten we wel, Ricardo, anders worden we gek.'

Apiro had gelijk. Wanneer ze geen grappen meer over hun werk konden maken, hielden ze het niet vol. Dan zouden ze de emotionele afstand missen om objectief te rechercheren. 'Heb je de exacte doodsoorzaak al vastgesteld?'

'Ik wacht liever tot de autopsie. Kom je nog?' Apiro keek op zijn horloge. 'Het is nu halftwaalf. Zullen we zeggen om halfdrie?'

'Prima.'

'Nou, dan moet ik nu weer naar het lab. Tot straks.' De dokter tuurde door de ruit. 'Interessant litteken. Benieuwd hoe hij eraan is gekomen.'

Ramirez was blij met Apiro's laatste nieuws. Hij lag op schema, iets erop voor zelfs. Als alles goed ging kon hij voordat deze kerstdag voorbij was nog wat tijd bij zijn gezin doorbrengen, zijn vrouw een kus geven, met zijn kinderen spelen en de tragische dood van het jongetje voor een paar uur van zich afschudden. En misschien zelfs nog genieten van een overgebleven stukje kip.

Hij keek weer door de doorkijkspiegel hoe Sanchez de Canadees verhoorde terwijl hij bedacht hoe hij Apiro's bevindingen het beste kon gebruiken.

Ramirez had Sanchez zelf opgeleid en verwachtte dat die zijn baan op een dag zou overnemen. Vermoedelijk sneller dan Sanchez verwachtte.

Voordat hij bij de afdeling Zware Criminaliteit was gekomen, had Sanchez een aantal jaren straatdienst gedaan en daarna vijf jaar op Havana International Airport bij de douane gewerkt. Daar had Ramirez hem ontdekt, waarna hij had gezorgd voor zijn overplaatsing. Dat was ook een van Ramirez' talenten: niet alleen voor zijn afdeling materiaal 'regelen' maar ook personeel.

Een nuttig verhoor, zij het niet bijzonder deskundig. Sanchez moest nog leren minder agressief, minder voorspelbaar te worden. Desondanks was het heen en weer gaan van de dialoog de moeite waard. Niet zozeer om wat de verdachte zei als wel om hoe hij het zei. Gezien zijn lichaamstaal was Ramirez ervan overtuigd dat hij loog. Niet dat het wat uitmaakte. Ramirez had al meer dan genoeg bewijs om hem te arresteren.

Aan de andere kant, gezien de politieke aspecten aan een zaak als deze, waarbij een inwoner van een bevriende natie betrokken was – en dan ook nog eens een politieman – was het altijd beter meer bewijsmateriaal te hebben dan strikt noodzakelijk was. Ramirez besloot de band van het verhoor later nog eens helemaal te beluisteren, maar hij was er klaar voor de man zelf te verhoren en zijn eigen indrukken te vormen.

Hij ging naar de toiletten verderop in de gang om zijn uniform te verruilen voor een pak en een das. Het werd tijd de klok in gang te zetten.

17

Mike Ellis keek in de verhoorkamer paniekerig om zich heen, bijna verlamd van ongeloof. Het spiertje in zijn borst begon te krampen. Hij haalde een paar keer diep adem en probeerde de spanning boven zijn hart te verminderen. Was het jongetje dóód?

'In elkaar geslagen, verkracht en vermoord,' zei rechercheur Sanchez. 'Was u bang uw vrouw te vertellen van uw... Ach, hoe heet dat in het Engels?' Hij zocht even naar het woord. 'Uw voorliefde voor jonge kinderen?'

Ellis dacht aan de ontbrekende uren van de voorgaande avond. In zijn verlangen om behulpzaam te zijn had hij antwoord gegeven zonder dat er een advocaat bij was, zelfs ongevraagd informatie gegeven. Hij had misschien zijn eigen graf gegraven. Zijn hart bonkte in zijn oren. Angst.

'Wat is er gebeurd? Hoe is hij gestorven?'

Sanchez negeerde zijn vraag.

'Uw portefeuille zat verborgen in het ondergoed van de jongen. U bent als laatste met hem gesignaleerd. We weten dat u hem veel geld hebt gegeven, evenveel als sommige Cubanen in de maand verdienen.'

'Als u me van een misdaad gaat beschuldigen, moet ik een advocaat hebben,' zei Ellis, maar hij merkte dat het hem moeite kostte woorden te vormen. Ademhalen ging steeds moeizamer en de kamer leek veel kleiner dan toen hij hier was gaan zitten.

'Hebt u er dan een nodig?'

'Ik heb hier geen enkele misdaad begaan.' Het was een antwoord dat voldoende genuanceerd was om een leugendetector om de tuin te leiden, zoals Ellis heel goed wist.

'Als u onschuldig bent, hebt u geen procedurele bescherming nodig. En dat is prima.' Sanchez vertrok zijn gezicht tot iets wat op een glimlach leek. 'Want wij hebben er maar heel weinig. U hebt pas recht op een advocaat als u officieel bent aangeklaagd. En als dat het geval is, kunt u hulp voor uw verdediging krijgen, op voorwaarde dat u die zelf betaalt.' De rechercheur zweeg even. 'Dat zijn uw rechten. En vertelt u ons nu maar eens waarom u het jongetje hebt vermoord.'

Ellis besefte ineens dat er iemand meekeek. Hij probeerde te zien wie er aan de andere kant van de spiegelruit was, maar werd slechts schimmen gewaar.

'Ik heb geen idee wat er met het jongetje is gebeurd nadat ik hem heb gezien,' zei hij nogmaals, zorgvuldig in de microfoon sprekend en tussen elke twee woorden ademhalend. 'Maar voor ik nog iets zeg, wil ik een advocaat.'

'Ik heb u al gezegd, señor Ellis, dat u daar geen recht op hebt.'

Sanchez bleef zwijgend zitten, wachtte. Ellis vroeg zich af of hij het goed had aangepakt. Dit waren bureaucraten. Hij was geen Cubaan, hij was Canadees staatsburger, een buitenlander. Ze konden hem toch niet oneindig lang vasthouden? Ja, hij had contact met het jongetje gehad, en wat zou dat? De barman van El Bar zou zich hem herinneren. De vrouw die bij hem was komen zitten, was er vaste klant, iemand die makkelijk op te sporen was. Ze kende de barman, ze had hem bij zijn naam aangesproken.

Hij heroverwoog zijn houding. 'U moet me geloven, rechercheur, ik heb dat jongetje niets misdaan. U hebt geen enkele reden me hier vast te houden. Sta ik onder arrest, of niet?' Hij probeerde de spier in zijn borst die zich in bochten wrong, die de greep om zijn hart versterkte, te negeren.

Sanchez verhief zijn stem: 'Waarom hebt u hem vermoord? Had u het jongetje al voor de seks betaald en wilde hij meer geld? Was u bang dat uw vrouw iets zou ontdekken als hij achter u aan kwam? Of wist ze het misschien al en besloot ze daarom zo snel uit Cuba weg te gaan? Is het zo gegaan?'

'Ik heb er niets mee te maken. Ik heb dat jong met geen vinger aangeraakt.'

Ellis hoorde knokkels op het glas en Sanchez keek op. Een teken van iemand. Hij moest komen.

Sanchez liet Ellis alleen achter in de kamer. Ellis vroeg zich af of hij Cuba levend zou verlaten.

18

Inspecteur Ramirez gaf aan zijn kant een roffel op de ruit. Even later kwam Sanchez het zijkamertje binnen.

'Ik neem het over, Rodriguez. Dokter Apiro heeft een overduidelijk verband kunnen leggen tussen het forensisch materiaal en de verdachte. Jouw vraag hoe hij voor zijn drank heeft betaald, was heel slim. Misschien kun je nog even blijven kijken, voor het geval jij iets ziet wat mij ontgaat.'

'Natuurlijk, inspecteur. Ik had toch geen plannen.'

Voorzover Ramirez wist, had Sanchez geen vriendin, geen vrouw, en hij had het nooit over familie. Hij leek net zo opgelucht als Ramirez dat ze de moordenaar in zo'n vroeg stadium van het onderzoek al in bewaring hadden.

'Ik zet misschien de recorder aan en uit, om hem van slag te brengen,' zei Ramirez.

Ellis zou zich afvragen waarom Ramirez de band had stilgezet, of dat was omdat de inspecteur van plan was hem in elkaar te slaan. Onzekerheid was goed, net als verwarring. Ze zouden Ramirez in staat stellen een soort verstandhouding met de verdachte te kweken, hem zekerheid te bieden, troost. Lichamelijk geweld was geen substituut voor een relatie. Maar hij was een uitdaging, deze man. Een geoefend agent zou de trucjes kennen en van het gezicht van de Canadees viel weinig af te lezen.

'Ik laat aan deze kant nog een taperecorder meelopen.'

'Prima.' Het zijkamertje was zo ingericht dat de gesprekken in de verhoorkamer zonder probleem konden worden getapet, en de recordertjes hadden, ofschoon ze van Chinese makelij waren, een ongelooflijk bereik.

Ramirez liep het stukje naar de verhoorkamer en ging naar

binnen. De deur dreunde met een zwaar metalig geluid dicht.

'Rechercheur Sanchez,' zei Ramirez tegen de spiegelruit, 'kunt u señor Ellis een lekker sterke kop Cubaanse koffie brengen? En ook een voor mij? Señor Ellis, we hebben geen koffieroom, vrees ik. En ook geen melk. Rantsoenering is helaas een deel van het leven in Cuba. Maar suiker is er altijd. Wilt daar iets van in uw koffie?'

Michael Ellis schudde zijn hoofd.

Ramirez gaf de lege stoel in de kamer een zwiep en liet zich erop vallen. Hij sprak Ellis voorkomend aan, alsof hij iemand was met wie je goed zaken kon doen.

'Neemt u me niet kwalijk, señor Ellis, ik vergeet me voor te stellen. Ik ben inspecteur Ricardo Ramirez, en ik heb de leiding van de afdeling Zware Criminaliteit in Havana. Ik weet dat u politieagent bent en hier met vakantie. U vindt ongetwijfeld ook dat de dood van een kind een ernstige zaak is en ik hoop dat u er geen bezwaar tegen heeft ons enige uren van uw tijd te geven en ons te helpen bij het bepalen van het doen en laten van het jongetje gisteren.'

'Ik zit hier nu al de hele middag en ik heb uw partner alles verteld wat ik weet, inspecteur. Ik heb het jongetje maar even gezien. Hij was aan het bedelen en ik heb hem wat geld gegeven. Meer niet.'

De dode man stond in de hoek tegen de muur geleund, met zijn armen over elkaar. Hij volgde de conversatie, draaide zijn hoofd heen en weer alsof hij een Chinese tafeltenniswedstrijd volgde. Ramirez had het gevoel dat hij werd geëvalueerd. Hij probeerde niet naar zijn hallucinatie te kijken.

Sanchez kwam weer binnen en zette twee gebarsten koffiebekers op tafel, de ene voor Ramirez, de andere voor Ellis. Die van Ellis had geen oor.

Ramirez stak een hand in zijn jaszak en haalde er een flesje añejo uit. De rum hielp het trillen van zijn vingers te kalmeren. Hij zette de recorder uit. Sanchez verliet de kamer, deed de deur achter zich dicht.

'Hij is voortreffelijk, deze rum,' zei Ramirez. 'Sanchez en ik hebben hem vorig jaar geconfisqueerd, hij zat in een illegale exportpartij. We hadden hem kunnen weggooien toen hij niet meer nodig was als bewijsmateriaal, maar dat zou een verschrikkelijke verspilling zijn geweest. De meeste Cubanen hebben niet genoeg geld om zulke oude rum te kopen, alleen toeristen. We vinden het ontzettend jammer, die prijs van de rum, niet dat we geen toeristen kunnen kopen. Weet u zeker dat u niet wat wilt proeven? Als gebaar onder vakgenoten?'

'Nee, dank u.'

Ramirez goot wat añejo in zijn eigen koffie. Een paar slokjes en het trillen van zijn vingers verdween. Zijn lippen krulden van genoegen bij het proeven van een rum die zo oud was dat hij naar siroop smaakte. Hij zette de beker neer. Die van de verdachte bleef onaangeroerd.

'Zoals u als politieman wel weet, zijn er in het geval van getuigen altijd kleine details die men onbelangrijk acht, om er later achter te komen dat ze heel belangrijk zijn. Ja toch?'

Zo ging politiewerk: details verzamelen en aanwijzingen volgen in de meeste logische richting. Die richting veranderde aan de hand van de informatie die je verzamelde. Een onderzoek kon gemakkelijk een heel andere kant op gaan. Ellis knikte.

'Misschien kunt u me dan ter wille zijn. U hebt mijn collega verteld dat u gisteravond heel erg dronken was.'

'Ja,' zei Ellis. 'En dat is hier toch geen misdaad, wel?'

'Voor toeristen niet, señor Ellis, absoluut niet. Anders zouden we duizenden buitenlanders in onze toch al overvolle gevangenissen hebben.' Ramirez zweeg, nam nog een slok. 'Hè, er gaat niks boven Cubaanse koffie. Bent u met een van uw tours al op een koffieplantage geweest?'

Ellis schudde het hoofd. 'Mijn vrouw vond het buiten het hotel niet fijn. We zijn naar een rumfabriek geweest, meer niet.'

'Jammer,' zei Ramirez meelevend. 'Die tours, daar zijn we hier goed in. Dat en sigaren.' Hij haalde er een uit zijn binnenzak en bood hem Ellis aan, maar de Canadees sloeg hem af. De dode man keek Ellis treurig aan: een buitenlander die een verse sigaar noch oude rum op waarde schatte.

'We hebben zojuist een labrapport met de uitslag van de bloedproeven die dokter Apiro, onze patholoog, op het lichaam van het jongetje heeft uitgevoerd. Hij had rohypnol in zijn bloed.'

'Rohypnol? U bedoelt de daterapedrug?'

'Technisch gesproken een medicijn. Zoals andere medicijnen hier moeilijk verkrijgbaar.'

Er verschenen rimpels op het voorhoofd van de Canadees. Het leek het enige deel van zijn gezicht dat gewoon bewoog. 'Wacht even, wilt u zeggen dat het jongetje gedrogeerd was? Ik heb niks vreemds aan hem gezien. Hij rende rond als een konijn.'

'Dat hebben andere getuigen ook gezegd,' erkende Ramirez. 'Zullen we doorgaan waar rechercheur Sanchez is gestopt? Mag ik u vragen waar u gistermiddag en gisteravond bent geweest? Ik moet er even bij zeggen dat de bandopname in Cuba standaard is. We leggen ons handelen vaak vast, omdat buitenlanders ons er vaak valselijk van beschuldigen dat we een omkoopsom eisen.'

Een en al leugen. Omkoperij was endemisch en bandopnamen werden alleen gebruikt in ernstige strafzaken. Zoals moord.

'Rond etenstijd was ik samen met mijn vrouw. Dat was het moment waarop ze is weggegaan voor een vlucht naar huis. Daarna heb ik tot laat in een bar in de oude stad gezeten. Dat heb ik uw collega al verteld. De barman zal het kunnen bevestigen.' Ellis zweeg even. 'Volgens mij heet hij Fidel. Ja, dat was het. En er is een vrouw naast me komen zitten voor wie ik een paar drankjes heb besteld. Haar naam weet ik niet.'

Mooi zo, dacht Ramirez. Ellis kwam zelf met informatie. Dat betekende dat hij zijn dekking liet zakken. 'Hoe laat bent u bij de bar weggegaan?'

'Dat kan ik me niet herinneren. Ik heb gisteravond minstens twee flessen rum gedronken.'

'En daarna? Waar bent u toen heen gegaan?'

'Daarna...' Ellis slikte en Ramirez viel een kleine verandering in zijn gedrag op. 'Daarna ben ik naar mijn hotel teruggegaan. Miguel, de portier, weet wel hoe laat dat was. Ik weet bijna zeker dat hij er was, want hij is er altijd. Ik ben heel vroeg opgestaan en om halfzes, zes uur ben ik gaan joggen.'

Ik heb hem niet gevraagd hoe laat hij is opgestaan of wat hij vanochtend heeft gedaan, dacht Ramirez. Hij overcompenseert. Of hij liegt, of hij laat iets belangrijks weg. 'Heeft iemand u zien joggen?'

'Dat betwijfel ik. Ik ben door de achteruitgang weggegaan. Maar toen ik over de Malecón jogde, een minuut of twintig later, zag ik dat er politiewagens stonden. Het leek een plaats delict. Is het lichaam daar gevonden?'

Ramirez haalde de sigaar weer tevoorschijn, tikte ertegen. Hij beet het puntje eraf, streek een lucifer af en trok aan de sigaar tot hij rood opgloeide. Geurige rook kringelde op boven zijn hoofd. Hij antwoordde niet op die vraag, iets wat Ellis in die situatie ook niet zou hebben gedaan. Gewoonlijk keerden misdadigers terug naar de plaats van de misdaad.

Het was genoeg met de beleefdheden. 'Señor Ellis, we hebben uw kamer doorzocht en op de grond een lege rohypnol-capsule gevonden. Hebt u daar een verklaring voor?'

Ellis sprong overeind. 'Hoe kwam die daar, verdomme? Waar zijn jullie mee bezig?'

Ramirez keek hem aan met de geduldige blik van een docent voor een overenthousiaste leerling. 'Señor Ellis, gaat u alstublieft weer zitten.' Hij gebaarde naar Ellis' stoel. 'We hebben er belang bij een moordenaar te vinden, niet er een te bedenken. Als we u ten onrechte zouden beschuldigen, zou dat betekenen dat er nog steeds een heel slecht iemand in Havana rondloopt die onze kinderen mishandelt. Dat zou niet goed zijn voor onze kinderen, en ook niet voor onze reputatie als competente rechercheurs.'

Ellis ging weer zitten, met gebalde vuisten. 'Hebben jullie mijn hotelkamer doorzocht? Dat mag helemaal niet. Jullie hebben geen huiszoekingsbevel.'

'Heel vriendelijk van u om mij te vertellen wat ik wel en niet mag,' zei Ramirez. 'Maar in mijn land hoeven we geen huiszoekingsbevel te hebben om hotelkamers te mogen doorzoeken, of ergens anders waar volgens ons een misdaad is gepleegd. De redelijke gronden die naar ik begrijp in uw land nodig zijn, tellen hier niet.'

Ramirez leunde achterover. Hij dronk zijn beker leeg, zette

hem neer en haalde een aantekenboekje en een pen uit de zak van zijn colbert. Hij zette de bandrecorder weer aan. 'Maar u hoeft zich geen zorgen te maken. U kunt erop rekenen dat we in Cuba op bewijzen vertrouwen, niet gewoon maar op wat de mensen zeggen. Bekentenissen spelen in mijn land geen rol. Onze juridische commissies houden niet van bekentenissen. De opstellers van onze strafwetten waren blijkbaar bang dat die er bij de mensen uit geslagen zouden zijn. Een afspiegeling van onze geschiedenis, vermoed ik, toen macht het enige middel was. Nu werken we liever met de wetenschappen dan met getuigen, gezien hun onbetrouwbaarheid. Van de getuigen, bedoel ik. Niet van onze wetgevers.'

Ellis trok een sceptisch gezicht. Maar ja, Ramirez geloofde hem ook niet.

Ramirez begon bij het verhoor van de hak op de tak te springen om te zien wat Ellis zou doen. Iemand die liegt heeft er over het algemeen moeite mee vlot tussen verschillende onderwerpen over te schakelen. Wanneer zo iemand onder druk staat, geen tijd heeft dingen te verzinnen, heeft hij de neiging zichzelf te herhalen, exact dezelfde woorden en zinnen te blijven gebruiken.

'Zoals ik al zei, señor Ellis: we hebben in uw kamer een lege rohypnol-capsule gevonden. Kunt u verklaren hoe die daar is gekomen?'

'Nee,' zei Ellis hoofdschuddend. 'Tenzij die er al lag toen wij die kamer kregen.'

Een armzalige poging iets te bedenken. 'Wanneer kreeg u die kamer? Een week geleden?'

'Ja, we zijn zaterdag aangekomen.'

'Hoeveel keer hebben de kamermeisjes uw kamer sindsdien schoongemaakt?'

Kamermeisjes stofzuigden elke dag. Bovendien wist Ramirez zeker dat Ellis' vrouw het dingetje zou hebben zien liggen. Hij trok nog eens aan zijn sigaar en de rook dreef naar het plafond. Het werd mistig in de kamer, onaangenaam. De dode waaide zich met zijn hoed frisse lucht toe.

Ellis gaf geen antwoord. Ramirez hield aan. 'Ik begrijp dat u afgelopen nacht alleen in uw hotelkamer was. Heeft nog iemand de kamersleutel?'

'Nee,' gaf Ellis toe. 'Alleen het personeel.'

'Hebt u iemand binnengelaten?'

Ellis aarzelde even, schudde zijn hoofd. Die korte pauze was voldoende om Ramirez ervan te overtuigen dat hij loog. Een flauwe rimpel in wat de gladde stof van een niet-ingestudeerd antwoord had moeten zijn.

'Ik weet niets van die capsule of hoe die daar moet zijn gekomen,' zei Ellis. 'Waar had ik die drug moeten halen? Ik was de hele tijd samen met mijn vrouw.'

Nu wist Ramirez het zeker. De verwijzing naar zijn vrouw was weer een onnodig detail, weer een poging een onwaarheid te compenseren. 'Tot gisteravond.'

'Tot ze wegging, dat is zo. En voor de tijd daarna heb ik me geheel verantwoord.'

'Behalve voor het tijdstip in kwestie, toen het jongetje is vermoord. Dat is betreurenswaardig, señor Ellis. Ik weet zeker dat u begrijpt hoe waardevol een goed alibi is.' Ramirez wist weliswaar nog niet hoe laat het jongetje was vermoord, maar Ellis vroeg er niet naar, wat erop wees dat hij het al wist.

'Puur uit nieuwsgierigheid, inspecteur, maar op basis waarvan hebt u mijn hotelkamer op bewijsmateriaal onderzocht? Al uw zogenaamde bewijzen hebt u tijdens uw onderzoek verzameld.'

Het was een zwakke poging het verhoor een andere kant op te sturen. 'Señor, dit is Cuba,' antwoordde Ramirez met overtuiging. 'Getuigen hebben gezien dat u het kind geld hebt gegeven, een niet onaanzienlijk bedrag. We hebben ook een melding gekregen dat er een man met uw uiterlijke kenmerken in het Parque Ciudad jonge jongens benaderd heeft voor betaalde seks.'

'Daar heb ik niets mee te maken, dat zeg ik u steeds.' Ellis' stem brak nu zijn façade instortte.

Mooi. Ramirez kon meer beginnen met stress dan met verzet. Tijd om de duimschroeven aan te draaien. Hij stak een hand in zijn zak en haalde er een plat plastic zakje uit. Hij schoof het over tafel. Polaroids. De bovenste van een kleine jongen met een glazige blik, en een man, maar zonder zijn gezicht.

Ellis wendde zijn ogen af.

'Deze hebben we onder uw matras gevonden, señor Ellis. Kijkt u maar eens goed, dan ziet u wat erop staat. Een jongetje dat wordt verkracht. Dat jongetje is Arturo Montenegro.'

'Wat?! Die zijn niet van mij.' Ellis gaf een dreun op de tafel.

Ramirez zette door. 'We hebben in uw kamer ook een onderbroek gevonden met bloed erop. Dat bloed was afkomstig van dat jongetje.'

Ramirez haalde een document uit zijn jasje. Een labrapport, getypt op een schrijfmachine. Hij gooide het voor Ellis op tafel, zich ervan bewust dat die geen Spaans kon lezen.

'Wat?! Dan heeft iemand ze daar neergelegd. Ik heb dat jongetje niets aangedaan. U moet me geloven.'

Ellis legde een hand op zijn borst, ademde zwaar. Ramirez wilde hem nog banger hebben, nog kwetsbaarder. Hij wilde Ellis in de val hebben, zodat hij hem een uitweg kon bieden.

Ramirez boog zich over de tafel heen. 'Het sperma op uw lakens, señor Ellis, is hetzelfde als het sperma dat onze patholoog heeft gevonden in het rectum van het jongetje. Ik heb meer dan genoeg bewijzen om u nu te arresteren. Een bekentenis is de enige manier om uw leven te redden.'

'Ik heb het niet gedaan! Dat zeg ik u toch?!' Ellis beukte met zijn vuist op de tafel. Hij sprong op en gooide zijn stoel opzij, schopte hem de kamer door. De dode man sprong opzij. Ellis kromp ineen en haalde een paar keer diep adem.

Het motortje van de bandrecorder snorde in de stilte, terwijl Ellis vocht om op te houden met beven. Hij rechtte langzaam zijn rug, zette de stoel overeind. Zijn handen trilden.

Je hebt eindelijk door dat je leven op het spel staat, is het niet, dacht Ramirez. Je had de añejo moeten aannemen toen ik je die aanbood.

'Inspecteur, u moet me geloven.' Ellis hapte naar adem terwijl zijn armen de rugleuning van zijn plastic stoel omklemden. 'Ik ben erin geluisd.'

'Door wie, señor Ellis? Wie, denkt u, zou u zoiets in de schoenen willen schuiven?' Het lukte Ramirez op een of andere manier elk sarcasme uit zijn stem te bannen. 'Wie had er, behalve uw vrouw, toegang tot uw kamer? Zou uw vrouw u zo'n misdaad willen aanwrijven? De kamermeisjes dan?'

'Ik weet het niet. De vrouw uit de bar. Ze moet gisteravond met me mee naar mijn kamer zijn gekomen.'

De dode man zette zijn hoed weer op en knikte naar Ramirez, alsof hij hem het sein gaf dat het verhoor was afgelopen. Nog niet helemaal, dacht Ramirez, maar bijna. Hij sabbelt aan het aas, maar hij heeft nog niet toegehapt.

19

Hector Apiro en rechercheur Sanchez namen slokjes van hun koffie terwijl ze vanuit het zijkamertje inspecteur Ramirez observeerden. Apiro keek graag toe terwijl Ramirez verdachten verhoorde. Het was een mooie sport: alsof je een man in een bootje zag worstelen met een zwaardvis, maar dan gebruikmakend van woorden in plaats van brute kracht.

'De vrouw uit de bar.' Ramirez leunde achterover, met een lachje. 'Nu pas zegt u dat u naar uw hotel terug bent gegaan met een vrouw die u in de bar hebt ontmoet. Een alibi dat u niet eerder hebt vermeld, terwijl ik u nog heb gezegd hoe belangrijk dat was. Waarom bent u er niet eerder mee gekomen?'

'Ik heb u verteld hoe dronken ik was. Ik kan me nauwelijks herinneren wat er gisteravond is gebeurd,' was Ellis' zwakke verweer. 'Maar als er in mijn kamer belastend materiaal is gevonden, moet zij het er hebben neergelegd. Zij is de enige die dat heeft kunnen doen.'

'Miguel Artez, de portier van uw hotel, zegt dat u gisteravond alleen bent thuisgekomen. Dat heeft hij officieel verklaard.'

Heel goed, Ricardo, dacht Apiro. De portier had geen enkele reden om te liegen. *Le dénouement*, zoals de Fransen zouden zeggen. Michael Ellis liet zich op zijn stoel vallen. Hij maakte een verslagen indruk.

'Señor Ellis, ik probeer uw leven te redden,' zei Ramirez op vriendelijke toon. 'Vertel me maar wie de camera vasthield toen deze foto's zijn genomen. Neem van mij aan dat het uw enige kans is.'

Hij wachtte geduldig, liet de leugen in de lucht hangen als de rook die boven hun hoofden dreef. Apiro wist dat een bekentenis niets aan de zaak veranderde. In een geval als dit zou de staat de doodstraf eisen. Maar Ramirez wilde altijd graag zekerheid.

'Waar is het wapen? Hebt u het in zee gegooid?'

'Ik heb niemand vermoord.' Apiro zag het zenuwtrekje, de kloppende ader op het voorhoofd van de verdachte. De Canadees loog ergens over, daar was Apiro zeker van.

'U bent zeer prikkelbaar, señor Ellis. Licht ontvlambaar. U kunt soms gewelddadig zijn, is het niet?'

Ellis zei niets, alsof hij die vraag niet naar waarheid kon beantwoorden. Maar ja, dacht Apiro, wie kon dat wel?

'Ik kan me voorstellen dat er dingen zijn geëscaleerd. Dat u ze niet hebt gewild. U was gisteren woedend omdat uw vrouw u had verlaten. Begrijpelijk. Wat heeft ze gezegd dat u zo kwaad was? Iets heel gemeens? Heeft ze gezegd dat u voor haar als man niet meer voldeed?' Ramirez bedacht vermoedelijk gewoon maar iets, maar zo te zien trof hij een gevoelige snaar. Ellis' gezicht vertrok even.

'Ik geef toe dat ik kwaad was.'

Ramirez sprak de man nog vriendelijker toe. 'Is het dan niet mogelijk dat u uw woede op het kind hebt botgevierd? Dat uw vrouw weg was en dat u het jongetje ergens zag, op de markt of zo, of onderweg naar uw hotel? Dat u hem de schuld gaf van de ruzie met uw vrouw? U was erg dronken. U was vast niet van plan hem zo hard te slaan? Het was allemaal ongetwijfeld niet zo bedoeld? Gewoon een afschuwelijk ongeluk?'

Ellis zei niets. Hij zag eruit als iemand die probeerde het pad te kiezen dat zijn toekomst ging bepalen. Als hij die nog had.

'Zeg het!' schreeuwde Ramirez, en hij sloeg met zijn hand op tafel. 'Onderschat mijn intelligentie niet, señor Ellis. Hebt u het jongetje later nog gezien of niet? Ja of nee?'

Ellis schudde zijn hoofd. 'Nee.'

'Bloedde hij toen u hem eerder die dag hebt gezien, toen uw vrouw erbij was?'

Bij die vraag wist Apiro dat de Canadees in de val zat. Als Ellis ja zei, kon Ramirez bewijzen dat hij loog: de getuigen die het jongetje 's middags bij Ellis hadden gezien, hadden gezegd dat het kind niet gewond was. En toch zat diens bloed op zijn ondergoed. Dat moest er op een of andere manier op gekomen zijn. Als hij nee zei, moest hij toegeven dat hij het jongetje later die avond nog had gezien. Hoe dan ook, de zwaardvis lag nu in de boot te spartelen.

'Nee,' zei Ellis, en hij keek verwilderd om zich heen.

'Dan is er maar één verklaring mogelijk, nietwaar? Dan moet u hem later die avond hebben teruggezien.'

'Dat moet wel,' fluisterde Ellis, en even had Apiro bijna medelijden met hem. 'Maar ik zou hebben gezworen dat het niet zo was.' Hij kon er dus geen eed meer op doen. Ramirez had de Canadees zojuist niet alleen 's middags maar ook 's avonds met de jongen samengebracht.

'Hij is ontzettend goed, hè?' zei Apiro tegen Sanchez.

Sanchez, die maar zelden iets van emotie toonde, produceerde iets wat in de verte op een glimlach leek, meer dan wat Apiro ooit van hem had gezien. 'De inspecteur is de beste.'

20

'Laat me even op een rijtje zetten wat ik begrijp,' zei Ramirez begripvol. 'U geeft toe dat u gisteravond een heleboel añejo hebt gedronken. U was erg dronken en u bent buiten westen geraakt. U kunt zich maar weinig herinneren. Dat is wat u ons tot nu toe hebt verteld, nietwaar?'

'Ja,' zei Ellis. 'Ja, ik ben buiten westen geraakt.'

'Dus u weet niet zeker dat u hem niet hebt vermoord, is het wel?'

Ramirez vatte zijn zwijgen op als instemming.

Ellis wist dat niet in staat zijn een beschuldiging te ontkennen ongeveer gelijkstond aan een bekentenis. Hij wist gewoon niets meer te zeggen. Er zat bloed van het jongetje op zijn kleren en hij kon zich niet herinneren, had geen idee hoe het daar was terechtgekomen. Jezus, dacht Ellis, is het ook maar in de verste verte mogelijk dat ik die jongen heb vermoord? Maar hoe zou ik dat gedaan moeten hebben? Na de bar ben ik rechtstreeks naar mijn hotel gegaan. Met die vrouw. Misschien.

'Bent u bereid ons een DNA-monster af te staan?'

Ellis schudde zijn hoofd. Dat kon hij toch niet doen als de kans bestond dat hij schuldig was. Dan kon het hij net zo goed het vuurpeloton van kogels voorzien.

Ramirez keek op zijn horloge en stond op.

'Dat dacht ik al. Señor Ellis, ik arresteer u voor de verkrachting van Arturo Montenegro. Wanneer we ons onderzoek hebben afgerond, wordt u waarschijnlijk gearresteerd voor moord. We hebben tot woensdagmiddag twee uur de tijd om het materiaal in te leveren dat nodig is voor een aanklacht. Voorlopig zetten we u vast in een van de arrestantencellen hier. Onze gevangenissen zitten vol politieke dissidenten, dus elders is geen plaats, hoewel dat gegeven de aard van uw misdaad misschien wel gunstig is. Ik wil dat u in leven blijft tot aan het proces, geloof het of niet. Maar als u eenmaal bent aangeklaagd, wacht u een gevangeniscel, waar u op uw proces kunt wachten. Hebt u dat begrepen?

Ellis' benen begonnen te beven. Hij wist wat zedendelinquenten in de gevangenis te wachten stond en wat een politieagent te wachten stond wanneer de gevangenen eenmaal wisten dat je er een was. En het zou ze niets kunnen schelen dat hij Canadees was.

'U moet me geloven. Iemand heeft die bewijzen op mijn hotelkamer neergelegd. Als ik niet met een advocaat mag spreken, laat me dan alstublieft met iemand van mijn ambassade praten.'

Ramirez dacht even na, knikte toen. Hij zorgde ervoor in de microfoon te praten. 'Natuurlijk, señor Ellis, we zorgen ervoor dat u zo spoedig mogelijk contact met uw ambassade kunt zoeken. Maar dat is vandaag gesloten, en morgen misschien ook, vanwege de feestdagen. Is er iemand anders die u misschien zou willen bellen?'

Ellis aarzelde, boog zich toen naar voren zodat hij recht in het microfoontje sprak. Hij schraapte zijn keel. 'Ja, ik wil spreken met commissaris Miles O'Malley van de Rideau Regional Police in Ottawa. Zo snel mogelijk.'

21

Inspecteur Ramirez verliet de verhoorkamer en betrad het kamertje waar rechercheur Sanchez wachtte.
'Dokter Apiro is weg,' zei Sanchez. 'Hij is voorbereidingen aan het treffen voor de autopsie.'
'Mooi zo.' Ramirez gaf Sanchez de tape om in te boeken. 'Zou je er ook transcripties van willen laten maken, Rodriguez? Van allebei de banden?'
Ramirez wilde er zeker van zijn dat de juridische commissie wist in hoeverre hij het verzoek van de gevangene had ingewilligd. In Cuba had señor Ellis geen rechten. Fidel Castro had de Weense Conventie nooit bekrachtigd. Als hij geen Canadees maar Amerikaan was geweest, had Ellis zich misschien Guantánamo Bay herinnerd.
'Komt voor elkaar. Mooi werk, inspecteur,' zei Sanchez. Hij klapte zachtjes in zijn handen. 'Dichter bij een bekentenis kun je niet komen bij iemand die zo getraind is.' De dode man ging achter Ramirez' bureau zitten en tikte aan zijn hoed; kennelijk was hij evenzeer onder de indruk.
'Dank je, Rodriguez. Ik blijf het persoonlijk stom vinden als iemand de politie belt om aan te geven dat zijn portefeuille is gestolen door een jongen die hij kort ervoor heeft vermoord. Hoewel hij misschien heeft gedacht dat het juist heel slim was. Zijn enige mogelijkheid is te beweren dat hij onschuldig is. Hij moet pas hebben gemerkt dat zijn portefeuille weg was nadat hij zich van het lichaam had ontdaan.'
'Het jong was dus inderdaad een zakkenroller. Hij heeft tenslotte de penning bewaard. Zoiets doet alleen een kind.'
Elke andere Cubaan zou het geld hebben gehouden en de rest hebben weggegooid.

'Het heeft ons zeker geholpen. Zonder die portefeuille hadden we niets gehad waarmee we de Canadees aan de moord hadden kunnen koppelen.'

'Die anonieme melding, denkt u niet dat die genoeg zou zijn geweest?' vroeg Sanchez.

'Genoeg om hem in de gaten te houden, meer niet. We hadden nooit een huiszoeking kunnen doen op basis van alleen die informatie.'

'Waarschijnlijk niet,' gaf Sanchez toe. Maar Ramirez wist dat Sanchez de hotelkamer zonder enige bedenking zou hebben doorzocht als hij alleen was geweest.

'En wat die rohypnol-capsule betreft, waarom heeft hij dat bewijs niet laten verdwijnen?' vroeg Sanchez.

De dode man ging achter Sanchez staan. Hij haalde zijn eigen broekzakken binnenstebuiten, die allebei leeg waren. Het deed Ramirez denken aan een schuine mop die ze elkaar als jongens vertelden en waarvan de clou een olifant was. Als het een mop was, snapte hij niet wat zijn onderbewuste met deze poging tot humor bedoelde, en als het een aanwijzing was, snapte Ramirez niet wat die betekende. Een olifant in de kamer?

'Niet goed opgelet, denk ik. De portier heeft bevestigd dat señor Ellis gisteravond heel erg dronken was. Bovendien zou de kamer voor de middag zijn schoongemaakt. Hij had geen reden te denken dat we zijn kamer zouden doorzoeken. Alle bewijzen zouden zijn opgezogen, zijn lakens en vuile kleren zouden in de was hebben gezeten. Hij heeft waarschijnlijk gedacht dat het lichaam door de zee zou zijn meegenomen, en daarmee alle resterende bewijzen. Maar één ding zit me niet lekker, Rodriguez. Die man kan het lichaam nooit helemaal naar de Malecón hebben gebracht zonder iets van een vervoermiddel. Hoe heeft hij dat geregeld?'

'Er is geen enkele aanwijzing dat hij een auto of bestelauto heeft gehuurd,' erkende Sanchez.

'Dat moeten we uitzoeken. Ik betwijfel of hij het lichaam, ook al is het nog zo klein, naar zee heeft kunnen dragen zonder de aandacht op zich te vestigen. Hij is duidelijk een buitenlander, en nogal herkenbaar met al die littekens.'

'Dat is zo,' stemde Sanchez in. 'En het is 's avonds druk op de Malecón.'

'Hij moet een voertuig hebben gehad, een auto, misschien een paard en wagen. Besef je wel dat dat betekent dat een medeplichtige niet valt uit te sluiten?'

Sanchez knikte langzaam. 'Ik heb niet stilgestaan bij de vraag hoe het lichaam is verplaatst. Ik dacht dat de zwaarte van de andere bewijzen voldoende was. Zoals altijd bent u me weer een stap voor, inspecteur. Zou het de vrouw kunnen zijn?'

'We moeten afwachten wat Apiro over de tijdstippen te zeggen heeft. Het kan zijn dat ze al voor die tijd weg was. Ga na of Ellis gisteravond een taxi heeft genomen en of een van hen een auto heeft gehuurd. Daar kan Natasha je bij helpen.'

'Ik ga meteen aan de slag. O ja, dokter Apiro vroeg zich af waar u het labrapport vandaan had dat u de verdachte hebt laten zien, aangezien het zijne nog niet af is.'

'Ik heb er een van een andere zaak gebruikt.' Ramirez had gedacht dat hij aan autoriteit won wanneer hij een verhoor begon met een officieel ogend stuk papier, alsof hij al over sterke bewijzen beschikte, ook al stelde het hele document niets voor. Hij was wel eens een verhoor binnengelopen met een recept. Hij legde het stuk altijd op tafel alsof het belangrijk was. Dat was meestal genoeg om de nietsvermoedende verdachte aan de praat te krijgen, maar het werkte alleen bij toeristen die geen Spaans spraken.

Ramirez bracht zijn jonge collega op de hoogte van Apiro's voorlopige bevindingen, terwijl hij op zijn horloge keek. Tien voor halfdrie. Hij zou op tijd bij het lijkenhuis zijn. 'Kun jij regelen dat de Canadees internationaal kan bellen?'

Sanchez trok zijn wenkbrauwen op, maar knikte.

Ramirez zou zoiets normaliter niet hebben toegestaan, maar er was geen reden een politieke rel te laten ontstaan door de Canadees te verbieden zijn baas te bellen, vooral niet omdat hij werkte bij de politie van een land waarmee Cuba goede relaties onderhield.

De Cubaanse Nationale Revolutionaire Politie zou zich in de

toekomst misschien nog eens genoodzaakt voelen met de Canadese politie samen te werken. Het was altijd het beste wisselwerking te hebben nu de misdaad zo wereldomspannend was geworden.

22

Rechercheur Sanchez nam Mike Ellis mee naar beneden om hem te registreren en te fotograferen. Hij beval hem zijn kleren uit te trekken en zijn sieraden af te doen en gaf hem een oranje gevangenisoverall. Ellis kleedde zich helemaal uit, deed zijn horloge en trouwring af en overhandigde ze aan een bewaker.

Nadat Sanchez Ellis' kleren had gemerkt en in een zak gedaan, deed hij hem een paar metalen handboeien om. De bewaker legde een paar stalen kluisters om zijn enkels en ketende ze aan elkaar. Het enige wat hij mocht houden, waren zijn schoenen, zelfs zijn sokken waren hem afgepakt.

Ellis begreep nu voor het eerst hoe de mensen die hij had gearresteerd zich moesten hebben gevoeld. Schrik vermengd met vernedering, boosheid, een gevoel van oneerlijkheid. Schuld stond er helemaal los van.

Hij werd door Sanchez strompelend van de arrestantencellen naar een kamertje met een metalen tafel, een telefoon en een houten stoel gebracht. Sanchez zei dat Ellis moest gaan zitten en deed zijn rechter handboei af zodat hij de hoorn beter kon vasthouden.

Het verbaasde Ellis dat Sanchez hem niet had geslagen of anderszins hadden toegetakeld. De politie thuis had allang de brandslangen uitgerold. 'De cellen schoonspuiten,' zouden ze dan later zeggen als reactie op een klacht. 'Ik had niet door dat er iemand in zat.' Sanchez gedroeg zich in plaats daarvan alsof hij met hem te doen had, wat Ellis nog banger maakte voor wat er ging komen.

'Het duurt even voor we een Engelssprekende telefoniste hebben gevonden die het privénummer van uw politiecommissaris kan vinden.'

Ellis bad in stilte dat O'Malley ook niet ergens in een exotisch land op vakantie was.

Sanchez draaide het nummer van de telefoniste en zei haar dat er een persoonlijk gesprek werd aangevraagd, collect. Hij ging de kamer uit en deed de deur achter zich op slot.

Ellis wachtte met de hoorn aan zijn oor, nerveus friemelend met zijn andere hand terwijl de Cubaanse telefoniste de noodzakelijke verbinding met een Canadese collega maakte, die bevestigde dat ze een Miles O'Malley in het telefoonboek had staan. De beltoon klonk minstens tien keer voor O'Malley eindelijk opnam. Ellis werd overspoeld door een enorme golf van opluchting toen hij zijn zware Ierse accent herkende. Dat had O'Malley nog steeds, ook al woonde hij al meer dan dertig jaar in Canada.

De Cubaanse telefoniste sprak als eerste: 'Dit is een collect call van señor Michael Ellis. Accepteert u de kosten?' Ellis was bang geweest dat O'Malley niet thuis was, en hij was heel even bang dat hij de kosten niet zou willen accepteren. Maar natuurlijk deed O'Malley dat wel. 'Michael, beste jongen.'

'Het spijt me dat ik u met Kerstmis thuis moet lastigvallen, baas,' zei Ellis, en hij probeerde zijn stem ferm te laten klinken, 'maar ik zit in de nesten.'

'Michael, kerel, ik kan je niet goed verstaan. We hebben hier een feestje. Zalig kerstfeest, jongen. Waar zit je?' Ellis hoorde mensen lachen en het gerinkel van glazen. 'De familie van mijn vrouw viert hier kerst. Ik dacht dat jij ergens op vakantie was met die mooie vrouw van je.'

'Ik zit in Cuba.'

'O, schitterend toch, Mikey. Maar waarom bel je? Kan ik je ergens mee helpen?'

'Ik heb uw hulp nodig, baas. Ik zit in voorarrest, op het hoofdbureau in Havana. In verzekerde bewaring.'

'Bewaring? Gearresteerd? Waarvoor? Te veel gedronken? Praat eens wat harder, man.' Ellis zag voor zich hoe O'Malley de telefoon dichter tegen zijn oor drukte om te proberen in het lawaai van zijn eigen woonkamer elk woord te verstaan.

'Kunnen jullie even stil zijn, jongens,' riep de commissaris, en de gesprekken vielen stil. 'Ik heb een van mijn mensen aan de lijn en hij zit in de problemen.' Hij liet zijn stem zakken zodat de anderen hem niet konden horen: 'Wat is er aan de hand, Michael?'

'Ik sta onder arrest wegens aanranding van een kind, baas. En misschien voor moord.'

Een moment stilte en toen barstte O'Malley uit: 'Moord? Wat is dat voor onzin? En wat voor soort aanranding?'

Ellis haalde diep adem en beschreef de nachtmerrie waarin hij was terechtgekomen. 'De Cubaanse politie houdt me vast. Gisteravond is er een jongetje verkracht en vermoord. Ze zeggen dat ik kan worden beschuldigd van moord. Ik ben erin geluisd, baas,' zei Ellis gespannen. 'Ik weet niet door wie. De politie heeft het lijk vanochtend gevonden. Ik ben gisteravond mijn portefeuille kwijtgeraakt en die hebben ze in zijn kleren gevonden. Het kind was gedrogeerd met een soort daterapedrug. Dezelfde drug hebben ze op mijn hotelkamer gevonden en ook een stel foto's van kinderen. Pornografische foto's. Ik heb ze daar niet neergelegd en ze zijn ook niet van mij. Maar het ziet er verdomd slecht voor me uit.'

Hij had het niet over de vrouw; hij wist niet hoe O'Malley, die gelukkig getrouwd was en dacht dat Ellis dat ook was, erop zou reageren.

Meer stilte aan de andere kant van de lijn. Ellis zag O'Malley voor zich, zijn zware zwarte wenkbrauwen samengeknepen, een diepe frons op zijn voorhoofd in een poging te begrijpen wat Ellis hem vertelde.

'Jezus christus, Mikey, dat ziet er verdomd slecht voor je uit. Je zit daar in een smerige dictatuur. Willen ze geld zien? Is het ze daarom te doen?'

'Volgens mij niet. Maar ze hebben hier de doodstraf voor dit soort misdaden. En die voeren ze uit met een vuurpeloton.'

'Jezus, Michael, dat vuurpeloton is nog niks, je mag blij zijn als je morgenochtend haalt. Een politieagent in de bajes wegens verkrachting en moord op een kind... Maar je hebt het natuurlijk niet gedaan.' Een vaststelling.

'Nee, natuurlijk niet.'

'Mooi. Ik wist wel dat jij zoiets niet zou doen. Maar wat kan ik voor je doen? Wat zou je willen dat we doen? Heb je de Canadese ambassade al gebeld?'

'Die is vandaag dicht, en morgen waarschijnlijk ook. Van de politie mag ik niet met een advocaat praten. Het verbaasde me al dat ik u mocht bellen. Het is een krankzinnige situatie. Ik heb ook geen idee wat mijn rechten zijn.'

'Dan gaan we ervoor zorgen dat je een advocaat krijgt. Eens even denken.' O'Malley zweeg. Ellis kon zijn hersenen bijna horen werken.

'Michael, heb je vertrouwen in hun onderzoekstechniek? Zijn ze corrupt? Heeft de politie je erin geluisd?'

De hand waarmee Ellis de hoorn omklemde begon te trillen. 'Ik geloof het niet, maar wie zal het zeggen. Het is een verdomd arm land, baas. Alles is hier mogelijk. Maar ik ben niet geslagen en ze hebben ook geen geld gevraagd. En ik mocht u bellen.'

'Ach jezus, Michael. Oké, ik ga wat mensen bellen. Ik zal de diplomatieke dienst waarschuwen, om ervoor te zorgen dat ze je niet martelen en zo.' Hij lachte even, maar Ellis wist dat hij geen grapje maakte. 'En ik stuur iemand naar je toe om de zaak in de gaten te houden. Ik kan me niet voorstellen dat de Cubaanse regering in een halszaak kan weigeren om een vertegenwoordiger van de politie inzage te geven in de onderzoekgegevens. We bieden ze medewerking aan, dat wordt onze invalshoek.'

'Fantastisch, baas. U hebt geen idee wat een opluchting dat is.'

'We hebben de Cubanen in het verleden een paar keer geholpen met onderzoeken, en ze hebben ons in de toekomst misschien ook weer nodig. En ze mogen ons hier in Canada wel. Ze willen geen politieke problemen. Maar ik moet hier wel wat connecties gaan aanspreken. Shit man, je hebt jezelf zwaar in de problemen gedraaid, Michael. Je snapt natuurlijk wel dat deze aanpak risico's met zich meebrengt: als ik iemand naar je toe stuur en je blijkt wat op je kerfstok te hebben, dan begrijp je wel dat...'

'Ik heb het niet gedaan. Ik heb dat jongetje met geen vinger aangeraakt.'

'Ik geloof je, daar ben jij het type niet voor.'

'Kunt u iemand hierheen laten komen?'

'Het is wel Kerstmis, Michael, dus het wordt verdomd moeilijk om snel even iets te regelen. Maar ik ga proberen om Celia vandaag of morgen op het vliegtuig te zetten, als ze dat wil. Haar man zal wel niet blij zijn, maar zij weet waar ze moet zijn en ze heeft snel genoeg door hoe het daar werkt. Ze is de enige hier die ik kan bedenken die goed genoeg Spaans spreekt. En ze is verdomd slim.'

Celia Jones was jurist bij de politie. Ze had een aantal jaren bij de Canadese bereden politie gewerkt als onderhandelaar, had ontslag genomen en was rechten gaan studeren. Ze had ook een tijdje als officier van justitie gewerkt en was toen bij de Rideau Police gaan werken. Ellis wist niet dat ze Spaans sprak.

'Nogmaals bedankt, baas.' Hij realiseerde zich dat hij al die tijd zijn adem had ingehouden en hij voelde zijn longen eindelijk ontspannen nu de spier in zijn borst zich ontrolde.

'Zorg voor je rugdekking, Mikey, en dat bedoel ik letterlijk. Maak je geen zorgen, we zoeken het tot op de bodem uit. In welk hotel logeer je, of liever, logeerde je voor dit gebeurde?'

Ellis vertelde het hem.

'Ik zal haar zeggen dat ze hetzelfde hotel moet nemen, dat ze moet zien wat ze kan ontdekken en moet proberen jou vrij te krijgen. Maar ik wil geen controverses, geen aantijgingen van inmenging in politiezaken, begrijp je wel? Er mag geen internationaal schandaal ontstaan. En als je ergens schuldig aan bent, dan krijgt ze van mij de opdracht je genadeloos aan te pakken. Begrepen?'

'Ik heb het niet gedaan, dat zweer ik.'

'Daar reken ik op, jochie,' zei O'Malley.

'Wilt u tegen Celia zeggen dat ze met Miguel Artez moet praten als ze iets nodig heeft,' suggereerde Ellis. 'Dat is de portier van het hotel.'

'Vertrouw je hem?'

'Ja, ik geloof het wel. Ik ken hier verder niemand.'

'En hoe is het met je vrouw? Die is natuurlijk gek van de zorgen.'

'Die is gisteren naar huis teruggevlogen. Ze weet van niks.'

'Goddank. Wil je dat ik haar bel en vertel wat er aan de hand is?'

'Nee,' zei Ellis, 'ik wil haar erbuiten laten.'
'Goed kerel, dan houden we het hierbij. Hou je haaks, ik zit erbovenop. Probeer heelhuids de nacht door te komen. Blijf met je rug tegen de muur zitten.'

Een tel nadat O'Malley had opgehangen klonk er een klik op de lijn. O god, dacht Ellis, iemand heeft meegeluisterd.

23

Het was even over halfdrie. Het kleine lichaam van de jongen lag op de metalen brancard. Apiro kon de lamp boven de tafel richten waar hij het licht hebben wilde. De flexibele arm was langer dan normaal, als compensatie voor zijn beperktere bereik. Op de achtergrond speelde operamuziek. Apiro hield van opera, een passie die Ramirez met hem deelde. Die vormde de basis van hun vriendschap, aangezien Ramirez een ramp bleek met schaken.

Apiro had besloten plastisch chirurg te worden toen hij opgroeide, voorzover hij opgroeide, in een weeshuis in Santa Clara. Hij was er heilig van overtuigd dat zijn ouders hem daar hadden geplaatst vanwege zijn rare verschijning. Daarom was hij vastbesloten anderen te helpen hun fysieke gebreken te corrigeren, aangezien hij dat niet voor zichzelf kon doen.

De Cubaanse overheid zorgt voor gratis universitair onderwijs voor al haar onderdanen. Apiro bezocht de Universiteit van Havana, waar hij als een van de besten van zijn jaar afstudeerde in medicijnen, waarna hij in Moskou een postdocstudie cosmetische en reconstructieve chirurgie volgde.

In Rusland had Apiro zich bijna thuis gevoeld. 'Tsaar Peter de Grote verzamelde dwergen,' vertelde hij Ramirez na zijn terugkeer in Havana. 'Stel je voor, een stad met genoeg mensen als ik om er een verzameling van aan te leggen.' In Havana kende hij niemand zoals hij. Maar in de Russische literatuur, zo ontdekte hij, barstte het van de dwergen. Boeken werden zijn toevluchtsoord, een huis dat hij kon bezoeken wanneer de eenzaamheid hem te veel werd, een plek waar anderen zoals hij werden opgejaagd, bespot of verraden, geheel buiten hun schuld.

'Neem nou Poesjkin,' zei hij tijdens een lijkschouwing tegen

Ramirez. 'Zijn Roeslan rukte een dwerg zijn baard af, alleen maar om indruk te maken op Ljoedmila. Durfde hij wel, die grote beul. O, wat moet dat pijn hebben gedaan. Of Tsores van Sinjavski, een dwerg die niet alleen aan zijn lot werd overgelaten door zijn moeder, maar ook door zijn hond. Nou, beste vriend, dan ben je wel een erg lelijke dwerg.'

Apiro vertelde dat tijdens zijn studie in Moskou het aantal soortgenoten was vergroot door Tsjernobyl. Een onbedoelde bom, een implosie. 'Democratieën zijn niet de enige politieke systemen met het vermogen een land te vernietigen,' zei hij tegen Ramirez, en hij schudde zijn grote hoofd.

Uiteindelijk moest Apiro terug naar Cuba om zijn dure opleiding productief te maken door Castro te helpen het plastisch-chirurgisch toerisme tot ontwikkeling te brengen. Hij hield aan zijn verblijf een liefde voor de Russische literatuur over, een onverstoorbaarheid ten aanzien van zijn situatie en een handigheid in het omzeilen van de bureaucratie die uiterst nuttig was gebleken bij het leiden van hun onderzoeken.

Toen Apiro die morgen naar de zeewering was geroepen en een jongetje zag wiens gezicht hem zo bekend voorkwam, was zijn hart bijna blijven stilstaan. Toen hij zijn schrik te boven was, bekeek hij het kind beter. Niet dezelfde jongen die ik heb geopereerd, dacht hij, en langzaam blies hij zijn adem uit. Dat was allemaal tien jaar eerder gebeurd, nog voor dit kind zelfs maar geboren was.

Inspecteur Ramirez hing zijn jasje op en trok de witte jas aan die bezoekers aan Apiro's werkruimte moesten dragen, een voorzorgsmaatregel tegen contaminatie. Het lichaampje van de jongen lag uitgestrekt op de metalen tafel.

Er was geen teken van de dode man, maar Ramirez had ontdekt dat zijn hallucinaties de neiging hadden Apiro en het lijkenhuis te mijden zoals andere Cubanen de bureaucraten meden.

Apiro stond aan het einde van de brancard op de laagste tree van een laddertje met drie sporten. De patholoog had met een botzaag de schedel rondom opengezaagd en was bezig voorzichtig de hersenen te verwijderen. Hij hield ze op in zijn gehandschoende handen. De hersenen glansden in het flakkerende tl-licht toen Apiro ze langzaam, met volle aandacht om- en omdraaide, zoals een kenner een mooi glas wijn bekijkt.

Ramirez voelde zich meestal niet op zijn gemak wanneer Apiro een lichaam, vooral de organen, onderzocht, en de lucht van rottend vlees was altijd onaangenaam. Maar hij bewonderde de dokter omdat hij precies wist wat hij deed, om zijn buitengewone capaciteiten om de doden hun geheimen te ontfutselen. Hij vroeg zich soms af of Apiro een manifestatie van Eshu was. Dat was de Cubaanse god die verantwoordelijk was voor de communicatie tussen de levenden en de doden. Er werd wel verteld dat Eshu honderd gedaanten had. Net als Apiro was hij heel klein en donker, met zwart haar, zij het dat Apiro begon te grijzen. Maar Eshu had een staf als symbool en geen scalpel. En Apiro was nooit wreed.

Apiro draaide zich naar Ramirez om wat te zeggen en het was alsof ze op dezelfde hoogte stonden, hoewel hij niet veel groter was dan het kind op de brancard. 'Er is een kleine zwelling aan de terugslagkant van de hersenen,' zei Apiro. 'Dat is de kant tegenover een trauma, daar waar de hersenen als gevolg van de klap tegen de binnenzijde van de schedel zijn geklapt.'

'Is dat de doodsoorzaak?'

'Geduld, Ricardo, geduld. De schedel is op verscheidene plaatsen gebroken. De fatale wond is te herkennen aan het grote hematoom. De jongen is neergeslagen of gevallen. Is hij van een gebouw gevallen, zo'n één of twee etages?'

Ramirez controleerde zijn aantekeningen. 'Hij is gevonden in de Caleta de San Lázaro, aan dezelfde kant waar jij hem aantrof, iets ten oosten van Príncipe. Zoals je weet staan alle gebouwen daar aan de andere kant van de straat. Ik betwijfel dus dat hij gevallen zou zijn.'

'Hij lag op de stoep toen ik er vanochtend aankwam, kleddernat,' zei Apiro. 'Ik nam dus aan dat hij in zee was gevonden. In Havana zijn er tenslotte voor jongetjes geen dakzwembaden. Maar lag hij op de stenen of in het water?'

'Señor Rivero zag het lichaam drijven en heeft het op de stenen getrokken, daarbij is hij door een andere man geholpen.'

'Hmm.' Apiro's vaardige handen betastten het glanzend witte oppervlak van de hersenen. Hij kwam van zijn laddertje af en nam de hersenen mee naar een weegschaal op een archiefkast aan de andere kant van de ruimte. Nadat hij ze had gewogen, trok hij zijn handschoenen uit om wat aantekeningen te maken en liep toen terug naar het lichaam.

Hij verzette het laddertje en klom er weer op zodat hij met zijn korte lichaam tegen de brancard leunde. Nadat hij zijn handschoenen weer had aangetrokken betastte hij het lichaam op verschillende plaatsen. Hij draaide het naar zich toe en bestudeerde de heupen, rug, billen en handpalmen van het kind. Er verstreken enige minuten, waarin de dokter doorging met zijn langzame onderzoek, voordat hij met zijn mening kwam.

'De zeewering is maar een paar meter hoger dan de stenen langs de Malecón. Het is mogelijk dat de jongen daar gevallen is, maar niet waarschijnlijk. De kracht waarmee de schedel is verbrijzeld is veel groter dan je zou verwachten. Bovendien zit de verwonding aan de linkerkant van de schedel. De meeste mensen vallen voor- of achterover maar zelden zijdelings, en wanneer ze vallen houden ze meestal hun handen voor zich om de val te breken, of ze vallen op hun knieën. De rotsen langs de kust zijn scherp, maar dit kind heeft geen schaafwonden aan handen of knieën, alleen schrammen aan de zijkant van het omhooghalen langs de rotsen.'

'Dus een klap?'

'Misschien.' Apiro wees op de schedel. 'Er is een slagwond aan de linkerkant van de hersenen. De fractuur is klein, niet veroorzaakt door een plat object maar iets ronds, met een kleine omtrek, zo ongeveer de diameter van een stuk betonijzer. Maar de terugslagwond en de slagwond zitten daar. Je snapt wat dat betekent?'

Ramirez knikte. Een terugslagwond werd veroorzaakt doordat de hersenen na een slag tegen de overliggende zijde van de schedel stootten. Een slagwond stond voor bruut geweld, een terugslagwond voor een val.

'Zou het kunnen dat hij, gezien beide verwondingen, eerst een klap tegen zijn hoofd heeft gehad en daarna gevallen is?'

'Dat zou kunnen,' erkende Apiro. 'Of iemand heeft hem een slag tegen de zijkant van zijn hoofd gegeven en hij is gevallen, of hij is van een behoorlijke hoogte op iets gevallen en daarna op de grond terechtgekomen. Was er in de buurt iets van een metalen paal, ergens langs de muur, of misschien onder water?'

'Nee,' zei Ramirez. 'Ik heb niets gezien wat daarop leek.'

'Afgaand op wat ik tot nu toe heb gezien, denk ik dat je ervan mag uitgaan dat hij ergens anders is vermoord en dat zijn lichaam daarna naar de Malecón is gebracht. Of dat op iemands schuld wijst, moet jij maar uitmaken. Maar als er een ongeluk plaatsvindt, roepen de mensen meestal de politie of de ambulance erbij en gooien ze het lichaam niet in zee.'

'Dus het lichaam is verplaatst?'

'Hij is niet vanzelf in het water gesprongen.' Apiro lachte, een staccato lach waarvan de frequentie met de ernst van de zaak toenam, evenals zijn woordspelinkjes en grappen. 'Ja, hij was al dood. Het heeft een paar uur geduurd voor ze hem hebben verplaatst. Er zijn wat bloeduitstortingen, zie je wel?'

Apiro duwde het lichaampje op zijn kant en liet Ramirez opnieuw de grote blauwe plekken op de rug zien die Ramirez voor verwondingen had gehouden.

'Al snel nadat de dood intreedt, begint weefsel vloeistoffen te lekken. Als een lichaam op zijn rug ligt, zorgt de zwaartekracht ervoor dat ze op het laagste punt samenkomen. Deze vlekken zijn een aanwijzing dat het lichaam een paar uur in dezelfde positie op een harde ondergrond heeft gelegen.'

'Is er bloed op de plek waar hij is vermoord? Wat valt er daar te zien?'

'Heel weinig. De schedel is een wonderlijk apparaat. De natuur heeft hem zo gemaakt dat hij de hersenen beschermt. Als hij niet wordt verbrijzeld, zoals bij een samengestelde fractuur, bijvoorbeeld wanneer een hoofd onder de wielen van een vrachtwagen wordt verpletterd, is er vaak helemaal geen bloed. Dit hier is een deuk in de schedel. Het bot is richting hersenen ingedeukt, maar de huid is onbeschadigd. Zijn linkertrommelvlies is door de klap gescheurd, maar als daarbij al bloed is gevloeid, zijn het een paar druppels geweest.'

'Hoe kan de rohypnol-capsule op de hotelkamer van señor Ellis terecht zijn gekomen als het jongetje ergens anders is vermoord?' zei Ramirez peinzend. 'Ik neem aan dat Ellis die zou hebben opgepakt en in zijn broekzak of de zak van zijn jasje zou hebben gedaan zodat hij niet op de plaats delict bleef liggen. Misschien is het dingetje uit zijn zak gevallen toen hij zich uitkleedde. Maar ik probeer nog steeds te bedenken hoe hij het jongetje heeft kunnen meesmokkelen naar zijn kamer.'

'Op die vraag heb ik geen antwoord,' zei Apiro. 'Maar je hebt gelijk. Geen enkele portier zou zo'n knaapje, zo'n bedelaartje, in dat hotel hebben toegelaten. Tenminste, niet als hij hem zou hebben gezien. Hij zou hem normaliter niet eens in de buurt van een toeristenhotel hebben laten staan zonder met de politie te dreigen. En dan heb je nog de kwestie van het transport van het lichaam van het hotel naar de Malecón. Uitgaande van het forensisch bewijsmateriaal is de jongen waarschijnlijk in het hotel verkracht maar is hij ergens anders gestorven en veel later in het water gegooid.'

'En de doodsoorzaak, Hector?'

'Vermoedelijk een klap op het hoofd met een dunne pijp, paal of knuppel, tweeënhalf tot vier centimeter in doorsnee. Misschien was het inderdaad een stuk betonijzer.'

'Was hij op slag dood?' vroeg Ramirez. 'En hoe weet je eigenlijk dat hij niet meer leefde toen hij in het water werd gegooid?'

'Nou, omdat er geen enkel teken van verdrinking is. Kijk maar.' Apiro klom op de tafel en ging bijna schrijlings boven op het lichaam zitten. Hij duwde met kracht op de jongensborst. Er gebeurde niets.

'Zie je wel? Als iemand verdronken is, blijft er altijd wat schuim in de longen achter. Als dat het geval is, wil het nog niet zeggen dat er sprake is van verdrinking, want het kan ook voorkomen bij een elektrocutie en ook bij alle mogelijke vormen van hartfalen. Het verschil is dat als je na een verdrinking alle schuim hebt weggehaald, er altijd nog wat uit komt wanneer je de borstkas indrukt. Dat gebeurde in dit geval niet en dus is er geen sprake van verdrinking. En ja, als antwoord op je andere vraag: de jongen is binnen een paar tellen na de klap op zijn hoofd gestorven. De zwelling van de hersenen was heel klein.'

De dokter klom van de tafel af en ging op de kruk ernaast zitten. Hij wist dat Ramirez bij voorkeur zat wanneer hijzelf stond en hij waardeerde Ramirez' beleefdheid. Maar wanneer ze beiden zaten, was er sprake van een gelijkwaardigheid die de natuur hem onthield.

'Daar ben ik blij om,' zei Ramirez. 'Goddank is hij snel gestorven. Hoe lang heeft het lichaam in het water gelegen?'

'Te oordelen naar de rigor mortis zo'n vijf of zes uur. Niet langer. Dat moet jou helpen met het bepalen van de tijd.'

'Was hij nog onder invloed van de rohypnol toen hij stierf?'

'Ja en nee. Rohypnol is in feite snel uitgewerkt, maar zoals ik al zei, de residuen blijven lang achter. De eerste vier tot zes uur moet de jongen praktisch comateus zijn geweest, daarna wakker maar ongecoördineerd. Nog weer later wel dizzy maar bij bewustzijn en alert. Naar mijn schatting is hij rond een uur of zeven 's avonds gedrogeerd. Ik denk dat hij op Kerstavond tussen tien uur en middernacht is vermoord.'

'Heb je batterijtjes voor je rekenmachine gevonden?'

'Jazeker,' lachte Apiro. 'Sanchez heeft er een paar uit een camera in de bewijsstukkenopslag gehaald. Er zat trouwens geen film in.' Apiro had lang geleden diefstal geaccepteerd als een noodzakelijk onderdeel van zijn werk. 'Op het moment van overlijden stopt de stofwisseling, Ricardo, dus dan blijft het niveau van de drugs gelijk. Als hij daarna nog in leven was geweest, zou de hoeveelheid rohypnol in zijn bloed kleiner zijn geweest. Ik denk dus dat hij is gestorven aan het eind van die twee-uursperiode, dus tegen middernacht. Maar dat blijft een gok. Ik kan er naar beide kanten een uur of meer naast zitten.'

'Verder nog iets?'

De dokter liet zijn hoofd hangen. 'Ja, zoals je hebt gezien vertoonde de anus van de jongen schaafplekken. Maar er is ook een geheelde verscheuring die van het anale slijmvlies doorloopt tot de huid rond de anus. Dat is dus een tweede wond, vermoedelijk van een week geleden. We treffen een zo ernstige wond slechts aan bij tien procent van de kinderen met bewezen seksueel misbruik. Het overgrote deel daarvan zijn – heel treurig – meisjes. Ik heb in mijn hele loopbaan nog maar één keer zo'n fissuur gezien. Misschien omdat jongens meer geneigd zijn zich te verzetten.'

Een dieptreurige realiteit, dacht Ramirez. Hij nam zich voor Estella te leren schoppen, krabben en schreeuwen. Maar ook om weg te rennen.

'Wat betekent dat, Hector? Dat het jongetje eerst verkracht is?'

'Minstens één keer, en met zoveel geweld dat zijn rectum inscheurde. Die eerste wond moet meteen zijn gaan bloeden en zijn stoelgang moet een aantal dagen pijnlijk zijn geweest. Daarom duurt het zo lang voor dergelijke wonden genezen.'

'Señor Ellis en zijn vrouw zijn een week geleden hier aangekomen. Hij kan het jongetje dus al eerder hebben verkracht. We zullen de familie en de jongens met wie hij speelde ondervragen om erachter te komen of Ellis eerder met hem samen is gesignaleerd. Wanneer staat je verslag op papier?'

'Ik moet nog losse haren, orale en perianale uitstrijkjes en droge preparaten onderzoeken. En ik wil DNA-tests uitvoeren op de monsters die we hebben verzameld. We hebben een tekort aan chemicaliën en ik ben bezig er meer op te sporen. Maar zoals ik al zei, ik weet heel zeker dat de verzamelde spermamonsters allemaal van een en dezelfde man zijn. Dat is het enige wat ik je nu kan vertellen.'

'Dat is meer dan genoeg. Dit is een afschuwelijke zaak, Hector. Smerig.' Ramirez schudde zijn hoofd. 'Mijn zoontje had daar kunnen liggen.'

'Ja, het is inderdaad een smerige zaak, jongen.' Apiro keek Ramirez aan. 'Mag ik je een goede raad geven?'

'Natuurlijk.'

'Ik vermoed dat meer jongens door dezelfde man seksueel zijn misbruikt. De kerels die dat doen, die pedofielen, azen niet op maar één kind. Dat zou een reden kunnen zijn om je onderzoek voort te zetten.'

'Ik zal het er met Ronita over hebben en haar om advies vragen. Maar we zullen het discreet moeten doen,' zei Ramirez met een somber gezicht. Als hij niet voorzichtig was, konden er ernstige politieke repercussies volgen. Het laatste wat de minister van Binnenlandse Zaken wilde horen was dat er een groep pedofielen in Havana actief was. Dat zou niet goed zijn voor het toerisme, in ieder geval niet het soort toerisme dat Castro hoopte te trekken.

De rest van de lijkschouwing zou gewoon routine zijn, verzekerde Apiro Ramirez. Voornamelijk het wegen van de organen en het etiketteren van de bewijsstukken. Daar hoefde hij niet bij te blijven.

Dat kwam goed uit, want Ramirez had nog meer te doen om de deadline te kunnen halen. En daarnaast wachtte hem de onaangename taak de familie Montenegro op de hoogte te brengen van de dood van hun zoontje.

24

Wasgoed wapperde aan een lijn tussen een paal die het balkon ondersteunde en een gebogen balustrade. De meeste kleurige kledingstukken waren klein, van kinderen. Sokjes en broekjes wuifden als bloemblaadjes heen en weer. Verderop in de straat waste een vrouw haar kleren in een emmer, wrong ze uit en hing ze zorgvuldig aan net zo'n lijn.

De familie Montenegro woonde in een genummerde *calle*, in het hart van de sloppenwijk, in een van de meer vervallen bouwwerken van twee verdiepingen in de straat. Ramirez stond op de stoep en keek langs de verkruimelende voorgevel omhoog. Allerlei kleuren verf waren door de bijtende werking van het zeeklimaat weggevreten, zodat de muren een mengeling waren van bladderende lagen turquoise, geel en roze, net als bij een toverbal. Op de derde verdieping waren hele muren ingestort, zodat het was of die verdieping door weinig meer dan alleen hoop overeind werd gehouden.

De Amerikanen hadden een bom ontwikkeld die mensen doodde maar gebouwen liet staan. Havana moest de proeftuin zijn geweest voor de mislukte prototypes, bedacht Ramirez. De Cubaanse bevolking staat nog overeind, maar al onze gebouwen vallen in elkaar.

De woning van de Montenegro's was op de eerste verdieping. Ramirez liep de trap op en klopte aan. De dode man kwam vlak achter hem aan.

Een vrouw deed open. Haar verwachtingsvolle blik veranderde snel in een angstige. Haar beven gaf aan dat ze onmiddellijk wist wie hij was. Toch liet hij haar zijn penning zien.

'Mag ik binnenkomen?'

Langzaam opende ze de deur helemaal. De dode man veegde zijn voeten al, maar Ramirez keek hem afkeurend aan. Hij liep mismoedig terug naar buiten.

De woning die Ramirez betrad, telde twee kamers. Het was er erg schoon, met als meubilair een bed dat tevens dienstdeed als zitbank, een tafel en een paar houten stoelen. In plaats van gordijnen waren er lakens voor de ramen gespijkerd. Er was een koelbox met daarin vast en zeker ijs noch voedsel.

'Bent u señora Montenegro?'

'Ja.'

'Mag ik vragen of señor Montenegro thuis is?'

'Mijn man is jaren geleden overleden. U bent hier wegens mijn zoon.' Ze begon te huilen, voorvoelde de waarheid. Twee meisjes drukten zich tegen haar aan toen Ramirez zijn diepgevoelde medeleven uitsprak. 'Is hij dood, mijn Arturo?' vroeg ze handenwringend.

'Ik vind het heel erg voor u. Hij is vanmorgen vroeg door een visser gevonden in de zee bij de Malecón.' Bij het zien van haar tranen, besloot hij haar te laten denken dat de jongen verdronken was. Later kon hij het misverstand dan wel uitleggen. Op deze kerstdag kon hij het niet over zijn hart verkrijgen te vertellen dat haar zoontje op brute wijze was vermoord.

'Wanneer hebt u hem voor het laatst gezien, señora?'

'Gisteren, tussen de middag. Gisteravond, Kerstavond, is hij niet thuisgekomen.'

'Wat had hij aan?'

'Een geel shirtje en een rood shortje met witte ruitjes. En een paar oude blauwe sportschoenen met witte zolen. Maat 33, nog een beetje te groot voor hem. Heeft u misschien niet het verkeerde kind? Misschien logeert Arturo bij een vriendje. Heeft u echt niet het verkeerde kind?' Ze pakte Ramirez bij zijn schouders en schudde hem huilend door elkaar. 'Het moet een andere jongen zijn.'

'Ik vind het heel erg voor u, señora, maar de jongen die we hebben gevonden droeg een rode korte broek met witte ruitjes.'

Er was nu geen twijfel meer mogelijk dat de jongen haar kind was. Ze haalde haar handen weg, jammerend. Ze wiegde zachtjes naar voren en naar achteren, haar armen over elkaar, omklemde haar schouders.

'Lieve god,' snikte ze. 'Toen Arturo gisteravond maar niet thuiskwam, heb ik de hele nacht wakker gelegen.'

'Ik vind het vreselijk voor u, señora Montenegro, maar u zult het lichaam later vandaag moeten identificeren. Ik stuur een surveillanceauto langs om u op te halen.' Ramirez wist zeker dat ze geen geld voor de bus had.

Señora Montenegro liet zich op haar knieën zakken onder het slaken van een reeks jammerklachten. Het jongste meisje, een peuter nog, begon ook te huilen. De oudste stond met haar duim in haar mond Ramirez rustig te bekijken. Hij vroeg zich af wat ze ervan begreep.

Hij pakte de handen van de vrouw en trok haar overeind. Met zijn voet haalde hij een stoel bij. Ze zakte erop in elkaar. Hij boog zich over haar heen, wilde dat ze zich zou concentreren. 'Hebt u een foto van uw zoontje die we kunnen gebruiken? U krijgt hem later terug, dat beloof ik.'

Ze trok een hand weg en wees naar een ingelijste foto aan de muur van een lachende jongen met kuiltjes in zijn wangen. Toen Ramirez de foto aangaf, ging ze met haar vingers over het gezicht van de jongen, kuste het glas en liet de foto toen in zijn hand glijden. Ze wees naar een andere foto, van een oudere versie van dezelfde jongen, een tiener, van een jaar of veertien, vijftien.

'Arturo's broer. Ook dood. Hij liep weg van een kostschool op het platteland in de bergen van Viñales. Dat was in 1998, toen ik in verwachting was van Arturo. De priesters zeiden dat hij van de berg is gevallen toen hij probeerde naar huis te komen. Ze hebben zijn lichaam nooit gevonden. Het was veel te ver voor hem om het hele stuk te lopen en de wegen zijn er zo steil. Daarna verdronk mijn man. Hij was visser. Toen werd Arturo het hoofd van het gezin. Hoe moeten we nou zonder hem aan eten komen? Waarom?' vroeg ze smekend. 'Waarom ik? Kunt u me dat vertellen? Waarom straft God mij zo?'

Daar had Ramirez geen antwoord op.

Ramirez liet señora Montenegro een fotokopie van Ellis' paspoort zien en vroeg of ze de man op de foto wel eens samen met haar zoontje had gezien. Ze schudde haar hoofd, ongeconcentreerd. Ze was te wanhopig om nog langer te worden verhoord.

De lastige vragen konden wachten. Havana kende geen kranten die verdere informatie konden verspreiden: deze vrouw zou er niet achter komen dat haar kind was vermoord.

Later zou Ramirez haar vragen stellen over het seksuele verleden van de jongen en haar verzoeken om toestemming de twee meisjes te ondervragen. Ze waren nog heel jong en konden waarschijnlijk niet veel bruikbare informatie geven. Op dit moment was er, gezien het overtuigende bewijsmateriaal, geen dringende noodzaak toe. Hij gaf de vrouw zijn kaartje. Het had geen zin haar te vragen hem te bellen, want ze had geen telefoon en vermoedelijk kon ze ook nergens anders bellen. Ze kon het lichaam later op de dag nog wel identificeren. Maar niet te laat, bedacht Ramirez, die zich Apiro's koelingsproblemen herinnerde.

'Ik kom over een paar dagen nog een keer bij u langs. Wij zouden zeer geholpen zijn als u dan hebt nagedacht over Arturo's activiteiten de afgelopen paar weken. Het zou heel fijn zijn als u zich kon herinneren of hij het over ontmoetingen met mannen heeft gehad.'

'Waarom wilt u dat weten?'

'Dat soort vragen stellen we altijd bij een sterfgeval als dit,' loog Ramirez. 'Verder stuur ik een sociaal werkster die u zal helpen als u ergens behoefte aan hebt.'

'Ik wil mijn zoon terug.' Tranen stroomden over haar wangen. 'Brengt zij mijn zoon terug? Ik denk het niet. Zorgt zij voor brood op de plank?'

'Nee,' gaf Ramirez toe. Deze zaken gingen de capaciteiten van een sociaal werkster te boven. 'Maar ze kan u misschien helpen dingen te regelen.' Er moest tenslotte een begrafenis worden georganiseerd. 'En nogmaals, señora, ik vind het verschrikkelijk voor u, het verlies van uw kind. Mijn zoontje is bijna net zo oud als Arturo. Ik kan me uw verdriet amper voorstellen.'

De twee meisjes keken hem na, met grote bruine ogen. De oudste, misschien net drie, was gestopt met huilen, maar nu begonnen ze allebei weer te sniffen, geschrokken door hun moeders ellende. Ramirez wist dat hun leven nooit meer hetzelfde zou zijn. Hij vond het verschrikkelijk hoe er door een seksmaniak een eind aan het leven van een lachende jongen was gemaakt. Een mens zou zijn kerstdag niet aan zulke dingen moeten besteden. Hij wilde naar huis, zijn kinderen dicht bij zich houden en het kwaad van de wereld zo lang hij kon bij hen weghouden.

De arme, gebroken vrouw die hij snikkend in de deuropening van haar huis achterliet, had al zoveel verloren. Ramirez zou wat telefoontjes plegen, zien wat hij kon doen om haar te helpen. Dit was tenslotte Cuba. Mensen moesten elkaar helpen. Het was de enige manier om te overleven.

Ramirez ging de trap weer af, stapte in het blauwe autootje en startte. De dode man stapte achter in.

Ramirez reed langzaam terug naar het politiebureau. Toen hij in de zijspiegel keek, zag hij dat de dode man de ingelijste foto bekeek die hij op de achterbank had gelegd. De dode man ging met zijn vinger over het gezicht. Daarna legde hij zijn hoed ondersteboven op zijn schoot, als een collecteschaal.

Ik heb geen idee wat mijn hersenen proberen me te vertellen, dacht Ramirez. Maar voor de duizendste keer wenste hij dat hij van zijn grootmoeder de helderziendheid had geërfd in plaats van de ziekte die haar dood was geworden.

Toen hij langs het reuzenrad reed, beschreef de dode man met zijn wijsvinger een grote cirkel in de lucht. Ramirez zag het rad langzaam draaien en hoorde de kreten van de kinderen bovenin. Maar het waren de gebruikelijke kreten van opwinding, niets ernstigs.

De dode man keek naar buiten, met treurige bruine ogen.

25

De telefoon rinkelde net op het moment dat Celia Jones ging zitten met een glas eierpunch. Ze genoot van een luie kerstdag, hing in huis rond in haar badjas, las een boek. Haar man, Alex, zat aan de keukentafel de kruiswoordpuzzel van *The New York Times* te maken; hij was de enige persoon die ze kende die het lef had het in inkt te doen. Ze hadden de neiging weinig aandacht aan de feestdagen te besteden, beschouwden hun vrije dagen als een kans ontspannen tijd met elkaar door te brengen. Ze hadden geen van beiden familie in Ottawa. Haar familie woonde ver naar het noorden, in Manomin Bay. Alex' familie zat nog steeds vast in Cuba.

'Ik neem hem wel,' zei ze en ze slenterde naar de telefoon. Ze werd verrast door de stem van Miles O'Malley aan de andere kant.

'Sorry dat ik je met de kerst stoor, Celia, maar je moet naar Havana voordat iemand Mike Ellis verneukt. Letterlijk. Dat wil zeggen, als die man van je je een paar dagen kan missen. O ja, jullie nog een zalige kerst gewenst.'

'Bedankt, chef. En u hetzelfde. Havana? Wat is er dan?'

Alex keek haar met opgetrokken wenkbrauwen aan. Ze haalde haar schouders op.

De commissaris vertelde haar alles wat hij wist. Het was een schok voor haar dat Mike Ellis werd beschuldigd van verkrachting en misschien ook van moord.

'Ik ben nog bezig bepaalde details betreffende onze officiële betrokkenheid uit te zoeken, vooral in verband met alle verschillende jurisdicties. Ik heb erover gedacht een agent te sturen, maar het ligt gecompliceerd. We overleggen met de Royal Canadian Mounted Police. Het kan zijn dat ze snel actie moeten ondernemen als er problemen rond een uitwijzing zijn. Ze staan paraat.'

'Uitwijzing? Dat geldt voor mensen die schuldig pleiten of worden veroordeeld. Denkt u echt dat hij het heeft gedaan?'

O'Malley gaf geen antwoord op haar vraag. 'Op dit moment wil ik er alleen maar voor zorgen dat zijn wettelijke rechten worden erkend en dat hij veilig is. Na het ongeluk is hij niet meer de oude geworden.'

O'Malley noemde het altijd het 'ongeluk'. Een schiet- en steekpartij die hem een van zijn beste mensen had gekost en de ander misschien voor altijd in de vernieling had gestort. Een ongeluk dat eindigde met de dood van Steve Sloan en de verminking van Mike Ellis. Wat je een 'ongeluk' noemt, dacht Jones.

'Ik kan hem geen juridisch advies geven,' wierp Jones tegen. 'Ik weet niks van de Cubaanse wetgeving. Wat wilt u eigenlijk dat ik daar ga doen?'

Alex legde zijn pen neer en luisterde aandachtig.

'Ik wil dat je zoveel mogelijk te weten komt,' herhaalde O'Malley. 'We mogen ons in het buitenland niet mengen in een politieonderzoek, maar ik laat niet een van mijn mensen doodschieten door een vuurpeloton. Kan me niet schelen wat hij heeft gedaan. Mijn mensen moeten weten dat ik er voor ze ben. Ik wil jou in Havana hebben zodat ik kan laten zien hoe actief we de Cubaanse Nationale Revolutionaire Politie hebben bijgestaan. Dat zou kunnen helpen in de onderhandelingen over een uitlevering. Ik wil hem uit de gevangenis daar hebben voordat ze hem vermoorden. Of erger.'

Dus zo zouden ze het spelen: zij was daar om de politie, niet Mike, te helpen. O'Malley wilde een onderhandelaar, geen advocaat. 'En stel dat hij wel schuldig is?'

'Dat geloof ik niet, Celia, maar ik weet niet hoe zorgvuldig hun onderzoeken zijn. En ik moet weten wat er speelt. Ik kan niet hebben dat een van mijn mensen wordt vrijgesproken van een misdaad vanwege een vormfout.'

In O'Malleys wereld was er geen ruimte voor gerede twijfel. Maar hij had gelijk. Wanneer Ellis bij een zo zware aanklacht werd ontslagen van rechtsvervolging wegens een technisch juridisch argument, waren zijn dagen in dit werk zonder meer geteld. Op een dag zou hij steun nodig hebben en die zou er dan niet zijn. Zijn loopbaan, misschien zelfs zijn leven, zou afgelopen zijn tenzij hij overtuigend kon bewijzen dat hij onschuldig was.

Jones hing op en vertelde haar man wat er aan de hand was.
'Is er een kans dat de media er lucht van krijgen?' vroeg ze.
'Dat betwijfel ik,' zei Alex hoofdschuddend. 'De nieuwsvoorziening in Cuba wordt streng gecontroleerd. Er wordt niets gepubliceerd zonder dat het grondig is geïnspecteerd door de politie en Binnenlandse Zaken. En dat is vier handen op één buik. Ik betwijfel of de regering het openbaar maakt in de *Granma*. Dat zou de toeristen weghouden, en diegenen aantrekken die ze niet willen hebben.'

'Nou, dat is gunstig, denk ik,' zei Jones met een denkrimpel. 'Dat helpt ons de zaak hier onder de pet te houden terwijl ik probeer uit te vinden wat er aan de hand is.'

Ze bekeek de dienstregelingen van de luchtvaartmaatschappijen terwijl Alex met een ongelukkig gezicht bij de computer rondhing. Ze vond een bijna lege vlucht van Air Ontario voor de volgende dag. Kennelijk gingen er rond de kerstdagen niet veel kooplustigen naar Cuba.

Alex, Alejandro Gonsalves, was een Cubaan in ballingschap. Hij was Cuba in een golf van vluchtelingen in 1994 ontvlucht. Hij vertelde niet veel over hoe hij Florida had bereikt, maar zij kon het zich wel voorstellen. De tocht van nog geen driehonderd kilometer had anderhalf jaar geduurd. Castro had erin toegestemd dat de vluchtelingen vertrokken, net op het moment dat president Clinton had verklaard dat ze niet langer hun toevlucht konden zoeken in Miami. Ze werden vastgehouden in Guantánamo Bay. Alex had geluk gehad: hij was er op een of andere manier in geslaagd Montréal te bereiken en had daar zijn artsenopleiding afgemaakt.

Ze ontmoetten elkaar in de wijk Le Plateau kort nadat hij Canadees staatsburger was geworden. Jones zat in een dip en een vriendin sleepte haar mee naar een feestje waar ze helemaal geen zin in had. En daar was hij: een glimlachende Cubaan die nog steeds dankbaar was dat hij had kunnen ontsnappen en wild enthousiast was over Canada. Met Alex in je buurt kon je onmogelijk ongelukkig zijn. Hij borrelde over van optimisme en hoop voor de toekomst. Hij maakte haar aan het lachen, voor het eerst in maanden, leerde haar salsadansen, hielp haar vergeten waarom ze was weggegaan bij de politie. Hij kreeg haar zover dat ze een nieuw begin maakte, zei dat ze rechten moest gaan doen als dat was wat ze wilde, en ze schreef zich in bij de McGill Universiteit. Hij overtuigde haar ervan dat ze alles kon doen wat ze wilde. Toen ze was toegelaten tot de rechtenstudie, gingen ze een avondje stappen om het te vieren. Die avond vroeg hij haar ten huwelijk.

Ze was al halverwege de dertig en had nooit durven geloven dat ze nog verliefd zou worden, dat ze de ware zou vinden. Ze waren nu negen jaar samen en waren nog steeds dikke vrienden. Ze hadden geen kinderen, wat zo'n plotseling reisje een stuk makkelijker maakte. Het enige pluspunt van de enige teleurstelling in hun huwelijk. Een minpunt dat ze met tegenzin hadden geaccepteerd.

Hij nam de zaken even met haar door terwijl zij haar koffer pakte, liep de lijst met dingen door die ze zich misschien niet meer herinnerde van hun talloze gesprekken over Cuba. Hoezeer de Cubanen Fidel Castro ooit aanbaden en waarom ze zijn dictatuur steunden. En hoe ze desondanks hoopten op zijn dood.

'Castro heeft de rassendiscriminatie afgeschaft in een land waar de meerderheid van de bevolking afstamt van Afrikaanse slaven. Daarna heeft hij het onderwijs, zelfs universitaire studies, voor alle Cubanen gratis gemaakt en hetzelfde heeft hij gedaan voor de gezondheidszorg. Cuba telt nu meer artsen dan taxichauffeurs. De Cubaanse gezondheidszorg zou zelfs beter zijn dan de Canadese als ze de benodigde medische artikelen zouden kunnen krijgen. Castro heeft een gezonde, goed opgeleide bevolking, die hem dankbaar is maar die ook woedend is wegens het Amerikaanse embargo. Voedsel en brandstof zijn op rantsoen en dat is al tientallen jaren het geval. Het gemiddelde salaris is ongeveer tien Amerikaanse dollar. Een arts verdient misschien vijftien dollar. De mensen zijn arm en ontzettend gefrustreerd.'

'Ik wist wel dat je me om mijn geld hebt getrouwd,' plaagde ze, maar hij kon er niet om lachen. Hij wilde dat ze heel goed begreep aan welke gevaren hij was ontkomen. De gevaren die zij nu kon tegenkomen.

'Ik vind het niet fijn dat je erheen gaat. Als je goed luistert, Celia, zul je horen hoe kwaad de Cubanen zijn. Ze zijn het zat. Ze hebben honger en zijn rancuneus. Maar Cubanen zijn ook vindingrijk en koppig. Toen het vervoer platlag door gebrek aan brandstof, importeerde Castro een miljoen Chinese fietsen. De Cubanen hebben een haat-liefdeverhouding met hem. Onder de oppervlakte broeit het.

'Niemand betwist Castro's eerlijkheid of integriteit, maar hij kan geen enkele openlijke kritiek riskeren. Hij kan niet toestaan dat er een afwijkende opinie de kop opsteekt, want dan zou hij gemakkelijk uit het zadel kunnen worden gewipt, zoals hij met Batista heeft gedaan. De Amerikanen hebben telkens weer geprobeerd hem te vermoorden, dus zijn paranoia is terecht. Jij komt daar niet als toerist maar als iemand die verslag uitbrengt in de buitenwereld, en dat is voor sommige mensen een bedreiging. Pas dus goed op. Vertrouw niemand voor de volle honderd procent. De autoriteiten zullen tegen je liegen. Hou voortdurend voor ogen dat iedereen maar dan ook iedereen twee gezichten heeft. En dat er overal *cederistas* zijn.'

'Wat zijn dat?'

'Getrouwe revolutionairen. In Canada heten ze verklikkers, in Oost-Duitsland zouden ze stasi heten. Je zou er versteld van staan hoeveel buitenlandse toeristen in Cuba door hen in de problemen komen. Ik heb gehoord dat twee rugzaktoeristen de fout begingen een boer een paar peso's te betalen voor het feit dat ze de nacht bij hem hadden doorgebracht nadat ze hun tent in de bus hadden laten liggen. De Cubaanse politie ramde midden in de nacht de deur open en nam iedereen gevangen. Het is een misdaad tegen de staat als privépersoon een kamer te verhuren, zelfs aan een buitenlander die nergens anders terechtkan. Ook vriendelijkheid wordt dezer dagen als economisch destabiliserend beschouwd. Wees dus alsjeblieft voorzichtig, Celia.'

'Ik red me wel, Alex.' Ze kwam achter hem staan en sloeg haar armen om hem heen, hield hem stevig vast. 'Je maakt je veel te veel zorgen. Tijdens mijn opleiding heb ik geleerd te doden, weet je nog? Het ergste wat me in Havana kan overkomen is dat ik verbrand in de zon.'

Alex schudde bezorgd zijn hoofd. Achter haar bravoure maakte Jones zich ook zorgen, maar om een andere reden. Ze zou dinsdagavond rond middernacht in Havana aankomen, wat betekende dat ze net iets meer dan een dag had om Mike Ellis levend uit Cuba weg te krijgen. Dat zou niet lang genoeg zijn.

26

Inspecteur Ramirez sleepte zijn vermoeide lichaam de trappen naar zijn flatje op. Hij had meer dan veertien uur gewerkt. In Cuba bestaan geen betaalde overuren.

Hij maakte zich zorgen. Als zijn intuïtie hem niet bedroog, bevond Mike Ellis' medeplichtige zich nog op vrije voeten, wat betekende dat alle kinderen in Havana, die van hemzelf inbegrepen, gevaar liepen. Hij vroeg zich af hoe ver Sanchez was met het uitzoeken van het gebruik van huurauto's en taxi's en nam zich voor dat de volgende morgen met hem te bespreken.

Ramirez ging met zijn handen door zijn korte zwarte haar. Hij moest een tijdje alleen zijn om zich op te laden. Hij keek de dode man aan, die naar hem lachte, zijn hoed op zijn hart legde en in de schaduwen terugtrad. Ramirez opende de voordeur en liep de warmte van zijn gezin binnen.

Edel, verlegen, stak zijn hoofd om de hoek. Hij hield een afgetrapte voetbal tegen zijn borst gedrukt, zijn kerstcadeau. Ramirez wilde proberen later die avond de tijd en energie te vinden om buiten met hem de bal wat heen en weer te trappen. Andere jongens zouden op het horen van een stuiterende echte bal komen aanrennen om mee te spelen.

'Papi!' gilde Estella. Ze wierp zich in zijn armen. Hij tilde haar op en gaf haar een klapzoen, schuurde zijn baardstoppels over haar wangen tot ze zich uit zijn armen wrong. Ze pakte haar nieuwe plastic pop bij de nek. Ramirez was maar weer wat blij met de opslagruimte voor bewijsmateriaal.

Zijn bejaarde ouders zaten op de bank, zijn vader met een glas rum, zijn moeder nippend aan een kop koffie. Ze begroette hem in het Spaans: ze was geboren in Amerika maar was nu in alles een Cubaanse. Ramirez kuste hen op hun zachte, gegroefde wangen. Ze zouden er kapot van zijn als hij overleed. Hun enige zoon. De ergste nachtmerrie voor ouders, een kind overleven. Señora Montenegro had er twee overleefd.

Ramirez rook dat er iets lekkers werd gekookt. Hij bleef staan om de heerlijke geur van *sofrito* op te snuiven, het mengsel van uien, groene paprika, knoflook en basilicum dat Francesca samen met de *fricasé de pollo* had gestoofd. De rest van de familie zat bij elkaar in het krappe keukentje. Zijn zus Conchita, zijn schoonzus, hun tienerdochter. Het leek of iedereen Francesca hielp met eten klaarmaken. Zijn zus stond in iets anders te roeren. Zijn maag klaagde; ineens besefte hij dat hij de hele dag nog niet had gegeten.

Francesca kwam de huiskamer binnen, wierp hem een stralende blik toe en veegde haar handen af aan een schone theedoek. Ze omhelsde hem en streek met een vinger over de geëtste rimpels in zijn voorhoofd. Hij wist dat ze zich zorgen om hem maakte, over zijn slapeloze nachten, de keren dat ze hem hoorde praten als er verder niemand was, de trekkingen en trillingen in zijn armen en benen.

Hoeveel langer kon hij haar nog om de tuin leiden? Francesca was schrander, ze wist dat er iets mis was, alleen niet wat. Voorlopig deden ze alsof alles in orde was.

'Ik ben zo blij dat je met ons kunt eten. Ik schenk wat voor je in. Je hebt zo'n lange dag achter de rug. Wat is dat voor zaak die je bij ons weghoudt?'

Ze liep terug naar het keukentje, opende een kast en pakte er een glas uit. Nadat ze er rum in had geschonken, kneep ze er een schijfje limoen boven uit. 'Er is geen ijs,' zei ze verontschuldigend. De koelkast was warm, want er was tot het eind van de middag geen stroom geweest. Nu was het er weer, min of meer.

'Dat vertel ik je later wel, schat. Niet nu. Het was een zware dag. Ik ben zo gelukkig met jullie allemaal. En ik ben blij dat ik thuis ben.' Zijn woorden bleven in zijn keel steken en hij stopte met praten want hij wilde niet laten merken dat hij geëmotioneerd was.

'Lieve hemel, je meent het serieus.' Ze legde een arm om haar man heen en trok hem tegen zich aan. 'Ja, je boft heel erg. Dat kun je zo wel stellen. We boffen allemaal. Ik heb een grote kip te pakken kunnen krijgen, genoeg voor ons allemaal, gisteren en vandaag. Ik heb je lievelingsgerecht gemaakt, *yuca con mojo*. Als je je glas leegdrinkt, kun je me helpen met tafeldekken. We zijn vanavond met zijn negenen.'

Yuca con mojo was een geliefd gerecht, gemaakt van langzaam gekookte yuca, limoenen, uien, olijfolie en heel veel knoflook, waarvan de geur nu vanuit de keuken zijn neus bereikte.

'Conchita bakt nog wat bananen en dan zijn we klaar. De rijst is klaar en de bonen ook.'

'Fantastisch,' zei Ramirez, en hij dwong zijn vermoeide lippen tot een lachje. 'Ik wist dat er een reden was waarom ik met je ben getrouwd.' Hij drukte haar stevig tegen zich aan, probeerde haar gerust te stellen met een knuffel en een kus.

Ze liet haar arm zakken en kneep hem in zijn bil. 'Ik zou het leuk vinden als er nog meer redenen waren,' fluisterde ze, maar Ramirez hoorde daaronder de spanning in haar stem. Ze was bang, en hij begreep het volkomen. Hij voelde het precies zo.

27

De klamme, smerige cel waar ze Mike Ellis in hadden gestopt, telde twee toiletpotten. De ene was voor normaal gebruik, de andere diende als wasbak. De kleine ruimte stonk naar urine en uitwerpselen.
De autoriteiten waren van plan hem later die week over te plaatsen naar de gevangenis Combinado del Este. Het was de grootste gevangenis van Cuba, twintig kilometer van Havana, maar overvol, te volgestopt met politieke gevangenen om er nog één persoon bij te nemen. Ellis vroeg zich af wie er zou worden vrijgelaten – of erger – om ruimte voor hem te maken.
Er zaten al twee gevangenen op het bed in de toch al krappe ruimte. Ze namen Ellis aandachtig op toen hij door de bewaker naar binnen werd geduwd. Zijn littekens konden hem misschien voorlopig beschermen: hij zag er gevaarlijk uit. Hij vroeg zich af wat voor moordenaars zijn cel deelden.
Een van hen schoof een stuk op zodat Ellis kon zitten en zei gespannen 'Hola' tegen hem en toen nog meer in het Spaans dat hij niet begreep.
'Ik ben Canadees,' zei Ellis. 'Ik spreek geen Spaans.' Door zijn angst kwam het eruit als een snauw. De mannen keken de andere kant op.
Hun avondmaal bestond uit brood, rijst en bonen, die in twijfelachtig grijs water dreven. Hij zette het bord op de grond, raakte het eten niet aan. Een van zijn celgenoten keek hem aan en trok een wenkbrauw op; hij had duidelijk honger. Ellis knikte en de man nam het dankbaar aan. Het breken van het brood brak meteen het ijs. Ze bleken beiden Engels te spreken.
De oudste van de twee boog zich naar hem toe. 'Hebt u dit grap-

je al gehoord, señor? Castro houdt een toespraak op de Plaza de la Revolución en zegt: "Kameraden, met Gods wil hebben we dit jaar voor iedereen eieren." Een generaal buigt zich naar hem toe en zegt bezorgd: "Maar *Presidente*, wij zijn communisten. God bestaat niet." En Castro zegt: "Dat weet ik. Maar er zijn ook geen eieren."'

De jongste schaterde het uit, sloeg zich op zijn dijen.

Victor Chavez was in de zestig. Als journalist en zelfverklaard politiek dissident was hij tot een celstraf van zes maanden veroordeeld wegens hamsteren. De politie had het speelgoed geconfisqueerd dat hij arme kinderen met Kerstmis had willen geven en dat was betaald door Cubaanse ballingen in Florida. Chavez wist zeker dat de kinderen van Cubaanse politieagenten er nu plezier mee hadden.

'Tweehonderd gebruikte voetballen,' klaagde hij verbitterd. 'Springtouwen en een paar poppen. Omdat ik de Kerstman wilde spelen, ben ik in mijn eigen land als een misdadiger veroordeeld.'

'Geloven de mensen hier in de Kerstman?'

'Officieel niet. Allerheiligen en zelfs jullie Noord-Amerikaanse commerciële feestdagen worden hier veroordeeld. Kerstmis is ook heel lang illegaal geweest. Het was een van Castro's eerste verboden na de revolutie. De officiële krant, de *Granma*, waarschuwde dat de Kerstman een symbool was van het Amerikaanse mercantilisme, dat niet paste in een socialistische staat. Ze vonden dat we als we met Kerstmis bij elkaar kwamen, varkensvlees moesten eten en bier en rum moesten drinken. Dat we elkaar moesten vermaken met het vertellen van grappen. Het werd bijna een verordening, maar een die niet kon worden afgedwongen. Er was geen varkensvlees.'

Ellis schudde zijn hoofd. Cuba was een gekkenhuis. De andere celgenoot, Ernesto Zedillo, een tengere man die lispelde, was veroordeeld wegens het beledigen van Castro en openbare dronkenschap.

'Hoe kan iemand beledigen een misdaad zijn?' vroeg Ellis, maar hij begon te begrijpen dat in Cuba alles een misdaad kon zijn als het de doelstellingen van de overheid diende.

'Kijk naar wat Oscar Biscet is overkomen,' zei Zedillo. 'Een Cubaanse arts veroordeeld tot drie jaar gevangenisstraf wegens het ondersteboven ophangen van de Cubaanse vlag. In het openbaar beledigen van ambtenaren is hier een misdaad. We kunnen de draak steken met Castro, maar we moeten heel voorzichtig zijn. Ik kan je niet vertellen wat ik heb gezegd, want de bewakers kunnen er een melding van maken, alleen dat er een paard in voorkwam en Castro's moeder. Ik word misschien wel beschuldigd van twee delicten, omdat mijn opmerkingen ook betrekking zouden kunnen hebben op Raúl Castro.'

Chavez viel hem bij. 'In feite beledigen we Castro aan de lopende band, maar alleen in de vorm van grappen. Heb je deze al gehoord? Op een straathoek ergens in Havana staat een dronken man te schreeuwen. "Vuile smeerlap, moordenaar, je hongert ons dood." Een policía rent op hem af en slaat hem verrot. De dronken man zegt: "Waarom sla je me? Ik kan het over iedereen hebben." En de agent zegt: "Dat kan wel zijn, maar die beschrijving kan alleen op Fidel Castro van toepassing zijn."'

Zedillo lachte besmuikt, maar hield zijn ogen strak op de bewakers gericht.

'Niks aan de hand,' zei Chavez. 'Die spreken niet veel Engels. De meesten van hen komen van het platteland naar de stad voor werk. Kunnen amper lezen. Absurd hè, dat de hoogopgeleide Cubanen in de gevangenissen zitten en dat de mensen zonder opleiding hen bewaken. Als je het mij vraagt is dat misdadig.'

'Over misdaden gesproken, waar word jij van verdacht?' vroeg Zedillo aan Ellis.

'Verkrachting,' zei Ellis, en hij zag hoe beide mannen terugdeinsden, voorzover dat kon in deze kleine cel. 'Maar ik ben erin geluisd. De politie mocht mijn kamer helemaal niet doorzoeken en iemand heeft daar bewijsmateriaal neergelegd.'

Ze schoven een heel klein stukje naar hem toe. Verkrachting was erg, daar waren ze het over eens. Maar de politie was nog veel erger.

28

Ellis vertelde de andere gevangenen niet wat hij voor werk deed. Hij wist zeker dat hij hun sympathie dan snel kwijt zou zijn. Er was niet genoeg ruimte om op de vloer of in het bed te slapen, dus praatten ze de hele nacht door over de politieke situatie in Cuba.

'We zijn een beetje bang,' grapte Chavez, 'dat wanneer Castro doodgaat, een corrupt type de macht overneemt en onze economie naar de knoppen helpt.' Hij lachte vals. 'Ik weet nog een goeie. Een onderwijzeres laat haar klas een billboard langs de weg zien met George Bush erop. Ze zegt: "Kijk maar goed: dat is de man die al onze problemen veroorzaakt." Een van de leerlingen zegt: "O, ik herkende *El Comandante* niet zonder de baard en het camouflagepak."'

Ze grinnikten maar zorgden ervoor het zachtjes te doen. Chavez zei dat de gevangenis de plek was waar je veilig over politiek kon praten: geen *cederistas*.

Ernesto Zedillo was minder zelfverzekerd. Hij maakte zich zorgen omdat hij later die dag zou worden overgebracht naar een andere gevangenis. Hij was ervan overtuigd dat hij daar zou worden geslagen; zo niet door de gevangenen, dan wel door het personeel.

'Hoezo?' vroeg Ellis. 'De gevangenissen lijken me best veilig.'

'Alleen hier, niet buiten de stad. Daar liggen de zaken heel anders. Bovendien ben ik homo,' zei Zedillo. 'Jullie niet? Ik dacht dat we in deze cel alle drie homo waren. Hier sluiten ze ons op voor ze ons ergens anders heen brengen. Ze proberen ons apart te houden van de rest.'

'Is het erg, homo zijn in Cuba?' vroeg Ellis, een antwoord vermijdend. Hij overwoog even hun de waarheid te vertellen, maar wist dat het onveilig was.

'Ja, wat dacht je?' zei Zedillo. 'Het wordt wel beter. We hebben een soapserie op tv, de populairste in het land. Vorig jaar werd een van de personages, een getrouwde man, verliefd op een andere man. En binnenkort wordt er in Cuba een wet aangenomen die het huwelijk tussen partners van gelijk geslacht legaliseert. Maar toch worden we er door de politie vaak uit gepikt en dan slaan ze ons in elkaar. We worden alleen niet meer zo vaak gearresteerd als vroeger.'

'Het komt doordat we socialisten zijn,' stemde Chavez in. 'Het socialisme hoort niemand uit te sluiten, het is gebaseerd op gelijkheidsconcepten. Dat betekent gelijke mishandeling voor iedereen. We lijden gelijkelijk honger. En dat bewijst dat het Marxisme werkt.'

'Een van de sterkste voorvechters van gelijke rechten voor homoseksuelen is Mariela Castro, de dochter van Raúl en dus de nicht van Fidel Castro,' legde Zedillo uit. 'Ze strijdt zelfs voor de rechten van *transgenders*, zoals ik. Zodat de staat de operatiekosten zou betalen. Als je het nu wilt laten doen, moet je het zelf betalen. Toen ik geen geld meer had, zijn ze er halverwege mee gestopt. Stel je voor waar ik gestrand ben: half in en half uit het water. Ik ben net een zeemeermin. Ik weet nooit welk toilet ik moet gebruiken.'

'In deze cel is dat geen probleem,' zei Ellis, verbaasd dat hij niet eerder had gezien dat Zedillo een transgender was. Chavez lachte, Zedillo klapte in zijn handen. 'Zijn de operaties pijnlijk?'

'Ontzettend,' zei Zedillo. 'Maar als ik het geld had, liet ik het doen. Je moet trouw zijn aan wat je bent, aan je gevoelens, want wat is anders de zin van het leven?'

Ellis knikte, niet overtuigd. Hij was nooit eerlijk geweest ten aanzien van zijn gevoelens voor Hillary tot hij en Steve partners waren geworden. En moet je zien wat er toen gebeurde.

29

Celia Jones zat in een oncomfortabel vliegtuig van Ontario Air, dronk lauw water en at smaakloze sesampretzels. De vliegmaatschappij bood niet langer eten en drinken aan, zelfs niet op langere vluchten. Ze liet zich tegen de rugleuning van haar stoel zakken en gebruikte haar jas als hoofdkussen. Die stelde de maatschappij ook al een paar jaar niet meer beschikbaar.

Het was haar eerste reis naar Cuba en Alex kon niet mee. Hij was na al die jaren nog steeds bang te zullen worden gearresteerd omdat hij Cuba op illegale wijze had verlaten. Hij maakte zich veel zorgen, maar zij was ervan overtuigd dat de waardeloze service tijdens de vlucht het ergste deel van de reis zou zijn. Havana was tenslotte voor veel Canadezen een vaste winterse bestemming.

Ze probeerde zich te herinneren wat ze van Mike Ellis wist. Een schietincident, eerder die zomer, waarbij Steve Sloan was omgekomen. Ellis was als held ingehaald, een ernstig gewonde man die er desondanks in was geslaagd de schurk te doden, ook al was het te laat voor Sloan, die ter plaatse was doodgebloed.

Het tweetal was heel close geweest, als broers. Elkaars beste vriend. De jongens van de straatdienst jenden hen ermee. Toen het homohuwelijk werd gelegaliseerd, zeiden ze tegen Ellis dat hij met de verkeerde was getrouwd. Zoals Zelda Fitzgerald Ernest Hemingway ervan had beschuldigd Scott Fitzgeralds minnaar te zijn. Ellis was pas onlangs weer aan het werk gegaan, met een gezicht dat bij het incident was verminkt.

Dat alleen al was voldoende om iemand te traumatiseren, dacht ze. Alsof je elke dag in een gebarsten spiegel keek. En vóór die gebeurtenis was Mike een knappe kerel geweest, iemand die zijn uiterlijk verzorgde. Goed gekleed en fit.

O'Malley had haar gezegd niets op voorhand aan te nemen. 'Als ze een sterke zaak hebben, moet je je best doen hem naar huis te halen,' had hij gezegd. 'Probeer de Cubanen zover te krijgen dat ze de zaak aan ons overlaten. Staan ze zwak, doe er dan alles aan om de politie ervan te overtuigen dat ze de verkeerde man hebben.'

Ze zuchtte. Bij politiewerk was een van de afgezaagde uitspraken dat je geen aanklacht aan je broek kreeg als je niets fout had gedaan. Maar in haar rol van onderhandelaar voor de politie maakte het haar niet uit wat voor fouten de mensen hadden gemaakt, ze wilde hen alleen maar veilig naar buiten krijgen. Een ander mocht zich bemoeien met hun schuld of onschuld. Haar werk had erin bestaan de gijzelaar én de gijzelnemer te beschermen.

O'Malley beschouwde Mikes arrestatie als een soort gijzeling door de Cubaanse regering, besefte ze. Daarom had hij haar gestuurd en niet iemand anders, ook al had ze dat allemaal jaren geleden al opgegeven, nadat ze in een zaak gijzelaar noch gijzelnemer had weten te beschermen. Dat was toen de man van de beijsde richel sprong en haar bijna meenam.

De piloot meldde dat ze begonnen waren aan de daling naar Havana. Jones sloot de bestanden af die ze had gedownload en klapte haar laptop dicht. Ze keek uit over de zee, nog steeds acuut met een knoop in haar maag als ze omlaag keek, ondanks alle verstreken jaren.

Het was laat en slechts in delen van de stad brandde licht. Hele wijken hadden geen licht. Stroomstoringen en besparingsverduisteringen. Alex had haar er al voor gewaarschuwd dat de stroomvoorziening dubieus kon zijn.

Havana International Airport was een aangename verrassing: ruim en schoon. Een bord vermeldde dat het in 1998 was gebouwd in samenwerking met de Canadese regering.

Jones liet haar paspoort zien. Een vriendelijke beagle, vergezeld door een politieagent in uniform, snuffelde aan haar bagage en broekspijpen. Ze zag een bord CHANGE en liep erheen om geld te wisselen, maar het loket was dicht. *Shit.*

Ze keek in haar portefeuille hoeveel geld ze nog had. Niet veel.

Misschien is dat wel goed. Ze had haar Visacard en net genoeg om haar maaltijden te betalen, maar niet genoeg om mensen om te kopen als dat van haar werd verwacht. Alex had gezegd dat er in Cuba nog wel een paar eerlijke overheidsdienaren waren die niet om geld zouden vragen, maar dat armoede de meesten had gecorrumpeerd.

Ze had gehoopt op het vliegveld van Havana te kunnen wisselen. In Canada waren de banken dicht op Boxing Day, de dag na Kerst. Ze had ergens nog wat Amerikaanse dollars kunnen vinden die ze had weggestopt na een recent tripje naar New York, maar Alex had gedacht dat Amerikaans geld misschien weer illegaal zou zijn; dat was nu weer wel, dan weer niet het geval, net zoals de stroom het nu weer wel, dan weer niet deed. Ze wilde niet worden gearresteerd omdat ze iemand Amerikaans geld bood. O'Malley zou niet iemand sturen om haar weg te halen, bedacht ze meesmuilend. Hij vond advocaten onderling uitwisselbaar, en makkelijk te vervangen.

Ze wilde dat Alex erbij kon zijn. Dat kon natuurlijk niet. Ze zou veel foto's maken, hem elke dag bellen en uitkijken naar cadeautjes voor hem. Later, wanneer ze weer thuis was, zou ze een manier bedenken om de verloren tijd in te halen.

Jones riep een taxi aan en zei dat ze naar hotel Parque Ciudad wilde. Ze hoopte dat hij Visa accepteerde.

Het was pikkedonker en er waren slechts enkele werkende straatlantaarns. De weg werd voornamelijk verlicht door de koplampen van de schaarse auto's en bussen die nog reden. Het verbaasde haar dat er op dit late uur nog zoveel mensen op straat waren, en hoeveel meer er geduldig midden op de weg stonden.

'We hebben hier twee bussystemen,' legde de taxichauffeur uit. 'Een voor toeristen en een voor Cubanen. Het is Cubanen verboden een toeristenbus of een taxi te nemen. Ze mogen meereizen met auto's die voor hen stoppen en de bestuurder wat betalen. Dat is niet verboden. Of de hele dag wachten op een camello.' Ze reden langs een van deze onhandig ogende bussen, afgeladen met passagiers.

Haar taxi stopte voor het Parque Ciudad. In het park tegenover het hotel had zich een groepje *jineteras* verzameld, dat naar de passerende buitenlandse mannen joelde.

Een jinetera, had Alex uitgelegd, is een prostituee, meestal iemand uit de elite van het kleine eiland die door de economische omstandigheden gedwongen is zich af te geven met buitenlanders. Het woord betekent oorspronkelijk 'jockey' maar heeft vandaag de dag de connotatie van 'goudzoekster' of 'op geld beluste vrouw'. Hij vertelde dat Cuba geen pooiers had, maar dat de vrouwen ook niet helemaal onafhankelijk waren. De wet verbood hun de entree tot toeristenhotels en restaurants. Conciërges, portiers, beveiligers en zelfs de politie zorgden ervoor dat ze toegang tot hun mogelijke klanten konden krijgen door tegen een kleine vergoeding een oogje toe te knijpen.

Het verbaasde Jones dat ze zo openlijk op klanten visten. Een politieagent in blauwgrijs uniform stond op de hoek met aan zijn gordel losjes hangend een semiautomatisch wapen en een zwarte portofoon, en deed niets, in ieder geval nu niet. Ze vroeg zich af wat er zou gebeuren als een van de buitenlanders op het roepen van de vrouwen zou reageren. Alex had verteld dat een jinetera heropvoeding opgelegd kon krijgen: dan werd ze naar het platteland gestuurd om kippen te plukken en schuren schoon te houden, om haar zo van de prostitutie af te brengen. Maar vaker was het zo dat de politie haar geld in beslag nam en haar wegstuurde.

Een van de vrouwen keek in Jones' taxi en was duidelijk teleurgesteld dat er een vrouw in zat. Jones probeerde de chauffeur te betalen, die al even somber keek toen hij haar dollars zag. Dat geld, verklaarde hij, was onwettig. Maar het was het enige wat ze had; haar Visa kon hij ook niet accepteren. Ze bood aan geld voor hem achter te laten bij de receptie zodra ze met haar creditcard geld had kunnen opnemen, plus wat extra voor het ongemak. Hij had niet veel keus, dus ging hij akkoord. Hij opende de achterklep en zette haar bagage met lichte tegenzin op de stoep. Ze nam zich voor hem genoeg extra peso's te betalen ter compensatie van zijn onzekerheid of ze überhaupt zou betalen.

Een portier gaf de glazen draaideur een zetje zodat ze erin kon

stappen. Hij was lang, slank, en lachte, en zijn uniform was smetteloos. Zijn grijze haar zat volmaakt glad over zijn schedel.
 '*Gracias,*' zei ze, en gissend: '*¿Es usted Miguel?*'
 '*Sí,*' zei hij. In het Engels vervolgde hij: 'Hoe weet u hoe ik heet?'
 'Men heeft mij verteld dat u me behulpzaam zou kunnen zijn.'
Ze lachte naar hem.
 'Natuurlijk, met alle plezier. Wat u ook maar nodig mocht hebben, señora. Kom, laat mij uw bagage aannemen.'

30

Laat die avond kwamen twee bewakers Mike Ellis ophalen. 'Wat gaat er gebeuren?' vroeg hij. 'Waar nemen jullie me mee naartoe?' Maar ze zeiden niets. Ze ketenden hem opnieuw, zwijgend, en namen hem mee naar boven, naar een klam kamertje waar het naar urine stonk. Een verhoorkamer, dacht Ellis. Vlekken dropen langs één muur. Een donkergrijze zoldering droeg bij aan de drukkende sfeer. Boven zijn hoofd bungelde een peertje aan een stukje elektriciteitskabel.

Een vlezige man met grijs haar zat er aan een tafeltje en schreef in een notitieboekje met een spiraalband. Hij leek achter in de vijftig. Hij droeg een ruimvallend geborduurd Cubaans shirt op een zwarte smokingpantalon. Toen de grootste bewaker Ellis naar binnen schoof en de deur achter hem sloot, kwam hij overeind. Hij stak een hand uit om die van Ellis te schudden, maar aarzelde toen hij de handboeien zag.

'Gaat u zitten, meneer Ellis.' Hij gebaarde naar een plastic stoel. 'Vervelend. Meestal doen ze die af voor een consulair bezoek. Mijn naam is Kevin Dunton. Ik werk op de Canadese ambassade. Miles O'Malley heeft me een uur geleden te pakken kunnen krijgen en me over uw situatie verteld. Hij moet wel veel overredingskracht bezitten, want Buitenlandse Zaken wordt geacht geen privénummers van personeel te geven. Bijna iedereen heeft tot Nieuwjaar vakantie, ik ook.' Hij lachte maar leek niet echt blij.

'Ik kan u niet zeggen hoe blij ik ben u te zien.'

'Dat kan heel snel veranderen, meneer Ellis. Maar we kunnen het zo meteen over uw situatie hebben. Mijn eerste prioriteit is vaststellen of u lichamelijk in orde bent. Hebben ze u geslagen?'

Dunton draaide zijn notitieboekje naar Ellis. Hij had er in een keurig schooljongenshandschrift in geschreven: *Ga ervan uit dat er iemand meeluistert. Zeg tegen niemand waar u van wordt verdacht. Of dat u een politieagent bent.*

Hij draaide het terug en keek verwachtingsvol, met opgetrokken wenkbrauwen en zijn pen in de aanslag.

Ellis knikte langzaam. 'Volgens mij hangt het ervan af wat je onder in orde verstaat.' Hij stak zijn polsen op met de gezwollen rode striemen van de te strakke handboeien. 'U zou mijn enkels moeten zien.'

'Ik had erger verwacht. Wilt u dat ik met iemand contact opneem? Dat ik enkele familieleden laat weten dat u hier bent?'

'Nee.' Ellis schudde zijn hoofd, bedacht hoe Hillary zou reageren. En hoe haar echtscheidingsadvocaat zou watertanden.

'Goed dan. Ik heb de plicht u te vertellen wat wij als Canadese consulaatsmedewerkers wel en niet voor u kunnen doen.' Hij gooide een brochure op tafel. *Gids voor Canadezen in een buitenlandse gevangenis.* 'Het is niet veel. We mogen niet proberen voor u een voorkeursbehandeling te regelen, of uw vrijlating. We lenen u onder geen enkele voorwaarde geld voor een advocaat of een borg.'

'Wat kunnen jullie dan wel, verdomme?' wilde Ellis weten terwijl hij zich bij de tafel wegduwde.

'We zorgen ervoor dat u dezelfde behandeling krijgt als elke Cubaan in deze zelfde omstandigheden.'

Ellis snoof. 'Dat meent u niet. Meer niet? Hebt u gezien hoe ze gevangenen hier behandelen? We hebben niet eens een echt bed.'

Dunton haalde zijn schouders op. 'Dat is het enige waar u recht op hebt, meneer Ellis. We mogen ons niet bemoeien met het Cubaanse strafrechtsysteem. Van tijd tot tijd komt er iemand bij u op bezoek in de gevangenis om te zien of u gezond bent. En de ambassade zal proberen te bewerkstelligen dat de mensen met wie u te maken heeft zich ervan bewust blijven dat u als Canadees staatsburger bepaalde rechten hebt. Maar u moet goed begrijpen dat Cuba de Conventie van Wenen niet heeft getekend. Uw rechten zijn in dit land uitermate beperkt.'

'Dat is me duidelijk geworden,' zei Ellis gefrustreerd.
Dunton leunde achterover, de ogen samengeknepen. 'Beseft u hoe het er momenteel in Cuba voor staat, meneer Ellis? Met andere woorden: beseft u hoe groot uw problemen zijn? Fidel Castro wil niet dat Havana een bestemming voor sekstoerisme wordt, zoals toen president Batista nog aan de macht was. Zelfs als onze ambassade meer macht had om in te grijpen, zouden we die bij een tenlastelegging als deze niet heel vergaand kun uitoefenen, dat moet u van me aannemen. Eerlijk gezegd ben ik na mijn gesprek met Binnenlandse Zaken hier bang dat de Cubaanse regering een voorbeeld wil stellen. Er is hier de laatste twee, drie jaar niemand meer geëxecuteerd, maar dat betekent niet dat ze geen uitzondering zullen maken.'

Ellis slaakte een diepe zucht. 'Ze zeggen toch dat Raúl Castro een stuk gematigder is?'

De diplomaat lachte fijntjes. 'Na de revolutie zijn veel Batista-aanhangers standrechtelijk geëxecuteerd. Raúl zou gematigder zijn? Het gerucht gaat dat hij zelf de trekker overhaalde. Als uitvoerend president zal hij vast wel wat zaken versoepelen waar de mensen op dit moment van balen. Bijvoorbeeld ze ruimer toegang tot het internet geven. Hij laat misschien zelfs een paar politieke gevangenen vrij. Maar maakt u zich geen illusies, Fidel Castro is nog steeds de baas.'

'Ik kan niet geloven dat ze een buitenlander zouden executeren. Dat zou toch onmiddellijk een internationale weerslag vinden, niet?' Ellis liet zijn stem tot fluistersterkte zakken. 'Ik ben politieagent, verdomme!'

'Dat lijkt me niet.' Dunton schudde zijn hoofd. 'U moet niet vergeten dat de doodstraf in Texas en God mag weten hoeveel andere Amerikaanse staten in de wet is vastgelegd. Maar voorzover ik weet worden de Verenigde Staten om die reden door niemand geboycot. Vroeger kon een buitenlander die hier van iets werd beschuldigd een zeer forse omkoopsom betalen en dan met een knipoog en een por in zijn ribben naar huis worden teruggestuurd. Niet in uw situatie. De straffen voor dit soort aanklachten zijn drastisch verhoogd. Een paar weken geleden hebben ze dertig Cubanen voor dertig jaar achter de tralies gezet wegens seks met schoolmeisjes. Dertig jaar in omstandigheden die u zich bij lange na niet kunt voorstellen. Sommige gevangenen verkeren in een zeer slechte gezondheid en leven waarschijnlijk niet lang genoeg om hun straf uit te zitten. Het verhaal gaat dat Castro heeft gezegd dat ze hun best maar moesten doen.'

'Maar Canada is voor Cuba toch een bevriende natie? Zullen ze niet willen voorkomen dat die relatie wordt verstoord?'

'Moet u luisteren: Castro heeft een van zijn eigen aanhangers geëxecuteerd wegens drugssmokkel, een voormalige "held van de revolutie". Ik geloof echt dat hij niet zal aarzelen een Canadees te executeren als dat zijn doel dient. Maar dat is eerlijk gezegd niet uw grootste probleem. De kans bestaat dat de bewakers besluiten zelf tot handelen over te gaan. Of de gevangenen, zeker als ze erachter komen wat uw beroep is. U zit een jaar, misschien wel twee in voorarrest voor uw zaak voorkomt.'

Ellis verbleekte. 'Dus u zegt eigenlijk dat ik er alleen voor sta. Dat u niets doet om me te helpen.'

'We hebben een betrekkelijk nieuwe conservatieve minderheidsregering, die niet staat te trappelen om voor u in de bres te springen. Deze beschuldigingen passen niet in hun beleidsvoornemens van rust en gezag.'

'En me laten uitleveren aan Canada?'

'Er is geen formeel uitleveringsverdrag tussen Cuba en Canada. Maar voor een uitlevering moet u zich schuldig aan alle aanklachten verklaren.' Hij krabbelde wat in het notitieboekje en schoof het over tafel. *Hoe lang denkt u het als veroordeelde kinderverkrachter/moordenaar en smeris te redden in een Canadese gevangenis?*

Ellis keek koortsachtig om zich heen in het kamertje. Het werd er warm, benauwd. Hij ging met een vinger langs de binnenkant van zijn kraag, probeerde rustig adem te halen. De spier boven in zijn borstkas knelde als prikkeldraad. 'Jezus christus.'

'Dit is niet wat u had willen horen, dat weet ik best. Maar een deel van mijn werk is de mensen een beeld van de werkelijkheid te geven. Het heeft geen zin de zaak mooier voor te stellen: Cuba is zoals het is. Als u mij had gevraagd waar u een Cubaanse vakantie had kunnen beleven, had ik gezegd dat u naar Miami moest gaan voor een broodje gedroogd varkensvlees. Ik zou willen dat de mensen zich beter lieten informeren voor ze hierheen komen. Dat zou het leven een stuk eenvoudiger maken. Zij zien zandstranden en blauwe luchten met witte wattenwolkjes, en ik zie cederistas.'

'Wat moet ik in godsnaam beginnen?' wilde Ellis weten. Zijn adem was gejaagd.

Dunton haalde zijn schouders op. 'Volg het advies van Castro op: doe uw best.' Hij stond op. Toen hij zich vooroverboog om het notitieboekje te pakken, fluisterde hij nauwelijks hoorbaar: 'Er luistert bij dit soort besprekingen altijd iemand mee. Om die reden heb ik u de harde, kille partijopvattingen gegeven. Mijn advies aan u, meneer Ellis: doe alles wat kan helpen. Koop ondertussen een paar ambtenaren om. Geloof me, er verdwijnt hier altijd bewijsmateriaal. En wees in godsnaam voorzichtig. Dit gebouw zit vol uiterst gevaarlijke lieden. En dan heb ik het niet over de gevangenen.'

31

De zon begon aan zijn langzame opkomst boven de zee, maar inspecteur Ramirez was al aan het werk: hij spitte stapels aangiften van vermiste personen door om te kijken of iemand een dode man kwijt was.

Sanchez kwam meestal om een uur of acht, de rest van de afdeling om negen uur. Tot die tijd had Ramirez het rijk alleen, met als enige gezelschap zijn hallucinaties. De denkbeeldige man zat aan de andere kant van zijn bureau en draaide zijn hoed doelloos rond op zijn vinger tot hij op de grond viel. Toen hij zich bukte om hem op te rapen, zag Ramirez dat hij schuim van zijn lippen veegde. Maar niemand had een verdrinking gemeld.

De telefoon ging en Ramirez nam op. Een vrouw die goed Spaans sprak, met een licht buitenlands accent.

'O, inspecteur Ramirez, ik had niet verwacht dat u zelf zou opnemen. Sorry. U spreekt met Celia Jones. Ik kom uit Ottawa en ben hier als advocaat om Mike Ellis bij te staan. Kan ik mijn cliënt vanochtend bezoeken?'

'Ja, natuurlijk. Zegt u maar wanneer het u uitkomt.' Hij gaf haar het adres.

'Dank u. U ziet me zo verschijnen.'

Toen Ramirez een minuut of tien later naar buiten keek, zag hij een lange vrouw met schouderlang zwart haar en een aktetas het pad naar zijn gebouw op lopen. Ze haalde een digitale camera uit haar tas en bleef staan om het hoofdbureau te fotograferen. Met de palmbomen en het groene grasveld omzoomd door blauwe regens ervoor was het een mooi gebouw. Jammer dat het fotograferen van Cubaanse politie-instellingen verboden was. Ramirez vroeg zich af hoe lang het zou duren voor een agent er een

eind aan zou maken. Hij schatte tien seconden en keek op zijn horloge.
Na acht seconden rende er een policía roepend en met zwaaiende armen op haar af. Hij bleef bij de vrouw staan tot ze de foto's had gewist. Dit was zo ongeveer het meest criminele wat de politieagent die dag zou meemaken, dacht Ramirez. Te voet surveilleren was een oefening in geduld. Hij pakte haar de camera tenminste niet af. Ramirez vroeg zich af of zo'n fraaie camera de weg naar de opslag bewijsmateriaal wel zou weten te vinden.
De vrouw, die geschokt leek, opende de glazen deuren en liep naar het bord dat bezoekers naar de knop van de intercom verwees. Een paar minuten later belde de beveiliger van beneden met de mededeling dat er bezoek voor Ramirez was. Die verzocht hem de vrouw naar boven, naar de afdeling Zware Criminaliteit op de eerste verdieping te brengen.
Toen ze binnenstapte, gaf Ramirez haar glimlachend een hand. Hij besloot de zaak om te beginnen met enige charme aan te pakken. 'Ik had niet gedacht dat ze zo'n aantrekkelijke vrouw zouden sturen.' En dat was ze ook echt. 'Welkom in Havana. Kan ik u, om de dag te beginnen, een kop koffie aanbieden?'
'Dank u, heel graag.'
Ramirez riep Sanchez, die net was gearriveerd. Een paar minuten later bracht de jongeman twee dampende bekers koffie. Echte koffie, uit de opslag bewijsmateriaal, niet versneden met kikkererwtenmeel, zoals de rantsoenkoffie die hij thuis kreeg.
'Rechercheur Sanchez zet bij de politie de lekkerste koffie. We stellen deze kwaliteit evenzeer op prijs als zijn recherchekwaliteiten, en die zijn ook excellent.'
Sanchez trok een gezicht dat je bijna een glimlach kon noemen en zette de koppen op Ramirez' bureau. Hij trok de deur stevig achter zich dicht.
'Hoe was uw vlucht?' vroeg Ramirez.
'Goed,' antwoordde ze. 'Er waren gelukkig nogal veel lege plaatsen. Ik geloof dat niet veel toeristen een vlucht voor Boxing Day boeken.'

Nee, dacht Ramirez, we hebben niets te verkopen. *'Su acento es muy bueno,'* zei hij. Uw accent is heel goed.

'Gracias. *Su inglés es muy bueno también.'* Uw Engels is ook heel goed.

'Mijn moeder was Amerikaanse, señora Jones. Ze is kort na de revolutie met mijn vader getrouwd. Ik denk dat het toentertijd door beide kanten als een schande werd beschouwd. Ze is bijna vergeten dat ze ooit Engels heeft gesproken en ik kan het hier maar zelden oefenen.'

'Nou, u hebt het anders goed bijgehouden,' zei Jones.

'Dank u.' Ramirez nam het compliment met een knikje in ontvangst. 'Ik moet eraan blijven werken. Maar u bent hier niet om over mijn taalvaardigheden te praten, noch ik over de uwe. U bent hier om señor Ellis juridische bijstand te verlenen.'

'Inderdaad. Maar eerst wilde ik u spreken. Ik heb nauwelijks achtergrondinformatie over de beschuldigingen. Kunt u me, voor ik mijn cliënt spreek, enige details en de grond voor de aanklachten geven? En kan ik aantekeningen maken?'

'Natuurlijk,' verzekerde Ramirez haar terwijl hij het dossier tevoorschijn haalde. Begerig liet hij zijn blik rusten op het potlood dat ze uit haar tas haalde.

'Met andere woorden, kat in 't bakkie,' zei Jones toen Ramirez klaar was met zijn opsomming van de bewijzen.

'Pardon? Die uitdrukking ken ik niet.'

'Neem me niet kwalijk. Ik bedoel te zeggen dat u een sterke zaak hebt.'

'Ja, volgens ons wel.'

Jones zweeg even. 'Hebt u het moordwapen al gevonden?'

'Nee,' gaf Ramirez toe. 'Dat is vermoedelijk in zee gegooid.'

'Hoe is het lichaam verplaatst?'

'Wij gaan uit van een auto.'

'Heeft mijn cliënt tijdens zijn verblijf een auto gehuurd?'

'Niet dat wij weten, señora,' gaf de inspecteur toe. 'Maar daar doen we nog onderzoek naar.'

'Dus er was nog iemand bij deze misdaad betrokken?'

'Met die mogelijkheid houden we wel rekening.'

'Stel dat mijn cliënt wordt veroordeeld, wat voor straf zal er dan worden geëist?'

'Dat bepaalt de aanklager, maar bijna zeker de doodstraf. Uw cliënt heeft het jongetje vermoord vlak nadat hij hem op brute wijze heeft verkracht. Een eventuele doodstraf zou kunnen worden omgezet in levenslang als uw cliënt schuld zou bekennen en toestemt in het aanwijzen van de andere persoon die erbij betrokken is. Maar hier kennen we geen strafvermindering in ruil voor een schuldbekentenis, zoals dat naar ik begrijp in Noord-Amerika bestaat. Señor Ellis moet worden berecht voor elke aanklacht die hem ten laste wordt gelegd.'

'Neemt u me niet kwalijk,' zei ze terwijl ze haar aantekeningen doorbladerde. 'Kunt u me vertellen wat u bedoelt als u zegt dat het jongetje op brute wijze is verkracht?'

'Hij is geslagen. Zijn gezicht zat onder de blauwe plekken.'

'Zijn daar bij de arrestatie van mijn cliënt sporen van op zijn handen aangetroffen? Zwellingen?'

'Niet opvallend.'

'Ik wil u geen overlast bezorgen, maar zou ik misschien kopieën kunnen krijgen van het politierapport en de uitslag van de lijkschouwing?' Ze vroeg het met een glimlach. Hij was niet de enige die het charmant kon spelen.

'Natuurlijk.'

Toen Ramirez terugkwam, stond ze een familiefoto op zijn bureau te bekijken. Een vrouw met een rond gezicht en een olijfkleurige huid hield haar armen om twee kleine kinderen met grote bruine ogen. 'Wat een knap stel,' riep ze uit. 'Uw vrouw is verbluffend mooi. U bent vast heel erg trots.'

'Dank u,' zei Ramirez vriendelijk. 'Het leven is kort. Ik ben altijd dankbaar voor het goede dat me overkomt. Alstublieft, ik heb alles in het dossier gekopieerd. Ik neem aan dat u ook vloeiend Spaans leest?'

'Jazeker.' Ze dacht er even over hem te vertellen dat ze was getrouwd met een Cubaanse vluchteling, maar ze wist niet zeker hoe Ramirez zou reageren op het idee van een Cubaan die de benen had genomen.

Ze zette haar kopje neer en stond op. 'Dit was een zeer vruchtbaar gesprek, dank u wel. Als u het goedvindt, zou ik nu mijn cliënt willen bezoeken. Zoals u weet, heb ik niet veel tijd.'

32

Een bewaker meldde Mike Ellis dat zijn advocaat op hem wachtte. Ellis schuifelde achter hem aan de gang door. Hard metaal schuurde over zijn enkels, die pijnlijke rode striemen vertoonden. Zijn rug deed pijn van het zitten op de betonnen vloer. Ook zonder de kluisters zou hij hebben gemankt.
De bewaker deed de deur voor hem open. Celia Jones zat alleen in een kamer aan een houten tafel met twee metalen stoelen. Haar laptop stond open en was opgestart. Ze was een stapel documenten aan het doorlezen door toen hij binnenkwam. Ze had een rood brilletje met vierkante glazen op, het soort leesbril dat je in Canada bij de drogist kon kopen. Ze schoof haar bruine haar achter haar oren.
'Hallo, Mike,' zei ze terwijl ze opstond. Met één hand zette ze haar bril af, met de andere schudde ze de zijne. 'Hou je het een beetje vol?'
'Eerlijk gezegd heb ik betere tijden gekend.'
Ze ging zitten en gebaarde naar de andere stoel. 'Ik heb mijn kennis van het Cubaans recht wat opgekrikt, maar het politierapport dat inspecteur Ramirez me een paar minuten geleden heeft gegeven, heb ik alleen maar vluchtig kunnen doorlezen.'
'O'Malley zei dat hij zou proberen je hierheen te krijgen. Ik kan je niet zeggen hoe blij ik ben iemand te zien die ik ken.'
'Ja, Miles heeft me meteen na jullie gesprek gebeld. Hij zei letterlijk dat ik als de sodemieter hierheen moest.'
Ellis probeerde te lachen en voelde zijn mondhoek omlaag trekken. Dat taalgebruik was typisch O'Malley.
'Ik moet je zeggen, Mike, dat ik ontzettend geschrokken ben van de tenlasteleggingen. Behandelen ze je netjes?'

'Ik ben door niemand geslagen of zo. Maar als ze me overbrengen naar een gevangenis weet ik niet hoe lang ik het volhoud. En kunnen we veilig praten over wat er is gebeurd? Gisteravond heb ik iemand van de ambassade gesproken.' Hij boog zich naar voren en liet zijn stem zakken. 'Volslagen nutteloos. Maar hij waarschuwde me ervoor dat we konden worden afgeluisterd.'
'Vertrouwelijkheid tussen advocaat en cliënt,' zei ze fronsend. 'Die zou gegarandeerd moeten zijn. Dat geldt ook in Cuba.'
'Goddank.' Ellis pufte. 'Wat zijn eigenlijk precies mijn rechten hier, Celia? Ik krijg steeds te horen dat ik die niet heb.' En opnieuw fluisterend: 'Die vent van het consulaat, die Dunton, die dacht dat ik misschien iemand moest omkopen om eruit te komen.'
Jones schudde haar hoofd. 'Mike, vergeet dat soort dingen alsjeblieft. Ik zou niet weten bij wie ik moest beginnen. En jij wil niet naar Canada terug met zo'n verdenking boven je hoofd, neem dat van mij aan. Maar ik moet toegeven dat wat ik tot nu toe over het Cubaanse rechtssysteem heb gelezen weinig bemoedigend is.' Ze haalde wat papieren tevoorschijn. 'Ik heb zoiets nog nooit meegemaakt. De wetgeving hier schijnt voornamelijk te zijn gebaseerd op het Sovjetsysteem. Individuele bescherming bestaat niet, tenminste niet in strafzaken.'
Canada heeft een Handvest van Rechten en Vrijheden dat onredelijke arrestaties, onderzoeken en inbeslagnemingen voorkomt en verdachten onder andere het recht geeft te zwijgen. Eenmaal in hechtenis genomen, heeft een verdachte een duidelijk omschreven, grondwettelijk recht op rechtsbijstand, en, wanneer hij in staat van beschuldiging is gesteld, het recht op een eerlijk en onpartijdig proces. Andere procedurele beschermingen waren door de rechtbanken vastgelegd.
Het Cubaanse recht daarentegen is volstrekt anders. De politie kan zo ongeveer iedereen oppakken, zelfs iemand van wie slechts de verdenking bestaat dat hij in de toekomst 'waarschijnlijk' gevaarlijk kan worden. 'Vóór-gevaarlijke' aanklachten, worden die genoemd.
Het deed Ellis denken aan de film *Minority Report*, waarin Tom Cruise in de toekomst deel uitmaakt van een politiemacht die

mensen arresteert voordat ze een misdaad hebben gepleegd, alleen maar omdat ze erover hebben gedacht.

'Castro neemt een zeer streng, onbuigzaam standpunt in ten aanzien van seksuele misdaden,' verklaarde ze. 'Hij heeft de strafmaat drastisch verhoogd, met name als er minderjarigen bij betrokken zijn. In bijzondere omstandigheden kan op de verkrachting van een kind het vuurpeloton staan. En als je van moord wordt beschuldigd, is dat bijna automatisch het geval. Maar dat hebben ze niet gedaan, Mike, dus moeten we ons richten op de verkrachtingsaanklacht. Uiteindelijk is dat de aanklacht waar we mee te maken hebben.'

'Celia, ik heb die jongen niet verkracht. Ik word beschuldigd van iets wat ik niet heb gedaan.'

'Je bent nog niet in staat van beschuldiging gesteld, Mike. Dat is pas als morgen de aanklacht wordt uitgebracht.' Ze keek op haar horloge. 'Zullen we de politierapporten samen even doornemen?'

Delen ervan vertaalde ze voor hem vanuit het Spaans. De bewijslast leek verpletterend. En het systeem was als die van de inquisitie. Het was aan Ellis om de feiten te weerleggen en zijn onschuld te bewijzen. Het tegengestelde van het Canadese strafrechtsysteem.

'Ik denk dat het moeilijk voor hen wordt een moordaanklacht rond te krijgen,' merkte ze op, alsof dat goed nieuws was. 'Ze hebben geen moordwapen. Ze weten zelfs niet waar het jongetje is vermoord. Hun patholoog zegt dat het lichaam is verplaatst. Lijkschouwer, patholoog-anatoom, labmedewerker en ga zo maar door: het lijkt erop dat al het forensische werk door één deskundige wordt gedaan.' Ze sloeg het dossier weer open. 'Een arts. Hector Apiro.'

'We hadden helemaal geen auto,' bracht Ellis te berde. 'Hillary en ik hebben niets gehuurd.'

'Dat heeft Ramirez ook toegegeven. Zijn theorie is dat je een medeplichtige had. We moeten bewijzen vinden die je alibi bevestigen. En we moeten aantonen wie jou erin kan hebben geluisd en waarom. Dat zal niet meevallen,' waarschuwde ze. 'Je moet goed begrijpen, Mike, dat als de moordaanklacht niet doorgaat, de verkrachting van dit kind nog altijd met geweld gepaard is gegaan. Een strafhof kan en zal niet voorbijgaan aan het feit dat het kind een paar uur later is vermoord. Als ze je daarvoor veroordelen, vraagt de openbaar aanklager zonder meer de doodstraf.'

Ellis knikte: hij wist wat er op het spel stond.

'Het is letterlijk een zaak van leven en dood. Ik moet alles weten, alles. Houd niets voor me achter. Ik hoop dat je het niet erg vindt dat ik type terwijl jij vertelt. Begin maar met de jongen.'

'Het was gewoon zo'n jochie dat ons afgelopen weekend achternaliep en om geld bedelde. Er zijn hier honderden van die jochies, of duizenden. Hillary wilde dat hij ons met rust liet en zei dat ik hem niks mocht geven. We kregen er ruzie over, nogal heftig. En toen zei ze dat ze wegging, weg uit Cuba en weg van mij.'

Maar Jones wilde de details weten, dus ging hij verder met wat hij zich kon herinneren. De ruzie, hoe hij uiteindelijk terechtkwam in El Bar, en dat hij bijna op de vuist ging met die Britse toerist. En daarna de vrouw.

'Wat gebeurde er nadat de man die die vrouw bedreigde weg was? Toen was je alleen met haar, toch?'

'Ja, maar vanaf dat moment wordt het wazig. Ik weet zeker dat ze met me mee is gelopen naar het hotel. Ik zou hebben gezworen dat ze mee naar binnen is geweest, maar Miguel, de portier, zegt dat ze er niet bij was.'

'Vergeet wat hij zegt. Vertel me wat jij je herinnert.'

Hij ging in gedachten terug, zocht houvast bij schimmen. 'Iemand hield me bij mijn arm vast zodat ik overeind bleef toen ik de lift in stapte. Ik dacht dat het Miguel was. Ik kon mijn kamersleutel niet vinden. Ik herinner me dat ik in al mijn broekzakken en de zakken van mijn shirt heb gezocht voor ik besefte dat ik hem ergens verloren had.'

Hij had bij de receptie een andere sleutel moeten halen en de receptioniste had een blik vol afkeur op zijn metgezellin geworpen. 'Die vrouw, ik herinner me dat ze bij de deur van mijn kamer stond terwijl ik probeerde de sleutel erin te steken. Ze moest lachen omdat ik zo stond te stuntelen. Ik kreeg het niet voor elkaar de deur te openen.'

Uiteindelijk had ze de plastic kaart afgepakt en die in de gleuf laten glijden, tot het groene lampje aanging. De deur klikte open. Hij zeilde de kamer in, zette een paar stappen en viel ruggelings zwaar op het opgemaakte bed. Het plafond tolde als een gek boven hem rond. Van daarna had hij slechts een uiterst vluchtig herinnerinkje van in de kussens wegzakken en daarna niets, zelfs niets zwarts.

'Mike, heb je seks met haar gehad?'
'Dat kan ik me niet herinneren. Ik weet niet eens zeker of ze in mijn kamer is geweest. Misschien wel. Waarschijnlijk wel. Is dat belangrijk?'
'Misschien,' antwoordde Jones. 'Ze hebben je lakens meegenomen. Als jullie seks hebben gehad, zou er materiaal op kunnen zitten dat bewijst dat ze die avond bij je was.'
'Ik weet het niet.' Ellis schudde zijn hoofd. 'Ik heb alleen maar indrukken van wat er is gebeurd, en die kunnen onjuist zijn. Ik weet zeker dat iemand me geholpen heeft mijn hotelkamer in te gaan. Ik kon amper op mijn benen staan. Ik dacht dat zij het was. Maar de rest van de avond? Niks. Alsof ik slaapwandelde.'
'Tja, haar aanwezigheid kan ook tegen je werken nu ik erover nadenk. Ze kan je alibi zijn, maar ze kan ook je mogelijke medeplichtige zijn, als je ernaar kijkt zoals de Cubaanse politie doet. Weet je of ze een auto heeft? Heeft ze het erover gehad?'
'Ik zou het niet weten. Maar ik herinner me dat ik liep, niet dat ik in een auto zat.' Hij concentreerde zich, probeerde de verwrongen beelden van die avond op te helderen, beelden zo verdraaid als de *Crazy Kitchen* in het Museum van Wetenschap en Techniek in Ottawa. Dat was precies hoe het voelde. Alsof het plafond en de vloer hadden geruild. Hij schudde zijn hoofd. 'Nee, dat is alles wat ik me kan herinneren.'
'Miguel Artez heeft verklaard dat je alleen naar het hotel bent gekomen.'
'Hij kan best gelijk hebben. Dat maakt het zo verwarrend. Cubaanse vrouwen worden niet toegelaten in de hotels, en ook de mannen niet. Het stikt er van de beveiligers, die ervoor zorgen dat

er alleen Cubanen binnenkomen die er werken. Van die grote kerels, met walkietalkies. Ik heb gezien dat ze tegen vrouwen in het park tegenover het hotel zeiden dat ze bij de deur vandaan moesten blijven.'

'Dus de Cubanen kunnen ook niet binnenkomen als ze met een buitenlander zijn, als zijn gast?'

'Nee, dat is verboden. Net als een hoop andere dingen hier.'

Jones bladerde door het dossier tot ze de verklaring van Miguel Artez vond. 'Hij zegt dat je enige tijd voor middernacht naar het hotel terugkwam, tegen het eind van zijn werktijd, ergens tussen elf uur en halftwaalf. Maar zeker voor middernacht. Zou dat kunnen?'

'Ik weet het niet. Misschien wel,' zei Ellis. 'Ik hoorde auto's toeteren, kerkklokken. Dat zou betekenen dat het eerder tegen middernacht was. Kerstnacht wordt hier rond middernacht het hevigst gevierd, net als oudejaarsavond bij ons.'

Jones bladerde door haar aantekeningen. Ze veranderde van onderwerp. 'Heeft Artez je wel eens gezien samen met Hillary?'

'Natuurlijk. Verscheidene keren.'

'Dus hij zou geweten hebben dat deze vrouw niet jouw vrouw was als hij jullie samen heeft gezien.' Jones schudde haar hoofd teleurgesteld. 'Misschien vergist hij zich gewoon. Kerstavond, dus druk. Hij kan zich hebben vergist in de avond of jou met een ander hebben verwisseld. Maar het betekent dat we iemand moeten zien te vinden die jou op Kerstavond met die vrouw heeft gezien. Of haarzelf. Volgens dit rapport,' ze tikte met haar wijsvinger op het autopsierapport, 'vond de dood van het jongetje plaats ergens tussen tien en twaalf uur, en vermoedelijk tegen middernacht. Het lichaam is een paar uur later verplaatst. Dat valt samen met de tijd dat jij met de vrouw was. Als zij dat bevestigt, heb je een geldig alibi. Weet je nog hoe ze heet?'

Hij schudde zijn hoofd.

'Nou, denk erover na, dan komt het misschien terug.'

Ze zat een tijdje op haar laptop te tikken en keek toen op van het scherm. Haar leesbril was naar het puntje van haar neus gegleden. Ze zette hem af en legde hem op tafel. 'Ze hebben krap de

tijd om hun dossier over te dragen aan de aanklager. Dat moeten ze voor morgenmiddag twee uur doen, anders moeten ze je laten gaan. Ze hebben alleen wel zeer sterke bewijzen. Ik moet de waarheid weten, Mike: heb je seks met die jongen gehad?'
'Nee.'
'Weet je het zeker? Je verklaring tegenover de politie is, voorzichtig gezegd, nogal dubbelzinnig.'
'Ik weet niet goed meer hoe het verhoor is verlopen. Ik kon niet helder denken en ik heb op een heleboel dingen die ze zeiden ja gezegd.'

Ellis keek naar buiten. De blauwe lucht boven het metalen torentje wees op een mooie dag, met palmbomen die zachtjes in het briesje stonden te wuiven. Een groep toeristen stond voor het ijzeren hek en maakte foto's van elkaar, trok gezichten voor de camera. Er kwam een policía aangesneld die hen terechtwees. Hij zag dat de man hun de camera's afnam, de film eruit haalde en hun het toestel teruggaf onder begeleiding van een waarschuwende vinger.
'Is het mogelijk dat je in de bar gedrogeerd bent? Of later in het hotel misschien, door die vrouw?'
'Waar denk je aan?'
'Weet ik nog niet. Ik zit gewoon hardop te denken. Maar stel nou dat de vrouw die jij hebt opgepikt in feite jou heeft opgepikt en dat ze van het begin af aan van plan was je te drogeren en te bestelen. Ik wil aannemen dat ze die avond bij je was en dat Miguel Artez het fout heeft.'
'Wat maakt dat uit?'
'Dat zou een hoop verklaren: de manier waarop je buiten westen bent geraakt en het feit dat je de dag erna tijdens het verhoor zo makkelijk te beïnvloeden was. De capsule die de politie op je hotelkamer heeft gevonden. Het zou ons kunnen helpen je verklaring als onbetrouwbaar uit te sluiten omdat je tijdens het verhoor nog onder invloed van de drug was. Het veegt de andere bewijzen niet opzij, zoals het bloed dat ze hebben gevonden, of de spermavlekken. Maar op dit moment is de mysterieuze vrouw de

enige die toegang tot je kamer heeft gehad. Ik denk niet dat we naar eer en geweten kunnen beweren dat een van de kamermeisjes betrokken was bij deze poging jou erin te luizen. Eerder de vrouw in de bar, nietwaar?'

Daar was Ellis het mee eens. 'Weet je, ik kan niet verklaren hoe het bloed van het jongetje op mijn kleren is terechtgekomen. Hij bloedde niet toen ik hem zag. Misschien dat die kerel van het forensisch lab ernaast zit. Het zou niet voor het eerst zijn dat een patholoog-anatoom zijn werk niet goed heeft gedaan.'

In Canada waren er verscheidene gevallen van onterechte moordvonnissen doordat het forensisch bewijsmateriaal niet slechts niet deugde, maar zelfs was vervalst.

'Dat ben ik met je eens. Ik denk dat we dit moeten aanpakken zoals je een olifant eet: stukje bij beetje. Laten we om te beginnen de zaak eens analyseren. Jij zegt dat je je niet veel van het gebeurde herinnert. Ben je al eens eerder zo ver heen geweest door de drank? Ik moet alle andere mogelijkheden elimineren voor ik de politie of het hof laat weten dat ik denk dat je bent gedrogeerd.'

'Dit hier is allemaal vertrouwelijk, hè?' zei Ellis.

'Zoals ik al zei: vertrouwelijkheid tussen advocaat en cliënt,' zei Jones. 'O'Malley heeft me opgedragen je te helpen. Dat maakt dat ik voorlopig jouw advocaat ben, niet de zijne. Ik maak niets openbaar zonder jouw toestemming. Akkoord?'

Ellis knikte instemmend.

'Mooi. En dan wil ik nu antwoord op mijn vraag, zonder dat ik erom hoef te zeuren.' Ze zei het glimlachend, maar was bloedserieus. 'Black-outs?'

Hij haalde diep adem. 'Ik heb maandenlang zwaar gedronken. Vanaf dat Hillary in juni een miskraam had. Dus ik ben een paar keer helemaal onderuitgegaan.'

'Genoeg om een hele avond te vergeten, zoals nu?'

'Gedeeltelijk.' Hij pufte. Zo, dat geheim was eruit. Hij had gehoord dat de eerste stap naar herstel was dat je toegaf dat je een probleem had.

'Zo erg als deze keer?'

Ellis dacht na over wat hij zich van die avond herinnerde. 'Het kwam in de buurt, maar niet echt zoals nu. Het klinkt misschien raar, maar het was bijna alsof ik in trance was. Misschien heeft ze me gedrogeerd om mijn portefeuille te kunnen stelen. De volgende morgen stond de safe open en al het geld was weg. Ik dacht dat Hillary het had meegenomen, maar misschien heeft die snol het gedaan. Alhoewel ik niet zou weten hoe ze aan de combinatie had moeten komen. Die hebben we zelf ingevoerd toen we binnenkwamen.'

'Ze kan hem van jou hebben gekregen. Dat is het hele punt met rohypnol, Mike. Het maakt dat je heel volgzaam wordt: je doet wat je wordt gezegd. Vrouwen poseren voor pornografische foto's, hebben seks met wildvreemden en kunnen zich er later niets van herinneren. Ze gedragen zich als zombies. Maar realiseer je wel dat als deze vrouw je heeft gedrogeerd, er weer andere problemen opduiken. De politie denkt dat je een medeplichtige hebt gehad, en dat zou zij kunnen zijn.'

'Hoe bedoel je?'

'Ze kan je hebben opgedragen dat jongetje te verkrachten en te vermoorden, Mike. Misschien voor een snuffmovie of hardcore kinderporno, wie zal het zeggen. En het zou kunnen dat jij je geen details herinnert.'

33

Inspecteur Ramirez had erover gedacht de advocate in een kamer met een spiegelwand te zetten waar hij of Sanchez haar kon bekijken, maar hij had besloten dat dat misschien al te veel zou opvallen. In plaats daarvan zette hij een Engelssprekende bewaker buiten de verhoorkamer die door de deur heen kon luisteren.

De Canadese advocate was slim, vond Ramirez toen hij nadacht over hun gesprek eerder die dag. Ze had met slechts enkele vragen de enige zwakke plekken in zijn zaak blootgelegd: de afwezigheid van een plaats delict, van een wapen en van een vervoermiddel. Hij was het eens met haar analyse. In feite verdacht hij Ellis ervan een medeplichtige te hebben gehad, iemand met een auto. Iemand die het jongetje kon hebben vermoord.

Niet dat het iets uitmaakte. Op samenspanning tot het plegen van een moord staat in Cuba dezelfde straf als op moord. De doodstraf was lang noch kort, die was definitief. Ramirez had gedubd of hij Celia Jones kopieën van het politierapport zou geven, maar had er geen kwaad in gezien. Hector leverde degelijk werk, en het verhoor was ook betrouwbaar.

Als de advocate geloofde dat zijn bewijzen sterk waren, kon ze señor Ellis misschien overhalen schuld te bekennen en hen naar zijn mededader te verwijzen. Dat zou Binnenlandse Zaken bevallen: een snelle oplossing van een politiek lelijke situatie. Het zou Ramirez ook bevallen: hij zou de aanklager niet hoeven uit te leggen dat hij nog niet precies wist waar de jongen was gedood of waarmee.

Celia Jones zat weer bij Ramirez op zijn kamer. Die stopte de cd in Sanchez' laptop en drukte op PLAY. De dode man stond achter hem maar nam de benen toen hij de foto's zag.

'Er staan bijna negenhonderd foto's van kinderen op. De meeste onscherp maar onmiskenbaar wat inhoud betreft. Van het dode jongetje is er niet één.' Dat maakte het op een of andere manier nog erger, het feit dat er zoveel andere kinderen op brute wijze waren mishandeld.

Ze keken samen naar de foto's, totdat de advocate zei dat ze genoeg had gezien. 'Sadistische klootzakken.'

'U kunt zich misschien voorstellen waarom we hier zo huiverig zijn voor internet. Castro wil proberen dergelijk materiaal buiten het land te houden.'

'Ik begrijp zijn bedoeling, inspecteur, en ik kan hem niet eens helemaal ongelijk geven. Anderzijds kan internet zeer bruikbaar zijn als bron van informatie. Voor meer dan alleen maar het verspreiden van dit soort smerige pornografie.'

Ramirez knikte langzaam. 'Misschien. Maar wij ontdekken dat steeds meer van dit soort foto's hun weg naar ons land vinden. Dat baart ons grote zorgen.' Hij zuchtte. Sanchez was steeds meer tijd kwijt aan het bijhouden van wat er aan pornografie op het internet opdook. 'Vertelt u me eens, señora, zou u voor u weggaat uw cliënt nog even willen spreken?'

'Ik vroeg me af of ik hem misschien wat later nog zou kunnen bellen? Ik moet wat dingen in het hotel doen.'

Ramirez dacht even na. Het was gemakkelijker voor hem om hun telefoongesprek af te luisteren dan haar bezoeken. 'Ik zie niet in waarom niet, señora. U zult eerst de bewakers moeten bellen, zodat een van hen señor Ellis naar een kamer met een telefoon kan brengen.'

'Zeer bedankt, inspecteur, ik stel uw hulp zeer op prijs.'

'Geen dank.' Ramirez deed haar uitgeleide tot aan de trap, verzocht haar zichzelf uit te laten en ervoor te zorgen dat ze zich in het bezoekersboek uitschreef. Daarna belde hij de bewaker om te horen wat zij en haar cliënt hadden besproken.

34

Het verbaasde Ramirez dat de ambtenaar van Binnenlandse Zaken hem belde en verlangde dat hij de minister kwam bijpraten over de aanklachten. De minister was verantwoordelijk voor de Sectie Binnenlandse Orde en Misdaadbestrijding, waaronder ook de Cubaanse Nationale Revolutionaire Politie viel, maar hij had Ramirez nog maar zelden gesproken.

Ramirez mocht een hoge politiefunctionaris zijn, zijn plaats in de Cubaanse voedselketen was slechts iets boven die van een aubergine. Op evolutionair niveau misschien die van een kip. Ramirez glimlachte bij de gedachte.

Hij reed over de Prado, een van de mooiste avenues van Havana. De bronzen leeuwen en de kinderhoofdjes waren de bewijzen van de vroegere élégance, een groot contrast met de deplorabele staat van de huurflats. Hij kwam langs het Museo del Auto Antiguo, het automuseum. Als er iets overbodig was, was dat het wel, dacht Ramirez. De hele stad was één groot automuseum.

Hij parkeerde zijn blauwe autootje en liep in een vlot tempo over het gebarsten pad naar de overheidskantoren op de Plaza de la Revolución, hoewel hij verwachtte minstens een uur op een houten bank in de gang te moeten wachten tot de minister zich verwaardigde hem te ontvangen.

'Gaat u maar naar binnen,' verwees de ambtenaar hem meteen door. 'Hij verwacht u.'

Stomverbaasd trok Ramirez de zware houten deur van het privékantoor van de minister open.

'Inspecteur Ramirez,' zei de politicus met een weids armgebaar. 'Kom toch binnen. Gaat u zitten.'

Ramirez liet zich in een van de twee zachte lederen fauteuils aan zijn kant van het grote mahoniehouten bureau zakken. Dit was een kantoor ontworpen om te roken, niet om te werken. De minister had de reputatie een van de meest bureaucratische en minst effectieve leden van Castro's kring van vertrouwelingen te zijn, wat gezien de concurrentie een hele prestatie was. Het verraste Ramirez dat hij zo warm werd onthaald.

'U hebt een Canadese politieman in hechtenis.'

De politicus leek zich zorgen te maken. Of hij was een beetje in de war. Er werd niets gezegd over Kerstmis, geen van de gebruikelijke gelukwensen. In zijn ervaring gebeurde het zelden dat een politicus zo snel tot de zaak kwam.

'Ja, ene Michael Ellis. Ik heb hem gearresteerd voor de verkrachting van een kleine jongen, en ik verwacht dat ik hem ook kan beschuldigen van de moord op het kind.'

'Is hij geslagen?'

'De jongen? Ja.'

'Nee, de verdachte. Ik heb te maken met de ambassade van zijn land. Ik heb gisteravond toestemming gegeven voor een bezoek van een ambassademedewerker.'

'Nee,' zei Ramirez. 'Señor Ellis is zeer goed behandeld.' Hij gaf zijn meerdere de details van het onderzoek.

'Ik wil dat u rechtstreeks aan mij rapporteert,' zei de minister. 'En ik wil kopieën van al uw rapporten inzien, begrepen?'

'Natuurlijk, zoals u wilt.' Ramirez was verbaasd over de ministeriële belangstelling. De laatste keer dat hij de minister zo betrokken had gezien was toen ze een lading gesmokkelde rum in beslag hadden genomen. De minister had erop gestaan zelf van verschillende kisten flessen te proeven, om er zeker van te zijn dat het inderdaad echte oude rum was.

'Is er iets bekend van mededaders?'

'Wij geloven dat er minstens één is geweest.'

'Zijn er van deze foto's ook exemplaren opgedoken bij de controle op het internet? En die andere mannen op de foto's, kunnen die worden geïdentificeerd?'

Ramirez schudde zijn hoofd. 'Of de hoofden zijn weggesneden, of de gezichten zijn onscherp. Er staat niets op waaruit kan worden afgeleid waar ze zijn genomen. Wat de controle van het internet betreft, die is in handen van rechercheur Sanchez. Als een van deze foto's via het internet was verspreid, had hij het mijns inziens geweten.'

'Mooi. Dat betekent dat er nog tijd is om de situatie in de hand te houden.'

Ramirez wist niet precies waar de minister op doelde.

'Er komen hier wekelijks duizenden sekstoeristen,' zei de minister met een diepe frons. 'Fidel Castro wil niet dat Havana een seksbestemming wordt. Hij maakt zich grote zorgen over aids. Zoals u weet is het aantal gevallen nog zeer klein. U weet dat de president vastbesloten is deze ziekte te bestrijden.'

Ramirez knikte. Castro had recentelijk tientallen Cubaanse artsen naar Botswana gestuurd om te helpen in de strijd tegen aids. Maar hij had ook enkele duizenden artsen naar Venezuela gestuurd in ruil voor olie. Nu de Amerikaanse dollar geen geldig ruilmiddel meer was, waren Cubaanse artsen de nieuwe valuta.

'Nu we het over de president hebben, hoe is het met zijn gezondheid?' vroeg Ramirez.

Castro was begin december niet op het feest voor zijn tachtigste verjaardag geweest. De viering was bedoeld als viering van het vijftigjarig bestaan van de *Granma*. Het gerucht ging dat Castro alvleesklierkanker had en weigerde zich te laten behandelen.

Maar Kerstavond laat was een Spaanse oncoloog-internist vanaf het vliegveld met spoed naar Castro's ziekenhuis gebracht, samen met wat uiterst moderne medische apparatuur. Misschien was Castro van gedachten veranderd.

'El Comandante neemt binnenkort zijn taken weer op. Maar ook nu blijft hij actief betrokken bij alle belangrijke zaken. De kwestie van deze Canadees is een grote zorg voor hem. Zoals u weet hebben we de straffen in het wetboek van strafrecht verhoogd om extranjeros ervan te weerhouden hierheen te komen om zedenmisdrijven te plegen. Ik verzeker u dat deze Canadees, als hij wordt veroordeeld, zal worden geëxecuteerd.'

Ramirez knikte. Het was veel lastiger een gevangene te executeren vóór hij was veroordeeld.

'Een strategische executie dient onze binnenlandse doelen. De mensen verslappen als de doodstraf te vaak wordt teruggedraaid. Dan beginnen ze zich van alles te veroorloven. Bovendien is het voor ons van politiek belang de internationale aandacht een tijdje af te leiden van onze dissidenten. Dat is ook een boodschap voor onze *Damas de Blanco* met hun stomme bloemen. Contrarevolutionaire onderkruipsters.' De minister schudde vol afgrijzen het hoofd.

Het verbaasde Ramirez te horen dat de minister de Dames in het Wit als een politieke bedreiging ervoer. Deze dames van middelbare leeftijd demonstreerden door elke zondag na de mis in stilte door Havana te lopen met een roze gladiool in de hand. Hun echtgenoten en familieleden waren politieke gevangenen, of zoals Castro hen placht te omschrijven: door Amerika geleide huurlingen.

'Canada is een bevriende natie, minister. Ik was van plan de openbaar aanklager te vragen de doodstraf in overweging te nemen, maar ik wilde eigenlijk vragen of u zich geen zorgen maakt over diplomatieke repercussies als het in die richting mocht gaan. We hebben al een aantal jaren geen executies meer gehad.'

De laatste betroffen een groep mannen die in 2003 een Cubaanse veerboot had gekaapt om ermee naar de VS te vluchten. Een week na het begin van hun proces wegens terroristische activiteiten waren drie van hen voor het vuurpeloton in elkaar gezakt. Nu hij erover nadacht wist Ramirez niet of ze zelfs wel officieel waren aangeklaagd. Misschien was het toch gemakkelijker een gevangene te executeren dan hij had gedacht.

'Wat voor repercussies?' De minister lachte en schudde zijn hoofd. 'Canada heeft een nieuwe regering, die waarschijnlijk zou willen dat ze de doodstraf nog had. Het enige wat ik vanuit Canada verwacht is een telefonische gelukwens.'

35

Een uur of twee na zijn gesprek met Celia Jones hoorde Ellis voetstappen op de gang. Drie man gevangenispersoneel kwamen eraan, vergezeld door een bewaker. De oudste van de drie stak een vinger door de tralies en wapperde ermee naar de gevangenen alsof ze in de dierentuin zaten. Alle drie waren in gevechtspak met de bruine hoge schoenen van het ministerie van Binnenlandse Zaken. De bewaker wees naar Ellis. De man met de meeste sterren richtte in vloeiend Engels het woord tot Ellis.

'Uw advocaat wil u spreken, telefonisch. Dat verzoek is toegestaan door de minister van Binnenlandse Zaken en inspecteur Ramirez. Dit privilege is een gevangene maar zelden gegund. U hebt slechts de komende vierentwintig uur toestemming voor zulke telefoongesprekken. Voor deze gunst dient u te betalen: vijftien CUC.'

Maar toen de bewaker Ellis naar de telefoon had gebracht, bleek het een openbare munttelefoon te zijn, waar zijn kant van het gesprek voor iedereen te horen was. Om te kunnen bellen had je munten of een prepaid telefoonkaart nodig, en hij had geen van beide.

'Hoe kan ik hier nu met mijn advocaat spreken? Er is helemaal geen privacy.'

De bewaker boog zich naar hem over en zei zachtjes: 'Ik kan u naar een afgesloten kamer met een telefoon brengen. Maar daar moet u voor betalen.'

'Jullie hebben al mijn geld ingenomen; het zat in mijn broekzak toen jullie me inschreven.'

'Wat voor maat schoenen hebt u?'

Barrevoets werd Ellis door de bewaker meegenomen, de gang door naar dezelfde kamer als waar hij twee dagen eerder met O'Malley had gebeld. De bewaker bleef buiten staan.

'Fijn dat ik je mag bellen, Mike. Inspecteur Ramirez zei dat het geen probleem was als ik je telefonisch wilde bereiken.'

'Dan zal ik toch meer schoenen moeten hebben.'

'Pardon?'

'Die spelen hier dezelfde rol als sigaretten in de bajes bij ons thuis.'

Celia zuchtte. 'Ik was al bang dat het niet zomaar zou gaan. Goed, laat het maar aan mij over. Ik zal zien wat ik kan doen. Ik wou je alleen even zeggen dat ik naar de banden van het verhoor heb geluisterd en de foto's op de cd heb bekeken.'

Ze zei dat de foto's schokkend waren, zoals Ramirez haar al had gewaarschuwd. Ellis wist wat ze dacht: als hij kinderporno verzamelde, zou het haar geen moer kunnen schelen als hij in een Cubaanse gevangenis wegrotte. Maar ze was beroeps en hield haar gedachten voor zich.

'Luister, Mike, wat betreft het verhoor kan ik geen klacht indienen, behalve dat het klinkt alsof de band op zijn minst één keer is stilgezet. Wanneer hij weer verdergaat, refereert Ramirez aan iets wat in de opname nog niet aan de orde is geweest: de rohypnol die ze in je kamer hebben gevonden. Herinner jij je waarom de band is stilgezet?'

'Ja. Hij had wat rum gepikt uit de opslag van bewijsmateriaal. Dat is gunstig voor ons, hè? Dat maakt de band toch ontoelaatbaar?'

'In Canada wel, maar hier weet ik het niet. Ik heb het gevoel dat er in een land dat zo arm is heel veel spullen uit die opslag verdwijnen. Ik weet niet wat de wet hier zegt over het opnemen van verklaringen, daar moet je een Cubaanse advocaat voor hebben. Maar dat is niet waarvoor ik je wilde spreken. Hoe langer ik erover nadenk, hoe sterker mijn vermoeden is dat die vrouw je heeft gedrogeerd. Maar de politie heeft geen bloed bij je afgenomen. Ik weet niet waarom niet; misschien staat de Cubaanse wet dat niet toe. Als ze dat wel hadden gedaan, had ik het op rohypnol kunnen laten testen. Maar zo lang nadat het je is toegediend, is er waarschijnlijk niets meer van in je lichaam te vinden.'

'Wil je dat ik vrijwillig bloed laat afnemen?' vroeg Ellis vooruitlopend op haar verzoek. 'Ramirez heeft naar DNA gevraagd, maar daar heb ik nee op gezegd.'

Hij hoorde de onzekerheid in haar stem. 'Dat is riskant. Het kan je vrijpleiten, maar het kan ook tot je veroordeling leiden. Als je bloedgroep A hebt, staat de politie sterker. Het kan zelfs de doorslag geven. Maar als je een andere bloedgroep hebt, kan ik bewijzen dat je onschuldig bent.'

'Kun je niet vragen of ze in Ottawa in mijn gegevens kijken welke bloedgroep ik heb? Die moeten ze hebben. Op die manier hoef je het niet te melden als je dat niet wil.'

'Goed idee.' Jones klonk duidelijk opgelucht. 'Ik neem contact op met O'Malley en vraag hem of hij jouw gegevens hierheen kan sturen. Het is goed dat je vandaag dat releaseformulier voor me hebt getekend.'

Op dit moment zag het er slecht voor hem uit. 'Maar,' zei ze, 'de politie heeft weinig harde bewijzen die jou met de verkrachting in verband brengen. Hun zaak hangt helemaal op indirecte bewijzen.' De politie en de technische recherche hadden alle bezwarende bewijzen in de hotelkamer verzameld. Daar hadden talloze mensen gelogeerd, waarschijnlijk honderden. De hoeveelheid verschillende haren zou zorgen voor een chaotisch proces van elimineren en vergelijken, hoe goed er ook werd schoongemaakt. Om Ellis overtuigend aan de jongen te koppelen, moesten ze zijn DNA vergelijken met het sperma op de lakens en de specimina die op de jongen waren aangetroffen, en voorzover zij wist, hadden ze dat helemaal niet.

'Let goed op, ja?' zei ze. 'In Canada worden voortdurend gevangenen veroordeeld vanwege weggegooide tissues of kauwgom die de politie te pakken heeft gekregen en onderzocht. En kammen en tandenborstels. Hier gaat het waarschijnlijk net zo.'

In de cel hadden ze geen toiletpapier en het idee dat Ellis tijdens zijn opsluiting een kam of een borstel zou zien was bijna lachwekkend. Hij had niet eens een tandenborstel bij zich. De deelnemers aan *Survivors* waren beter toegerust dan de gevangenen in een Cubaanse cel. Hij moest denken aan de beker koffie die Ramirez hem had willen laten drinken.

'Ik weet zeker dat ze geen DNA van me hebben. Hoe zit het met die rohypnol? Ramirez zei dat dat spul hier bijna niet voorkomt. Kun je dat op een of andere manier nagaan? Kijken hoe het zit? En zo ook die vrouw vinden? Degene bij wie ze het vandaan heeft kan misschien vertellen waar ze is.'

'Dat had ik ook al bedacht. Ik doe mijn best, Mike.' Hij hoorde de vermoeidheid in haar stem toen ze nog iets toevoegde aan haar lijst met dingen die ze moest doen. 'Ik kan maar beter aan de slag gaan. Mijn tijd raakt op.'

36

Rechercheur Rodriguez Sanchez kwam Ramirez' kamer binnen en trok de deur stevig achter zich dicht. 'Nog problemen met die Canadese advocaat?' vroeg hij.
'Afgezien van het feit dat ze er is? Niks bijzonders. Señor Ellis blijft beweren dat hij onschuldig is, maar houdt vol dat hij zich niet kan herinneren wat er is gebeurd. Hij heeft niets gezegd wat strijdig is met onze bewijzen. Overigens heb ik haar kopieën van al onze rapporten gegeven.'
'Was dat wel verstandig?' vroeg Sanchez.
'Het leek me het beste haar zoveel mogelijk informatie te geven. We willen niet dat de Canadese regering bij een halsmisdaad gaat klagen over een oneerlijk proces. Bovendien zijn de bewijzen ijzersterk.' Hij deed verslag van zijn gesprek met de minister van Binnenlandse Zaken.
Sanchez boog zich verbaasd naar voren. 'Is het niet vreemd dat de minister zo nauw betrokken is bij een onderzoek in een ernstig misdrijf?'
Dat was het inderdaad, dacht Ramirez, gezien de reputatie van de politicus dat hij zo weinig mogelijk deed. 'Hij zal de hete adem van de Canadese ambassade in zijn nek voelen.'
'Denkt u?' vroeg Sanchez. 'Die doen meestal niet veel meer dan een paar van die blaadjes van ze uitdelen.'
'Nou, iemand heeft de minister toch een schop onder zijn kont gegeven. Misschien omdat señor Ellis van de politie is. Ga maar na: wanneer hebben de Canadese autoriteiten voor het laatst een advocaat gestuurd voor iemand die bij ons in bewaring zat?'
'Die man uit Alberta is de enige die ik kan bedenken. Die man van dat olieplatform. Maar die advocaat had hij zelf in de arm ge-

nomen, niet zoals deze. En dat pakte niet zo goed voor hem uit.'
Ramirez knikte. De olieman werd beschuldigd van seks met een meisje van veertien. In Cuba was dat oud genoeg om met toestemming van de ouders te mogen trouwen. Blijkbaar had hij vergeten een huwelijksaanzoek te doen. Het meisje diende een aanklacht in toen ze erachter kwam dat hij niet van plan was haar als zijn bruid mee te nemen naar Alberta. Zijn eerste fout. Zijn tweede, voorzover Ramirez had begrepen, was dat hij had geweigerd de officier van justitie, Luis Perez, smeergeld te betalen.

De advocaat van de man was helemaal uit Edmonton naar Cuba gevlogen om het proces te volgen. Toen de commissie had geweigerd zijn visie aan te horen, was hij woedend de rechtszaal uit gerend en had hij boos geroepen dat het Cubaanse rechtssysteem een volksgericht was. Maar hij was geen ooggetuige of een Cubaanse advocaat. De commissie had volgens de grondwet geen andere keus dan zijn tirade te negeren. In november was de olieman veroordeeld tot vijfentwintig jaar gevangenis.

'Het verheugt me bijna dat de minister belangstelling heeft,' zei Ramirez, 'al betekent het voor ons allebei meer werk. Anders was de kans dat deze zaak voor de rechter komt niet groot geweest, als de openbaar aanklager de stukken eenmaal in handen had gekregen.'

'Perez.' Sanchez schudde vol afgrijzen zijn hoofd.

Ramirez knikte. Sanchez en hij hadden vaak bij ernstige zaken tot diep in de nacht aanklachten zitten formuleren, met als enige gevolg dat Luis Perez een paar duizend peso's in zijn zak liet glijden en zelf een bezoek aan de opslag bewijsmateriaal bracht om cruciale stukken te laten verdwijnen. Zonder voldoende bewijzen om aanklachten in te dienen keerden de extranjeros in vrijheid naar huis terug.

Een paar jaar geleden was een politicus van de Bahama's gearresteerd wegens seks met jonge jongens. Hij werd vrijgelaten nadat hij de aanklager met een grote som geld had omgekocht, volgens de geruchten 25.000 Amerikaanse dollars. Ramirez had gelachen toen Castro de week erop die valuta had verboden. Dat was een maand voor de Kerst gebeurd en daarna was Perez even

arm geweest als de rest. Ramirez en Sanchez hadden hem met enorm veel genoegen, elke keer dat ze hem tegenkwamen, *Feliz Navidad* gewenst.
   Advocaten. Ramirez schudde zijn hoofd. Het deed er niet toe aan welke kant ze stonden: het waren geen vrienden van de politie.

37

Celia Jones ging naar het businesscentrum in het hotel. Haar laptop was nutteloos, want in het hotel had ze geen internet. De lijnen lagen al meer dan een week plat, verklaarde de jongedame daar. En nee, ze had geen idee wanneer de verbindingen hersteld zouden zijn. Wen er maar aan, impliceerde de toon waarop de vrouw het zei. *Dit is Cuba, señora.*

Jones moest op een of andere manier een beveiligde computer vinden, een die niet in de gaten werd gehouden door wie er op dat moment belast was met het toezicht. Een waarop ze informatie kon zoeken zonder spiedende ogen. Het zou helpen als ze haar troeven voor zich kon houden.

Ze ging naar de hotellobby, langs de zwierige trap in *Gone with the Wind*-stijl die karakteristiek was voor de parterre van het Parque Ciudad. Miguel Artez, knap in zijn grijze uniform met pet en witte handschoenen, stond met de bedrijfsleider te praten. Ze liep naar hen toe.

'Miguel, ik moet je om een gunst vragen.' Ze probeerde ontspannen over te komen, omdat ze er niet zoals Mike zeker van was dat ze Artez kon vertrouwen.

'Hola, señora...?' Hij wachtte tot ze haar achternaam had gegeven.

'Noem me alsjeblieft gewoon Celia.' Ze schudde zijn gehandschoende hand en lachte hem stralend toe.

'Wat kan ik voor u doen, señora Celia?' Het was een grapje, want hij wist best dat het niet haar achternaam was.

'Miguel, kan ik ergens in Havana toegang tot internet krijgen? Zijn er bijvoorbeeld internetcafés?'

'Het spijt me, señora, die zijn er wel, maar ze zijn alleen voor binnenlands verkeer. De meeste sites zijn onbereikbaar door firewalls van de overheid. Internationale websites zijn al helemaal onbereikbaar. U kunt wel het intranet gebruiken, op de *correo.*' Het Cubaanse postkantoor.

'Dus een zoekmachine is onbereikbaar?' vroeg ze ongelovig. 'Bedoel je dat ik hier zelfs geen e-mail kan ontvangen?'

De bedrijfsleider liep weg naar zijn kantoor om een telefoontje te beantwoorden en nam dus geen deel meer aan de conversatie. Artez boog zich naar Jones toe en ging zachter praten. 'Sommige mensen hebben een speciale toestemming van de overheid om een eigen computer te gebruiken. Mocht u er een nodig hebben en het is erg dringend, dan heb ik misschien een hypothetisch familielid dat misschien iemand kent die zo'n vergunning heeft. Maar het is wel erg duur, vanwege het risico. Vijf jaar celstraf voor mijn neef en voor u waarschijnlijk een zware boete.'

'Ik neem dat hypothetische risico.' Glimlachend liet ze een paar peso's in zijn hand glijden.

Het was al vijf uur. Artez zei dat hij om acht uur, na zijn dienst, iets zou regelen en haar hier in de hal zou ontmoeten. Ze had dus een paar uur om na te denken, Mikes sporen na te gaan en te proberen te ontdekken wie hem op Kerstavond met een vrouw had gezien, op het tijdstip dat een Cubaans jongetje op onvoorstelbare wijze was verkracht.

38

Inspecteur Ramirez keek met Ronita Alvarez door een doorkijkspiegel. Het leek wel of Cuba vol kamers met doorkijkspiegels was. De helft van de bevolking was te veel tijd bezig met naar binnen kijken, terwijl de andere helft zijn neus platdrukte tegen het glas, snakkend naar een glimp van de buitenwereld.

Ze observeerden een ander misbruikt kind, dat in een niet gerelateerd onderzoek aan de andere kant van de ruit werd verhoord.

Het meisje, niet ouder dan negen, hield een speelgoedbeer stijf in haar armen gekneld, terwijl een gesprekstherapeute haar vriendelijk vroeg wat er was gebeurd. Een cameraatje in een hoek van de kamer maakte opnamen van het kind. Alvarez legde uit dat er twee bandjes werden bewaard, een voor tijdens de rechtszaak, het andere om te kunnen reageren op elke beschuldiging dat het meisje tijdens het verhoor antwoorden in de mond waren gelegd.

'Tijdens het proces wordt alleen het bandje gebruikt. Het meisje krijgt het gezicht van degene die haar heeft verkracht nooit meer te zien,' verzekerde Alvarez hem. Ze had de vraag in zijn ogen gelezen.

Alvarez had het Centrum voor de Bescherming van Kinderen en Adolescenten met hulp van Ramirez opgezet. 'We hebben het afgelopen jaar meer dan honderd gevallen gehad, de meeste dankzij jou. Maar er zijn ook losstaande gevallen, zoals dit. Ongetwijfeld een fractie van het werkelijke aantal.'

Ramirez had zich ingezet voor het oprichten van een centrum voor kinderen die slachtoffer van misbuik waren, en hij had genoeg statistieken van zijn afdeling aangedragen om de oprichting te ondersteunen. Hij hoopte nog steeds dat er elders in Cuba meer centra zouden worden geopend.

'Hoeveel gevallen van kinderverkrachting heb je sinds de opening gehad? Ik bedoel van jonge kinderen, zoals dit meisje?'
'Van een echte verkrachting? Een klein aantal, een of twee. Het is voor die kinderen al moeilijk genoeg te vertellen dat ze zijn betast. Ik zou graag willen aannemen dat het betekent dat er maar enkele slachtoffertjes zijn. Maar statistisch gezien zou ik dromen. In de meeste landen worden de meeste kinderverkrachtingen niet gemeld.'
'Hoeveel aanklachten betreffen jongens?'
'In de slachtofferrol? Meer dan driekwart van de slachtoffers zijn meisjes, meestal tussen de elf en vijftien.'
'Dus het verkrachten van jonge jongens onder die leeftijd is ongebruikelijk?' Ramirez nam aan dat het zo was, maar wilde het van een deskundige horen.
'Ik denk dat het moeilijk is betrouwbare cijfers te vinden en dat we vermoedelijk maar van een heel klein deel op de hoogte zijn. Maar ik zou zeggen dat het statistisch gezien zeer ongewoon is.'
'Bij hoeveel aanrandingen zijn toeristen betrokken?'
Ze zuchtte en schudde haar hoofd. 'Dat is een heel ander verhaal. We horen over kinderen die worden misbruikt door mannen die hiernaartoe komen met het idee dat Havana nog hetzelfde is als het Havana van de jaren zestig. De buitenlanders die landen als Thailand gaan voor seks met jonge kinderen komen nu ook naar onze stad. De kinderen zijn zo arm, hebben zo'n honger. Ze doen bijna alles voor een paar peso's.'
Vijf peso's, dacht Ramirez. Dat was het bedrag dat Ellis het jongetje had gegeven. Vijf peso's: de prijs van een kind.

Terwijl Ronita aan het woord was, verscheen het dode jongetje voor het eerst aan de inspecteur. Een mager jongetje, in een rode korte broek, met zijn gezicht bont en blauw. Het liep naar de hamsterkooi die op een bankje onder het raam stond en zakte door zijn knieën om naar het bruine diertje te kijken dat in zijn tredmolen rende. Met zijn vingers draaide hij een cirkel, volgde het rad. Hij keek Ramirez aan en lachte.

'Denk je dat deze toeristen, degenen die hier komen om onze kinderen aan te randen, solitaire individuen zijn?'
Het dode jongetje liep naar Ramirez toe.
'Dat mag ik zeker hopen,' zei Alvarez. 'Hoezo?'
Ramirez omzeilde haar vraag en probeerde het dode kind te negeren. 'Stel dat ik redenen heb om te denken dat er misschien twee of meer mannen in het Oude Havana zijn die jongens misbruiken, wat zou dan je reactie zijn?'
'Ik zou diep geschokt maar niet verbaasd zijn. Ik denk dat het in vele opzichten een kwestie van tijd is geweest voor het gebeurde, als je kijkt naar het groeiende sekstoerisme van de laatste jaren.'
'Ik weet het niet zeker, beste meid, maar ik heb de indruk dat er hier zo'n club aan het werk is, die het heeft gemunt op de jongens van de markt.'
'Een georganiseerde kring?'
'Misschien wel. Ik denk dat ik mogelijke toekomstige slachtoffertjes kan identificeren. Ik weet niet zeker of ze zijn misbruikt, maar dat moeten we uitzoeken. Als mijn mensen ze naar jou toe brengen, kun jij ze dan uithoren?'
'Ja, natuurlijk. Maar het zou beter zijn als we ze zelf benaderen. En er moeten familieleden bij zijn. We mogen ze niet ondervragen als ze alleen zijn. Hebben ze zich bij iemand beklaagd?'
'Nee. Maar het wordt moeilijk, want ik weet niet zeker of deze jongens zelf zijn lastiggevallen. Van maar een van hun vriendjes weet ik het zeker. Een jongetje van acht, dat bij meer dan één gelegenheid is verkracht door een of meer mannen.' Hij aarzelde, wist niet hoeveel hij kon vertellen, besloot toen open kaart te spelen. 'We hebben hem met Kerstmis gevonden, vermoord.'
Alvarez hapte naar adem. 'Mijn god. Zeg dat het niet waar is.'
'Ik wou dat ik dat kon,' antwoordde Ramirez.
Het jongetje trok aan Ramirez' hand, probeerde hem mee te krijgen naar de hamsterkooi. Toen Ramirez hem bestraffend aankeek, hield hij ermee op. Teleurgesteld maar gehoorzaam.
'Maar ik moet weten of er andere kinderen geweest zijn. Dat dode jongetje is eerst een kalmerend middel toegediend en dus

moeten we ook weten of deze jongens iets dergelijks is toegediend, of er momenten zijn waar ze zich niets van kunnen herinneren, of er periodes zijn geweest dat het pijn deed als ze gingen zitten zonder dat ze wisten hoe dat kwam. Dat soort informatie.'

Ze liet zich op een bank neervallen. Het centrum was gehuisvest in een woning en zo ingericht dat het op een woonhuis leek, zodat de getraumatiseerde kinderen zich meer op hun gemak voelden. Ze had tranen in haar ogen. 'Wat verschrikkelijk. Weten zijn ouders het al?'

'Niet van de verkrachting. Hij heeft alleen een moeder, een weduwe. Ze herkende de verdachte niet. Ik zou het op prijs stellen als je met de andere kinderen daar gaat praten om erachter te komen of ze ook slachtoffers van seksueel misbruik zijn geweest. Het zijn er twee, twee kleine meisjes. Heel jong, misschien te jong om je vragen te kunnen beantwoorden. Je moet de zaak wel discreet behandelen, dat kun je je voorstellen.'

'Natuurlijk,' fluisterde ze. Hij kon zien dat ze moed verzamelde, ook al bewoog ze niet. 'Natuurlijk help ik je, Ricardo. Heb je al een verdachte?'

'Eentje maar.' Hij gaf haar een kopie van het fotootje in het Canadese paspoort. 'Maar ik weet zeker dat er nog iemand bij betrokken was. De dader heeft iemand nodig gehad om het lichaam naar de vindplaats te brengen. Bovendien zijn er polaroids waarop het kind wordt misbruikt. Gezien de opnamehoek heeft iemand anders die gemaakt.'

De dode jongen liep naar de kooi met de hamster. Hij keek toe terwijl de tredmolen ronddraaide.

'Uitstekend, Ricardo,' zei Alvarez. 'We zullen de zaak uitzoeken zoals je hebt gevraagd. Maar ik kan maar één kind tegelijk ondervragen, begrijp je? Als je me de namen geeft, laat ik een therapeute met de gezinnen praten en kijken of die erin toestemmen dat de kinderen hierheen worden gebracht.'

'Gracias, Ronita. Ik ben je heel dankbaar.'

'De kinderen kunnen spelletjes doen of met de hamsters en de konijnen spelen.' Ze wees naar de dieren die ze bij haar therapie gebruikte. 'We stellen hen zoveel mogelijk op hun gemak. Ik heb geen idee hoeveel tijd het gaat kosten. Misschien willen ze tegen ons niets zeggen. Het kan zijn dat hun ouders het niet willen, vooral als ze inderdaad zijn misbruikt. We zullen in ieder geval alle sessies op tape vastleggen.'

'Kan ik die banden na afloop te zien krijgen?'

'Als het eenmaal zover is, kun je zelfs de gesprekken bijwonen, als je dat wilt. Maar je mag geen vragen stellen, alleen door de koptelefoon overleggen met de therapeute die met het kind aan het werk is. Dat is tegenwoordig de regel. Het onderzoek is minder belangrijk dan het kind, snap je wel?'

De dode jongen kwam terug naar Ramirez en lachte, zodat er kuiltjes in zijn wangen kwamen. Hij vindt de dieren leuk, dacht Ramirez. Heeft señor Ellis het jongetje zo kunnen overhalen met hem mee te komen? Deed hij alsof hij hem een huisdier wilde laten zien?

'Ben je het daarmee eens, Ricardo?'

Ramirez besefte dat hij geen antwoord had gegeven omdat hij werd afgeleid door de jongen die Ronita niet kon zien.

'Helemaal. En dank je wel voor je medewerking, Ronita.'

'Ik wou dat ik kon zeggen dat ik het met plezier doe.'

39

Celia Jones belde naar huis, maar Alex was er niet. Ze sprak een boodschap in: hij hoefde zich niet ongerust te maken want alles was in orde en de politie was heel behulpzaam. Ze verzekerde haar man dat hij nergens over hoefde in te zitten, dat ze van hem hield, dat ze hem miste en wilde dat hij bij haar was.

Ze liep naar de lobby en vroeg Miguel de weg naar El Bar Mi Media Naranja. 'O ja,' zei hij, 'Hemingways geliefde bar. U begrijpt het grapje van de naam?'

'De halve sinaasappel?'

'Het betekent de plek waar je je "zoetere" helft kunt vinden.'

De smalle straatjes zigzagden maar de bar bleek niet ver van het Parque Ciudad Hotel te zijn. Niet half zo ver als Mike had gesuggereerd, wat maakte dat ze hem nog minder vertrouwde. Hij loog ergens over, daar was ze van overtuigd.

Ze wilde Fidel, de barman, zoeken en zien of hij zich de vrouw kon herinneren van wie Mike volhield dat ze naast hem aan de bar had gezeten. De man had tegen de politie gezegd dat hij zich niet kon herinneren Mike met een vrouw te hebben gezien. Ze wilde zien wat hij haar zou vertellen na een kleine financiële prikkel van haar kant.

De beroemde bar was maar klein. Knus, zou er in een vastgoedadvertentie staan. Er stond een rijtje mensen voor de deur, gasten die wachtten op een plek voor de vroege zitting van het restaurant. Aan het eind van de lange mahoniehouten bar zag ze een lege kruk en ze ging erop zitten.

Het was er al rumoerig en voor de deur stond een band mariachiachtige muziek te spelen. Ze bestelde een mojito en trok een lelijk gezicht toen ze de prijs zag. Mike had gezegd dat het een toeristenval was en hij had niet overdreven. Ze vroeg de man achter de bar of Fidel er was.

'Nee, señora, die heeft overdag vrijaf.' En schouderophalend: 'Misschien dat hij er vanavond is.'

Ze vroeg hem of hij haar vriendin had gezien, en beschreef de vrouw die volgens Mike naast hem had gezeten.

Hij grijnsde en haalde opnieuw zijn schouders op. Havana telde vele mooie vrouwen met strakke jurkjes, roze nagels en blond haar met een coup soleil. Als ze naar die ene bleef zoeken, verdeed ze haar tijd. Je hoeft maar te wachten, zo suggereerde zijn schouderophalen, en je treft er een hoop die net zo zijn, of nog beter. Ze voelde zich enigszins beledigd, en daarna geamuseerd, door zijn idee dat ze een jinetera voor zichzelf zocht.

'Het is belangrijk dat ik haar vind,' drong ze aan, terwijl ze in haar tasje naar een potlood zocht. Ze scheurde een stuk papier uit haar opschrijfboekje en schreef er het nummer van haar hotelkamer op. Ze gaf het hem en zei dat als Fidel of de vrouw in de bar kwam, het haar tien peso's waard was als hij een berichtje voor haar achterliet in het hotel.

Nu had ze zijn aandacht.

Jones dronk haar glas leeg, betaalde en gaf een enorme fooi. Ze wilde dat de barman zich haar herinnerde als een vrijgevig iemand.

Ze had nog een paar uur voor ze Miguel Artez en zijn neef voor het hotel zou ontmoeten, die haar online zouden brengen. Ze vroeg hoe ze op de Malecón kon komen en zocht zich tussen de tafeltjes door een weg naar buiten, waar het nog steeds volop dag was. Het politierapport had niet duidelijk omschreven waar het lichaam was gevonden, alleen dat het op de zeewering tegenover de 'medische torens' was. Die moesten een soort oriëntatiepunt zijn.

Via de Calle Obispo liep ze in noordelijke richting de Plaza de Armas. Ze kon haar ogen niet geloven: een markt met boekenstalletjes die het hele met bomen omzoomde plein vulde, als een bibliotheek zonder muren. Tientallen handelaren hadden duizenden gebruikte boeken uitgestald. Ze snuffelde een minuut of tien rond en vroeg zich af of het zonlicht wel goed was voor de omslagen, de bladzijden. De boeken waren allemaal in het Spaans en gingen over de revolutie of het katholicisme. Dat laatste verbaasde haar, want ze had gedacht dat Cuba geseculariseerd was. Onderweg naar de Malecón werd ze voortdurend aangeschoten door bedelaars van alle leeftijden. Een grijze dame kwam voor haar staan, blokkeerde de doorgang en hield haar een paar – vermoedelijk waardeloze – Cubaanse peso's voor. De vrouw wilde ze ruilen voor peso's van Jones, die wel wat waard waren.

'Kijk,' zei de vrouw. 'Hier staat het hoofd van Che op. Een mooi souvenir, toch? Een peso voor een peso, gewoon ruilen.' Jones schudde haar hoofd en liep langs de vrouw heen, maar ze kreeg enig begrip voor Hillary Ellis' irritatie.

Oud-Havana was prachtig. Jones kwam langs het San Carlo y Ambrosio-seminarie, een schitterend stenen gebouw dat de jezuïeten halverwege de negentiende eeuw hadden gebouwd. Erachter, aan de andere kant van de haven, stond het Castillo, een Spaans fort uit 1589 dat de toegang tot de Baai van Havana moest beschermen. Het deed haar denken aan het oude centrum van Québec, met zijn brede straten met kinderhoofdjes en balkonnetjes met krullerig siersmeedwerk. In dit deel was Havana teruggebracht in oude staat, zoals het moest zijn geweest voor het handelsembargo: verbijsterend mooi.

Tussen het seminarie en de zeeweg was een markt met stalletjes waar kunst, gehaakte topjes, halssnoeren van koraal en armbanden van bruine zaadjes werden verkocht. Sommige kooplieden verkochten Afrikaans houtsnijwerk. Ze bleef staan en kocht voor wat peso's een paar oorringen van zilver en email en voor nog eens vijf een kleine zeefdruk van een zeemeermin op de Cubaanse vlag. Ze dacht dat Alex dat wel leuk zou vinden voor in zijn werkkamer.

Jones liep de markt over naar de zeewering. De zee was deze dag turquoise, een blauw dieper dan dat van de hemel. Haar blik viel op het parkje met het reuzenrad en ze ging ervan uit dat de degene die het ding bediende daar zijn verklaring had afgelegd. Ze vroeg een Cubaans stel in het Spaans waar de medische torens waren; zij vroegen haar om zeep. Ze wezen naar het westen en zeiden erbij dat de torens een paar kilometer verderop aan de Malecón stonden, dus wandelde ze langs de zeewering en keek van daar naar de overkant van de straat, naar de ingezakte gebouwen, de flatgebouwen die op instorten stonden en de enkele die waren opgeknapt.

De contrasten waren enorm. Naast een gebouw dat nauwelijks meer was dan een hoop puin en waarvan nog maar één muur compleet overeind stond maar waar desondanks tussen de afbraakbalkonnetjes nog was te drogen hing, werd een nieuw hotel opgetrokken. Het nieuwe gebouw was een en al glas en schuine wanden en keek uit op de zee. Het zou niet hebben misstaan aan de waterkant in Toronto of Montréal. De trottoirs ernaast zaten vol scheuren en van het hele blok had alleen het hotel geen kapotte ramen.

Ze liep een kilometer of drie, vier, tot ze aan de overkant van de Malecón de torens zag staan. Een paar minuten later ontdekte ze de plek waar het lijkje was gevonden. De felgele afzettingslinten tussen twee lantarenpalen waren nog niet weggehaald. Ernaast speelde een man met een viool treurige muziek; aan zijn voeten stond een fles voor de munten. Ze liet er wat *centavos* in vallen.

Ze liep naar de rand van de zeewering, keek eroverheen en voelde ook bij deze kleine hoogte een duizeling door de hoogtevrees. Ze dwong zichzelf langs de steile muur naar het water te kijken. Het was eb en er waren plastic zakken en andere rommel op de stenen gestrand. Kelp dreef er in een olieachtige film. Het zag er net zo uit als overal aan de Malecón; er was niets wat erop wees dat hier iets naars was gebeurd. Ze haalde diep adem en richtte zich op.

Geen van de toeristen die tegen de stenen wering leunden kon er een vermoeden van hebben dat hier nog maar een paar dagen geleden het lichaam van een jongetje was gedumpt. Maar het was niet waarschijnlijk dat hij gewoon hierheen was gedragen en zomaar open en bloot in het water was gegooid. De Malecón moest 's avonds, wanneer er een verkoelend briesje van zee was, een geliefde plek zijn. Ze stelde zich voor dat er zelfs 's avonds laat nog auto's, taxi's en voetgangers langskwamen, zeker op de drukke Kerstavond.

Jones liep langzaam terug naar haar hotel maar haar gedachten snelden vooruit. Ze wilde een soort resumé van een pleitrede opstellen voor de openbaar aanklager en de juridische commissie, iets formeels wat in de processtukken zou worden opgenomen, iets wat in het Cubaans recht *conclusiones provisionales* wordt genoemd: bezwaren tegen constateringen van de politie, tegen omschrijvingen in de aanklacht.

Ze moest denken als een advocaat. Zo moest ze haar baas en zichzelf vrijwaren van enige aansprakelijkheid als Mike voor het vuurpeloton zou eindigen. Of als hem in de gevangenis iets ergs zou overkomen. O'Malley had gelijk, bedacht ze met een ernstig gezicht: het recht leek heel veel op onderhandelen met een gijzelnemer.

Het gesprek van die ochtend met Mike had Jones bijna nog meer zorgen gebaard dan de bewijzen die inspecteur Ramirez had verzameld. Ze had het gevoel dat Mike iets belangrijks achterhield voor zowel de Cubaanse politie als haarzelf, maar ze kon niet zeggen wat het was, of waarom ze zo twijfelde aan zijn betrouwbaarheid. Was Mike Ellis het soort man die zijn vrouw op vakantie meeneemt naar Havana en dan een kind zoekt om seks mee te hebben? Was hij misschien een pedofiel?

Ze vroeg zich af of zijn verschrikkelijke verwondingen en zijn zonder twijfel beschadigde gevoel van eigenwaarde konden hebben veroorzaakt dat hij kinderen uitzocht voor zijn seks? Kinderen waren tolerant, onbevooroordeeld, alles wat Hillary Ellis schijnbaar niet was. Ze huiverde bij het idee dat een collega een kind zou hebben verkracht en vermoord.

Maar ik ben geen profiler, dacht ze, ik ben gewoon advocaat.

En je kon geen conclusies trekken op basis van iemands uiterlijk. Ze vond het altijd schokkend wanneer de politie op het internet weer een kinderpornokring aantrof en de schuldigen in handboeien naar buiten bracht. Accountants en advocaten, docenten, coaches en zelfs een enkele rechter. Dezer dagen ook veel priesters.

Achter de littekens op zijn gezicht kon Mike werkelijk van alles zijn: niemand wist wat er achter die gesloten deuren speelde. Alex en zij hadden jarenlang geprobeerd een kind te krijgen en vervolgens een adoptieaanvraag ingediend. Maar er waren niet veel Canadese kinderen voor adoptie beschikbaar, tenzij ze speciale behoeften hadden. Ze kon zich niet voorstellen dat ze de zorg voor een gehandicapt kind zou hebben, hoewel Alex daar wel voor openstond. Ze hadden besloten hun aanvraag te handhaven en te zien wat er gebeurde. Er gingen jaren voorbij en ze kregen niet één kind aangeboden. Het leven was verdergegaan. Ze was nu in de veertig en betwijfelde of ze ooit nog moeder zou worden. Maar als ze een kind had, zou ze geen seconde aarzelen. Ze zou iedereen vermoorden die hem seksueel betastte.

40

Celia Jones trok haar power-suit uit. Ze trok een short aan, een topje en leren sandalen. Alex had een boodschap ingesproken op de hoteltelefoon: hij was blij haar stem te horen, stond de hele dag in de OK, hield van haar, miste haar ook en hoopte dat ze van de zon genoot. Ze glimlachte, speelde de boodschap een aantal malen af en kon er niet toe komen die te wissen.

Ze at even iets in de bovenlounge naast het prachtige dakzwembad. Onder het eten werkte ze aan het resumé, stopte af en toe om het schitterende uitzicht rondom te bewonderen en vermeed zorgvuldig om naar beneden te kijken. Vanaf het terras had je uitzicht op de ellende van Havana maar het vormde ook de omlijsting van de majestueuze Capitolio Nacional, waar het parlement zetelde. Het gebouw stond zo dichtbij dat ze bijna het gevoel had dat ze haar hand kon uitstrekken om de glanzende koepel aan te raken.

Het Capitolio was een kopie van het Capitool in Washington, tot in alle details, maar op een veel kleinere schaal. Hier stond het vijftien meter hoge Standbeeld van de Republiek, dat volgens de verhalen was verguld met 22-karaats goud. De bordestrappen besloegen de hele breedte, en op straatniveau werden ze omzoomd door Chevrolets uit 1956 en rijen toeristen, samen met de alomtegenwoordige bedelaars, zwerfhonden, sigarenvrouwtjes en jonge jongens. Zelfs de honden bedelden.

Ze liep naar de rand van het dakterras en probeerde naar beneden te kijken, maar ze was bijna meteen duizelig. Vóór de krankzinnige springer was er niets aan de hand geweest. Ze herinnerde zich dat ze omlaag had gekeken naar de parkeerplaats waar zijn lichaam in scherpe hoeken in de sneeuw had gelegen, als een witte origami-zwaan met rode vleugels. Nu leed ze aan allerlei fobieën: hoogtevrees, claustrofobie, zelfs chionofobie, angst voor sneeuw. Dat is vervelend voor een Canadees. Ik had hem zelf een duw moeten geven, dacht ze. Dan had ik er minder problemen mee gehad.

Als ze recht vooruitkeek, zag ze het Gran Teatro, een van 's werelds grootste operatheaters. Achter de platte daken van de verzakkende gebouwen overal rond haar hotel glinsterde de zee. Het uitzicht was prachtig en tegelijkertijd verwoestend. Ze keek op haar horloge en realiseerde zich dat het al over achten was. Het was hier 's avonds zoveel lichter dan thuis dat ze niet in de gaten had gehad dat de tijd zo snel verstreek.

Verdomme, ze was te laat. Jones rende naar de lift, drukte een aantal keren op de knop en draafde, toen de lift niet snel genoeg kwam, de vier trappen van het terras naar haar verdieping af. Ze graaide haar laptop mee, sloot de deur en vloog de twee trappen naar de lobby af.

Artez was nergens te bekennen. Als hij maar niet al weg was. Ze ijsbeerde een tijdje door de lobby en vroeg ten slotte aan de receptionist of hij wist waar Miguel was. Hij haalde verontschuldigend zijn schouders op en vertelde dat Miguel zijn dienst er al uren op had zitten.

Ze had de zaak misschien helemaal verpest, maar er viel niets meer aan te doen. In de hotelbar speelde een heel goed trio en ze ging aan het eind van de bar zitten uitkijken naar Artez. De twee mannen speelden gitaar en de vrouw roffelde onder het zingen met haar castagnetten, liet haar rok zwieren en stampte met haar voeten. Jones applaudisseerde maar was met haar gedachten bij andere dingen.

Zonder Artez was ze nergens. Wat ze moest beginnen als hij van gedachten was veranderd, wist ze niet. Zonder een andere toegang tot het internet zat ze klem, en haar tijd raakte op. Maar op dat moment slenterde hij naar binnen en zwaaide hij losjes naar haar, alsof hij niet twintig minuten te laat was.

'Gaat u mee, señora Celia,' zei hij. 'Mijn hypothetische familielid zit te wachten.'

41

Het was laat, en lang na etenstijd. Weer een maaltijd met zijn gezin die hij had gemist. Francesca zou wel balen, maar inspecteur Ramirez had weinig keus. Hij moest twee problemen in de gaten houden: een buitenlandse advocate die vastbesloten was een bres in zijn bewijsmateriaal te slaan, en een politicus die aandrong op een veroordeling.

'Ik wou dat ik wist waar hij aan die drugs is gekomen,' merkte Ramirez op tegen Sanchez. Hij legde het overzicht van hun bewijzen op tafel. 'Dat onderdeel van deze zaak zit me het meest dwars.' Het betekende namelijk dat er nog steeds rohypnol in omloop was en dat ook andere kinderen konden worden gedrogeerd en vermoord.

Ramirez had Sanchez naar het vliegveld gestuurd, om te kijken of hij bij de douane de partij rohypnol kon achterhalen, maar Sanchez had gemeld dat er jaren geen leveranties in Havana waren geweest.

'Inspecteur, volgens mij hoeven we niet te weten waar de rohypnol vandaan kwam,' zei Sanchez. 'We hebben meer dan genoeg bewijzen om de Canadees van verkrachting te kunnen beschuldigen. Het maakt niet uit of hij dat spul vanuit Canada heeft meegebracht of niet: het belangrijkste is dat we het in zijn kamer hebben gevonden.'

Sanchez kon dan misschien gelijk hebben, Ramirez hield niet van losse eindjes.

'Nou, ik weet zeker dat de Canadees geen drugs heeft meegenomen, waarschijnlijk zelfs geen medicijnen. Ik heb de bewakingsbanden bekeken die jij voor me bij het vliegveld hebt gehaald. Niks.'

Ramirez had de beagle geobserveerd, de beste drugshond, en gezien dat het dier kwispelend langs de Canadees was gelopen zonder zelfs maar op te kijken. Die had geen drugs bij zich gehad, zelfs geen heel klein beetje. Niet in zijn bagage en niet op zijn lijf. De rohypnol-capsule moest afkomstig zijn van Cuba, van iemand die hem al in bezit had. Maar Sanchez had gelijk: Ramirez probeerde de Canadees niet aan te klagen voor verboden drugsbezit of het gebruik van een slaapmiddel. Nee, in zijn rapport vroeg Ramirez de openbaar aanklager Michael Ellis te beschuldigen van verkrachting en moord, en de doodstraf te eisen gezien de speciale omstandigheden waaronder de misdaad was gepleegd.

De blik van de dode man kruiste die van de inspecteur. Hij richtte zijn hand, met de duim omhoog en de wijsvinger gestrekt, op Sanchez. Daarna hield hij dit pistool tegen zijn eigen hoofd en haalde de trekker over.

Nadat Sanchez naar huis was gegaan, leunde Ramirez achterover in zijn bureaustoel, vouwde zijn handen achter zijn hoofd en dacht na over hun gesprek. Sanchez had een goed punt aangekaart. Waarom was de minister van Binnenlandse Zaken zo betrokken bij juist deze zaak? En als hij zeker wilde weten dat de Canadees ter dood zou worden veroordeeld, waarom had hij dan Luis Perez aangewezen als aanklager? In deze zaak speelde zoveel politiek mee dat Ramirez niet geheel op een goede afloop durfde vertrouwen, ondanks de sterke forensische bewijzen. Hij schudde zijn hoofd. Er waren te veel geheimen.

Zijn eigen geheim was steeds moeilijker te verbergen. Door de stress van de afgelopen week was het trillen van zijn armen en benen duidelijker geworden. Hij had gehoopt dat hij door zijn lange werkdagen zo moe was dat hij eindelijk kon slapen, maar de visioenen leken juist frequenter op te duiken.

Er zou een moment komen dat hij Francesca de waarheid moest vertellen. Maar hij had het zo lang uitgesteld dat hij geen idee had hoe hij het moest aanpakken. Wat moest hij zeggen?

Hij was bang dat ze hem door een psychiater zou willen laten onderzoeken, als ze al niet direct een echtscheiding zou willen.

Ze zou er bijna zeker op staan dat hij uit hun slaapkamer zou verdwijnen en zijn geesten zou meenemen. Het zou haar niet kunnen schelen of ze er echt waren of niet. Ze had haar huis graag aan kant als er bezoek kwam.

En hoe zou Edel reageren als hij ontdekte dat zijn vader stervende was, of gek? Als het erop aankwam wist Ramirez niet goed hoe degenen om wie hij gaf op zijn toestand zouden reageren. En hij stond niet te trappelen om erachter te komen.

Maar hij kon niet blijven liegen tegen de mensen van wie hij hield. Ramirez schudde zijn hoofd. Hij had er geen idee van wat hij zou doen. Hij stak zijn hand uit en keek hoe zijn vingers als palmbladeren in een briesje wapperden.

Hij opende de bureaula en pakte de fles rum.

42

De avondbries zorgde voor verkoeling. Naast de taxi's stond een oude, rode auto geparkeerd die diesel lekte. In de auto stond op het dashboard een beeldje van de Maagd Maria met een bruine kralenketting eromheen. De raampjes stonden open zodat de avondlucht kon binnenkomen.

Achter het stuur zat een vrouw. 'Kom, señora,' drong ze nerveus aan. 'Snel instappen, alstublieft.'

Miguel Artez stelde haar voor. 'Dit is mijn nicht Juanita.'

'Hola,' zei de vrouw, en ze startte de motor.

De auto reed langzaam over de Malecón, sloeg links af een zijstraat in, en daarna rechts. De straten leken sprekend op elkaar, alleen werden de huizen zo mogelijk nog armoediger en wrakker.

Jones wist niet meer waar ze waren en moest erop vertrouwen dat ze haar van waar ze nu ook heen gingen weer veilig zouden thuisbrengen. Ze reden een minuut of tien en toen zette Juanita de auto neer.

'Waar gaan we heen?' vroeg Jones.

'Het is niet ver meer,' ontweek Artez haar vraag.

Ze gingen onder een poort van brokken steen door en kwamen in een smal straatje zoals ze nog nooit had gezien. De stenen huizen van drie verdiepingen met hun houten stellages waren net als elders in Havana, maar aan de achterkant had elk huis een bizarre muurschildering. In de spleten tussen stenen en rotsen waren poppenkoppen, urnen, stukken hek, gloeilampen en allerlei andere verrassende versiersels gestoken.

Zelfs in de schemering kon ze zien dat er op sommige muren luipaard- en zebrapatronen geschilderd waren, en dat andere waren versierd met rijke mozaïeken. Aan palen hingen rode vlaggen.

Uit donkere hoeken sprongen figuren van mannen en vrouwen naar voren gemaakt van steen, hout en ijzer. Overal keken dreigende maskers haar aan.

Ze kwamen langs een emmer met een stel levende schildpadden die in het troebele water traag over elkaar heen klauterden. 'De volgelingen van santería drinken dat water,' legde Artez uit. 'Ze geloven dat ze door de urine langer leven, omdat schildpadden heel lang leven.'

'Santería?' vroeg Jones. Ze had niet de indruk dat die schildpadden een erg lang leven voor de boeg hadden, gevangen als ze zaten in die kleine plastic emmer.

'De afstammelingen van Afrikaanse slaven geloven in bloedoffers. Ze bidden tot de orisha's hier, de goden van de santería. Deze steeg is hun tempel.'

Een drummer met een schitterende witte lach sloeg met zijn handen Afrikaans aandoende ritmes op een grote trommel. Een groepje Afro-Cubaanse vrouwen zong, swingde en klapte in hun handen. Fakkels verlichtten het straatje.

Er was een kleine openluchtbar met een terras, waar in de toenemende schemering een paar Cubanen rum dronken. Op een rode sokkel stond een wit borstbeeld van Stalin, naast een huis waarop een paar uitpuilende ogen waren geschilderd. Het was heel erg onwerkelijk, het product van een krankzinnige, of een genie. Misschien beide. Het zingen van de vrouwen werd luider, klom naar een fortissimo. Het was fascinerend, hypnotiserend.

'Hoe heet het hier?' vroeg Jones. Even ging het door haar heen dat ze hierheen was gebracht om te worden geofferd.

'De Callejón sin Salida,' antwoordde Artez. Doodlopend Straatje.

'Het is de creatie van een kunstenaar, van vele jaren geleden,' verklaarde zijn nicht op de toon van een gids die iets aan een kind uitlegt. 'Oorspronkelijk vestigden zich hier sigarenmakers uit Key West. Hier vieren we carnaval, maar houden we ook religieuze ceremonies en initiatieriten. Lukumí is overal verboden, behalve hier.'

'Ik had er geen idee van dat zoiets als dit bestaat.'

'O ja, hoor. De Yoruba hadden oorspronkelijk honderden goden, orisha's, maar daar zijn er nog maar een stuk of dertig van over. Het is u misschien wel opgevallen dat de meeste Cubanen kralenarmbanden of kralenkettingen dragen. Daarmee geven ze aan welke god ze hebben geadopteerd. Geel, blauw en wit voor Oshun, *Virgen de la Caridad del Cobre*, de godin van de lichamelijke liefde. Ze was genoodzaakt zich te prostitueren om haar kinderen te kunnen voeden, dus is ze ook de godin van de prostituees. Rode en witte kralen voor Chango de krijgsheer, die zich verbergt achter het gezicht van Sinte Barbara. De katholieken die Chango aanbidden, geloven dat ze niet zullen sterven zonder dat ze de sacramenten hebben ontvangen zolang ze al hun zonden opbiechten. Maar net als de orisha's en de katholieken kunnen alle mensen hier het goed met elkaar vinden. Of we nu Spaans, zwart of iets anders zijn, we hebben nooit ernstige meningsverschillen. Hier heeft,' zei Juanita lachend, 'de echte culturele revolutie plaatsgehad.'

Jones was nog nooit op zo'n plek geweest: een levendige plek die muurschilderingen, Afrikaans spiritisme en pop-art bijeenbracht. Ze kwamen langs levensgrote speelkaarten die tegen reusachtige cactussen stonden. De keien onder hun voeten waren beschilderd met witte en zwarte krullen. Een smalle opening uitgehakt in steen nodigde hen dringend uit een trap af te gaan en een galerie in te gaan. De muren hingen vol posters en kunstwerken. Overal stonden stapeltjes cd's.

Juanita sprak met een diepzwarte man, die de baas van de galerie leek te zijn.

Deze Afro-Cubaanse man nam hen mee een gang door, waar hij een deur ontsloot en hen zwijgend een kamertje binnen liet. Het lag er vol met onderdelen van etalagepoppen, levensgrote te stijf opgestopte lappenpoppen met zwarte gezichten, speren, opgezette dierenkoppen en boeken.

Op een tafel stond een antieke pc, een oude desktopcomputer waarvan de resolutie laag was gezet, zodat het scherm flikkerde. Jones wist dat ze er snel hoofdpijn van zou krijgen. Maar op het scherm stond Google als de homepage, precies wat ze nodig had.

'Hoeveel kost het?' vroeg Jones aan Artez, wetend dat het veel zou zijn.

'Vijfentwintig toeristenpeso's. Tien voor Juanita, tien voor Carlos, de baas van de galerie, en vijf voor mij. En señora, als iemand ernaar vraagt: u bent hier nooit geweest.'

'Prima.'

Ze betaalde het geld, voor elk bijna een maandinkomen, omdat ze zich ervan bewust was dat ze de wet overtraden door haar toegang te geven tot internet op een computer waarvoor zij niet geautoriseerd was. Ze dreef de spot met de Cubaanse wetten. Waarschijnlijk kon ze er in haar verslag aan O'Malley beter geen melding van maken.

Jones ging achter de computer zitten. 'Hoeveel tijd heb ik?' Ze keek op haar horloge.

'Een uur, niet langer. En misschien zelfs nog minder,' zei Juanita. De toenemende intensiteit van het zingen daarboven werkte haar duidelijk op de zenuwen. 'De politie komt hier maar zelden. Ze geloven dat hier geesten wonen, en dat is natuurlijk ook zo. Deze straatjes zijn vol geesten, en je moet hier niet in je eentje rondlopen. Maar u hoeft niet bang te zijn. We hebben offers gebracht aan Oshosi, de god van de valstrikken, om de politie weg te houden. Er zijn mensen die denken dat Eshu, onze god van de kruispunten, ook gaat over communicatie op de elektronische snelweg, niet alleen tussen levenden en doden. U wordt hier hoe dan ook beschermd. Elders op het eiland zou u worden gearresteerd, neemt u dat maar van mij aan.'

'Het is gevaarlijk om langer dan een uur op de computer te zitten,' zei Artez ernstig. 'De politie houdt alle uitgaande data in de gaten. Dit soort activiteiten zal hun niet ontgaan.'

'En ook kan Eshu alleen maar waarschuwen, hij kan geen onheil voorkomen. Hij is niet meer dan een boodschapper, en hij richt zijn aandacht vooral op de doden, niet op de levenden, snapt u wel?' vroeg Juanita.

Jones knikte. Ze kon zich voorstellen dat de plaatselijke politie zich niet prettig voelde op deze plek met zijn getrommel, het gezang en het voodoogevoel waarvan alles hier doortrokken was.

Boven klonken bloedstollende kreten boven het getrommel uit. Een vrouw riep uit dat ze bezeten was. Artez en zijn nicht vertrokken snel en deden de deur achter zich op slot. Jones hoorde het slot klikken.

Nou, fantastisch, dacht ze: sluit een claustrofoob in een omgeving met allemaal gekken op in een piepklein kamertje. Het leek wel zo'n zombiefilm. Shit! Ze bonsde op de deur, maar er kwam geen reactie. Artez en zijn nicht waren weg.

Doodeng. Het zweet brak Jones uit. Ze probeerde zich te concentreren op het scherm, om de kreten van de vrouw buiten te sluiten, en die stopten eindelijk, abrupt. Te abrupt. Toch lukte het Jones op een of andere manier vóór de tijd om was alles op te zoeken wat ze wilde weten en haar e-mails weg te sturen.

Na precies een uur werd er aan de deurkruk gerammeld en klikte het slot open. Juanita liet haar uit het kamertje. Dankbaar zoog Jones haar longen vol frisse lucht.

Artez stond in de galerie te wachten. Gedrieën liepen ze de smalle trap op de warme avondlucht in. De schreeuwende dame was weg en het was stil. Op het zachte geroezemoes in de openluchtbar na bijna onnatuurlijk stil.

'Interessante plek,' zei Jones terwijl ze om zich heen keek. Ze bedoelde het zoals in de Chinese vervloeking: 'Moge u een interessant leven leiden.' Haar hart was nog niet tot rust gekomen. De trommelaars waren weg en van de zangeressen was ook geen spoor meer. Alleen lag er op de plek waar de man met de grote drum had gestaan een rood plasje op de grond. Ze hoopte uit de grond van haar hart dat het verf was.

'Wilt u wat met ons drinken?' vroeg Artez, en Jones wist dat dat van haar werd verwacht. Ze realiseerde zich aan welk risico ze zich hadden blootgesteld. Ze bestelde snel een rondje mojito's voor hen bij de bar, en ook een cd met Afro-Cubaanse muziek voor Alex.

Ze betaalde bijna vijftien keer meer dan de lauwe drankjes zonder ijs waard waren, omdat de barman erop stond dat ze met toeristenpeso's in plaats van de lokale betaalde, maar ze klaagde niet.

Ze wilde er zeker van zijn dat ze haar naar het hotel terugbrachten. Ik wil ze niet kwaad maken, dacht ze. Ik wil niet hier alleen achtergelaten worden, zeker weten.

Toen ze terugreden naar het Parque Ciudad, ontdekte ze dat ze maar drie straten van de Malecón verwijderd waren geweest. Doodlopend Straatje leek mijlenver weg, een plek nauw verbonden met de geestenwereld, maar ook met de buitenwereld op een manier die niet opging voor de rest van het eiland. Met dank aan het internet en de god van de telecommunicatie.

Jones moest de volgende dag echter terug naar Doodlopend Straatje om haar e-mails te checken, om te zien of haar baas en Cliff Wallace, hoofd van de narcoticabrigade, op haar verzoeken hadden gereageerd. Tot dan kon ze niet veel doen. Ze regelde met Juanita dat ze de computer de volgende morgen vroeg weer kon gebruiken. De vrouw verheugde zich op het snelle geld en Jones was blij dat ze bij daglicht naar de plek terug kon. Ze spraken af om halfacht voor het hotel, tegenover de hoofdingang.

Juanita zette hen beiden bij het hotel af. Artez had late dienst en zei dat hij zich ging omkleden. Jones bedankte hem, bedacht toen dat hij een fooi wilde en drukte hem een paar peso's in de hand.

'Zijn er nog boodschappen voor me?' vroeg ze aan de receptioniste. Het hotel had voicemail, maar berichten konden ook worden achtergelaten bij de centralist.

'Eentje maar,' zei de receptioniste en ze pakte achter zich een roze strookje papier. Er stond geen naam op. Iemand had om tien over acht een bericht achtergelaten voor Celia Jones. Haar vriendin zat in de bar.

Jones rende het hele stuk naar Hemingways favoriete drankgelegenheid, maar toen ze daar kwam, was de blonde vrouw weg. De barman haalde verontschuldigend zijn schouders op en stak zijn hand uit voor het geld. Jones mepte de peso's in zijn handpalm, kwaad omdat ze de vrouw had gemist.

Terwijl ze aan haar drankje nipte, bekeek ze de foto's van Hemingway aan de muur. Ze herinnerde zich dat Hemingways moeder hem twee jaar lang als meisje had gekleed en hem zelfs Ernestine had genoemd. Hemingways eigen zoon was een travestiet: George bij zijn geboorte, Gloria bij haar dood in een vrouwengevangenis in Florida. Ernest had zelfmoord gepleegd, evenals zijn vader. Hij schoot zich met zijn favoriete geweer door het hoofd. Achter de glimlach aan de muur gingen donkere geheimen, troebele relaties en enkele serieuze psychische problemen schuil.

Jones werd doodnerveus van Cuba.

Ze betaalde haar drankje en vertrok in een treurige stemming. Ze had gehoopt dat ze juist had gehandeld door toegang tot het internet te zoeken in plaats van op zijn telefoontje te wachten.

43

Na weer een nacht woelen zwaaide inspecteur Ramirez zijn benen over de rand van zijn bed, voorzichtig genoeg om zijn vrouw niet wakker te maken. Hij keek op de klok. Nog geen zes uur. Hij was niet alleen moe, hij had ook honger. Hij was tegen middernacht thuisgekomen en meteen zijn bed in gedoken. De dag ervoor had hij bijna niets gegeten, alleen een bananenkroket bij een straatventer.

Francesca sliep nog; ze snurkte zachtjes. Hij liep op zijn tenen naar de keuken en haalde een bord met restjes uit hun koelkastje. *Moros y cristianos.* Bonen en rijst, letterlijk vertaald Moren en christenen. Op Cuba is alles politiek of religieus, dacht Ramirez. Zelfs ons eten.

Hij draaide zich om en wilde met het bord in de hand naar de woonkamer lopen, toen hij bijna in botsing kwam met de dode man. Het lukte hem het bord niet te laten vallen, alleen de vork kletterde op de grond. De geest leunde in de donkere kamer met zijn armen over elkaar tegen de deurpost. Hij zag er ongelukkig uit.

'Je liet me schrikken,' fluisterde Ramirez met bonzend hart. 'Als deze aanklacht rond is, pak ik jouw zaak aan. Sanchez en ik hebben gisteravond bijna alle papieren rond gekregen. We lopen er straks nog een keer doorheen en dan is het klaar. En dan ga ik echt uitzoeken wie je bent, dat beloof ik.'

De dode man schudde zijn hoofd; hij geloofde er niet in.

'Tegen wie heb je het, Ricky?' riep Francesca. Hij hoorde dat ze opstond. 'Is er iemand? Ik hoorde een geluid.'

'Ik praatte in mezelf, *cariño*,' zei Ramirez zacht. Francesca kwam de keuken in terwijl ze haar ochtendjas dichtknoopte. 'Ik had honger en ik heb een vork laten vallen.'

'Ik hoop dat het gauw achter de rug is,' zei Francesca. 'Deze week elke avond overwerken en dan de volgende ochtend weer vroeg naar kantoor. Vannacht lag je in je droom ook al tegen jezelf te praten. Ik maak me echt zorgen. Je hebt al weken geen enkele nacht goed geslapen, Ricardo. Je leeft van de lucht, moet je zien hoe je bent afgevallen. Het is net alsof je wegsmelt. Het is niet gezond, zo hard werken.'

'Ik weet het. Maar het is bijna achter de rug, Francesca. Vanmiddag dien ik de aanklacht in, en als dat is gebeurd, wordt het allemaal weer normaal.'

'Laten we het hopen.' Maar hij wist niet zeker of ze hem geloofde. 'Ze betalen je lang niet genoeg voor al dat extra werk. Ze betalen je sowieso niet genoeg. Kom, dan warm ik het even voor je op.'

Ze nam hem het bord uit zijn hand en opende een kastje om er een zware koekenpan uit te halen.

Ramirez trok zijn wenkbrauwen op naar de dode man en gebaarde dat hij moest verdwijnen. De geest keek verlangend naar de rijst en bonen maar vertrok, met zijn hoed stevig in zijn twee handen.

Ik weet nog steeds niet hoe je heet, dacht Ramirez, maar je hebt honger, net als wij. En dat helpt me niet echt de zoektocht naar wie je bent in te perken.

44

Om halfzeven zoemde de wekker en sleurde Celia Jones zich los uit dromen van witte zwanen met gebroken vleugels.

Ze pakte haar laptop en stopte hem in haar aktetas. Ze vroeg zich af of het zou lukken gegevens van de oude computer in de galerie over te hevelen naar haar nieuwe. In haar laptop kon ze geen diskettes meer lezen, alleen cd's en geheugensticks. Ze hoopte dat er bij de computer in de galerie een printer met een flinke toner was voor het geval ze geen kans zag de gegevens over te zetten. Ze douchte zich, kleedde zich aan en ging de twee trappen af naar het restaurant voor een snel ontbijt.

Een bedelares drukte haar gezicht bij haar tafeltje tegen de ruit en wees op haar mond. Een forse beveiliger kwam aangerend en joeg de vrouw zonder pardon weg.

Juanita stond al aan de overkant te wachten. Opnieuw bedacht Jones hoe oneerlijk het was dat Cubaanse vrouwen niet in Cubaanse hotels mochten komen. Alex had gelijk. Havana had twee gezichten: het ene dat de toeristen zagen en daarnaast het echte.

Deze keer reden ze met hun tweeën naar het straatje, zonder Miguel Artez. Dezelfde zwarte Afro-Cubaan opende het kantoortje en gaf Jones een papiertje met het wachtwoord om mee online te komen. Gelukkig deed niemand de deur op slot. Juanita zei dat ze boven zou wachten.

In het kantoortje was het een nog grotere wanorde dan de avond ervoor. Jones pakte een stapel cd's van de stoel en ging zitten. Tot haar vreugde zag ze dat er een printer stond met een stapel papier ernaast. Ze startte de computer, logde in en checkte haar mail.

Er waren mailtjes van O'Malley en Cliff Wallace. De baas had alle gegevens in Mikes politiedossier als pdf opgestuurd en met haar geboortedatum gecodeerd. Hij moest de hele nacht in touw zijn geweest, dacht ze. Hij was bang dat Mike zou worden veroordeeld. Nou, dat ben ik ook.

Snel opende ze de bijlagen, zette de printer aan het werk en las ondertussen het mailtje van Cliff Wallace.

Volgens Wallace was Canada het enige land dat toestemming gaf om rohypnol naar Cuba te exporteren. Vandaar dat leveringen makkelijk te traceren waren: die moesten door zowel de Canadese als de Cubaanse autoriteiten worden goedgekeurd. Hij had de vorige avond laat nog met de hulp van iemand van de douane het papieren spoor gevolgd.

De laatste zending rohypnol die was toegelaten, was bestemd voor een kliniek in Viñales en was doorgelaten door Candice Olefson uit Ottawa. Bij de aanvraag had Olefson ook haar reisschema meegestuurd: ze vertrok op 18 december uit Ottawa en zou 2 januari weer thuiskomen.

Wallace gaf ook naam en adres van de kliniek. Om privacyredenen wilde de douane zonder huiszoekingsbevel geen kopie van de ladingsbrief afgeven, zelfs niet aan de politie van Rideau. Maar Wallace was erachter gekomen dat Olefson zich had ingeschreven in het Plaza Martí Hotel. Dat stond tussen de Paseo de Martí en de Avenido de las Misiones, niet ver van het hotel Parque Ciudad.

Puur ter kennisgeving had Wallace er een politiebericht bij gedaan over een 'Viper Lady', een jonge vrouw, of misschien een travestiet, die in Costa Rica in bars met mannen aanpapte, hen met rohypnol drogeerde en hen vervolgens ontdeed van hun geld. Dergelijke waarschuwingen waren vergelijkbaar met opsporingsberichten waarin verzocht werd uit te kijken naar een misdadiger op de vlucht.

Net toen de laatste bladzijden eruit kwamen, begon het licht in de kamer te flikkeren. De internetverbinding werd verbroken en toen was er geen stroom meer.

Jones riep Carlos erbij, die uitlegde dat de telefoonverbindingen niet altijd betrouwbaar waren en dat stroomuitval in Cuba aan de orde van de dag was. Ze liep naar boven en zei tegen Juanita dat er een voortijdig einde aan haar sessie was gekomen. De Cubaanse bood aan haar later die morgen nog een keer te brengen als ze haar sessie wilde afmaken, maar Jones had geen tijd meer. Ze vroeg Juanita om haar bij het Parque Ciudad Hotel af te zetten. In de auto gaf ze haar de vijfentwintig peso's. Haar tijd op de computer was duur geworden: vijftig peso's voor twee uur, in Cuba een klein fortuin. Dat was zonder de drankjes, en van geen van de uitgaven had ze een bonnetje. Ze trok een lelijk gezicht omdat ze wist dat ze zelf voor deze kosten moest opdraaien. Haar Schotse voorvaderen draaiden zich om in hun graf. Ze ontkwam er niet aan te bedenken dat Juanita haar niets had teruggegeven voor de tijd die ze niet had kunnen gebruiken.

Ze moest naar het Plaza Martí Hotel om Candice Olefson te zoeken, en hoopte dat de vrouw niet de hele dag met een of andere tour weg was, of erger nog, aan de andere kant van Cuba zat.

Het was even over negenen, dus ze had minder dan vijf uur voordat inspecteur Ramirez zijn aanklacht ging indienen.

45

De dode man zat naast inspecteur Ramirez toen die in zijn blauwe autootje naar zijn werk reed. Hij wees naar Ramirez' gouden trouwring.

Wat probeert mijn brein me te vertellen? Ramirez bekeek de hand van de dode man eens nauwkeuriger. Hij vergat te sturen en in de drukke ochtendspits miste hij op een haar na een coco-taxi, een Cubaanse tuktuk. Deze ronde gele van glasvezel vervaardigde voertuigen waren vergelijkbaar met brommers maar fungeerden als riksja's en bewogen zich al net zo langzaam voort. Met een ruk zocht hij de goede rijbaan op en hij negeerde het protesterende getoeter.

Het was hem nog niet opgevallen, die zwakke aanduiding van het ontbreken van een ring. Een wit streepje in de zongebruinde huid van de ringvinger van de dode man. Maar het was niet ongewoon dat een visser zijn ring afdeed om te voorkomen dat die bij het inhalen van de zware netten van zijn vinger gleed. De ring kon best in een van de zakken van de dode man zitten, of op de zeebodem liggen. Dat kwam hij alleen te weten als het lichaam werd gevonden.

Als ik ooit mijn trouwring verlies, dacht Ramirez, hoeft de politie niet ver te zoeken om mijn moordenaar te vinden.

'Ik vergiste me door te denken dat je vrijgezel was. Maar waarom heeft niemand je als vermist opgegeven? Als je vrouw het al niet heeft gedaan, waarom niet een van je collega's?'

De dode man haalde zijn schouders op.

Dit was Cuba: er was altijd wel iemand die merkte dat er iemand vermist was. Wanneer je de toeristen wegdacht, was Havana, ondanks zijn grootte, in feite maar een stadje.

'Tenzij je familie denkt dat je nog in leven bent.'

Minstens drieduizend Cubanen waagden jaarlijks de honderdvijftig kilometer lange oversteek over de Straits naar Florida. Ze gebruikten oude binnenbanden, roeibootjes en zelfs autowrakken die ze hadden verbouwd tot onhandelbare vaartuigen. De meesten werden tegengehouden door de Amerikaanse kustwacht en naar de Cubaanse kust teruggestuurd voor ze zelfs maar voet op Amerikaanse bodem hadden kunnen zetten. Maar vele anderen verdronken in de ruwe zee of werden aangevallen door haaien. Mogelijk had deze man geprobeerd het eiland te verlaten en was hij onderweg naar de VS verdronken.

Maar als dat zo was, dacht Ramirez, waarom was hij dan teruggekomen?

Ramirez en Sanchez zaten naast elkaar en hadden de papieren uitgespreid op Ramirez' bureau. Ze namen nog een keer door welke bewijzen ze hadden ter ondersteuning van hun aanklacht. Ramirez wilde er zeker van zijn dat er niets ontbrak.

De dode man keek mee over de schouder van de inspecteur, die door de stapel papieren bladerde. Zoals hij de hele week al had gedaan probeerde Ramirez hem te negeren. 'Is er een melding geweest van de verdrinking van een man?'

'Nee, inspecteur. Waarom vraagt u dat?'

'Zomaar.' Maar Ramirez besefte dat het een vreemde vraag was. Hij veranderde snel van onderwerp. 'Zeg, Rodriguez, hebben Natasha en jij nog iets kunnen vinden van een huurauto?'

'Nee. Ik weet zeker dat Ellis noch zijn vrouw een auto heeft gehuurd. Misschien dat ze er een hebben geleend, maar dat lijkt me niet waarschijnlijk,' zei Sanchez.

'Mooi. En zijn Apiro's DNA-tests binnen?'

'Ja. Ik heb een kopie gemaakt voor in het dossier. Dokter Apiro heeft aan de hand van de DNA-sporen definitief vastgesteld dat de vlekken op het laken van de verkrachter afkomstig zijn.'

'Schitterend. Het zal erg moeilijk zijn voor Ellis om aan te voeren dat het sperma op zijn laken van iemand anders was, als hij als enige een sleutel van zijn kamer had.'

'Volgens mij hebben we meer dan genoeg bewijsmateriaal om

te voldoen aan de eis van "waarschijnlijk schuldig".' Sanchez zag er redelijk tevreden uit, hoewel je zijn gelaatsuitdrukking moest leren lezen om het zeker te weten.
'Dat mag ik hopen. Ik wil niet dat dit beest wordt vrijgelaten en weer door de straten van Oud-Havana gaat lopen dwalen. Volgens de minister wil Fidel Castro een sterk signaal afgeven aan de buitenlanders dat onze kinderen verboden terrein zijn.'
'Dan wordt hij zeker veroordeeld. Een juridische commissie haalt het niet in haar hoofd om vrijspraak te geven wanneer men hoort dat Castro er belang bij heeft.'
Dat was maar al te waar. De commissies waren ook zonder zo'n aanmoediging van bovenaf al geneigd tot een schuldigverklaring. Ramirez herinnerde zich de eerste keer dat hij als jonge politieagent voor zo'n commissie had moeten verschijnen. De voorzitter, een rechter, had de beklaagde niet gevraagd of hij onschuldig of schuldig pleitte maar hem eenvoudigweg gevraagd of hij bereid was schuldig te pleiten. 'Mijn god,' had de man gezegd, 'krijg ik niet eens de keuze?' Niemand in de zaal had durven lachen.
Maar deze keer was het niet nodig de kaarten te steken. Daar was ook Sanchez het mee eens. De bewijzen tegen Mike Ellis waren overweldigend. En de Canadese advocate had in haar telefoontjes met haar cliënt niet één tegenbewijs gevonden. Ze had vrijuit met Ellis gesproken, zich niet realiserend dat in Cuba, waar ze niet gekwalificeerd was als advocaat, het recht op vertrouwelijkheid voor haar niet gold. Het zou slordig zijn geweest als Ramirez niet had geregeld dat er werd afgeluisterd bij gesprekken die, als ze bruikbaar waren, als bewijsmateriaal werden toegelaten in de rechtszaal.
'Aan de andere kant, Rodriguez, kan er veel buitenlandse belangstelling voor dit proces komen. We moeten ervoor zorgen dat alles klopt,' waarschuwde Ramirez. 'De Canadese regering weet van de aanklacht. We kunnen erop rekenen dat hun verslaggevers hier komen en vragen gaan stellen. Er heeft hier al tientallen jaren geen buitenlander meer voor een vuurpeloton gestaan. De laatste was een Amerikaan, weet je nog? Na de Varkensbaai. Die kerel wiens familie onze regering heeft aangeklaagd.'

'Ik zag vorige week nog een nieuwsitem over die zaak op het internet. Het schijnt dat een Amerikaanse rechtbank de familie vierhonderd miljoen dollar heeft toegekend. Nog zo'n uitspraak en onze economie is kapot,' grapte Sanchez.

Ramirez grinnikte. Hij maakte een stapeltje van de papieren die hij als bijlage bij zijn rapport aan de openbaar aanklager wilde geven. Hij hoopte dat er genoeg toner was om ze te kopiëren. Transcripties van het verhoor van Michael Ellis waarin hij toegaf de jongen te hebben gesproken en hem geld te hebben gegeven. De getuigenis van de man bij de zeewering die had gezien hoe kwaad Ellis was nadat het jongetje was weggelopen. De foto's die Sanchez onder de matras had gevonden. Maar niet de cd: die was wel verdacht, maar niet rechtstreeks relevant.

En verder Miguel Artez' verklaring dat Ellis op Kerstavond alleen naar het hotel was gekomen. Die verklaring was niet alleen in tegenspraak met het valse alibi dat de Canadees opgaf, maar bevestigde ook het volkomen onverwachte en plotselinge vertrek van de vrouw van de verdachte, niet ver voor de dood van de jongen. Dat op zich was al een sterk stuk bewijs.

Daarbovenop kwam nog Hector Apiro's mening over de doodsoorzaak, tezamen met de onberispelijk gedetailleerde forensische analyse van de patholoog. En nu had hij dan ook nog de resultaten van de DNA-tests die Apiro's eerdere test bevestigden. Weliswaar indirecte bewijzen, maar het zou meer dan genoeg moeten zijn om de aanklager ertoe te brengen het proces in gang te zetten.

Ja, dacht Ramirez, dit is kat in 't bakkie.

46

Pal voor de lobby van het Plaza Martí Hotel was rond een schitterende fontein een terras met tafels en stoelen. Vogels kwinkeleerden in de exotische tuin en glas-in-loodramen overspoelden de ruimte met prisma's van kleur en licht. Jones liep naar de receptie en vroeg of Candice Olefson er een kamer had.

De vriendelijk lachende jongeman bevestigde dat señora Olefson er gast was en wees naar een beige muurtelefoon. Tot Jones' opluchting nam Olefson op. Jones legde de verbaasde vrouw uit dat ze aan een zaak werkte voor de politie van de regio Rideau. 'Mag ik een paar minuten van uw tijd?'

'Natuurlijk. Kom maar naar boven. Een pauze komt me goed uit: ik zit al de hele ochtend te schrijven.'

Het hotel had geen lift, dus liep Jones naar de tweede verdieping en klopte aan. Een vrouw van zo te zien in de dertig liet haar binnen.

De kamer had twee tweepersoonsbedden, een walnoten bureau en een grote hang-legkast met houtsnijwerk, en hij was smaakvol afgewerkt met perzikkleurige muren en een beige, marmerachtige vloer. Luxueus beddengoed. Olefson wees uitnodigend naar een Thonet-achtige schommelstoel naast het bureau.

'Kan ik je iets aanbieden? Koffie, jus d'orange misschien? Ik heb een zeer goed voorziene minibar met alle denkbare soorten rum. En ik zou het niet moeten vertellen,' lachte ze, 'maar hij wordt elke dag opnieuw gevuld.'

'Jus d'orange zou heerlijk zijn. Wat een prachtig hotel.'

'Je moet het uitzicht vanuit het dakzwembad zien. Echt adembenemend.'

'Kun je hier het internet op?' vroeg Jones toen ze zag dat de laptop van de vrouw aanstond. 'In mijn hotel zouden we het ook hebben, maar daar werkt het al dagen niet.'

'Nee, alleen satelliet-tv, met alleen maar werkelijk vreselijke Chinese quizzen en zo. In vergelijking daarmee is *Jeopardy* een adrenalinestoot.'

Olefson draaide de dop van een flesje jus d'orange en pakte een glas van een plank in de grote kast.

'Ik ben blij dat er bijna niets anders is,' zei Olefson. 'Ik probeer een detectiveroman af te maken. Het helpt als er geen afleiding is. Ik ben nu op het punt dat ik de wendingen moet uitwerken. Er is niets zo erg als te veel afschaduwingen. Het verhaal speelt op Cuba, en daarom ben ik hier. Mijn agent zei dat als hij nog één boek over vampiers zag, hij zichzelf een staak door zijn hart zou slaan.'

'Ik zou dolgraag meer over je boek horen, Candice, maar ik heb helaas geen tijd.'

Olefson lachte en ging op de rand van het bed zitten. 'Sorry, schrijvers, hè? We zouden per woord moeten worden betaald, zoals advocaten vroeger berekenden. Dan zouden we allemaal rijk zijn. Je had het over de politie van Rideau. Waarom ben je eigenlijk hier en wat kan ik voor je doen?'

'Ik kan er niet echt iets over zeggen, maar ik begrijp dat jij af en toe diergeneesmiddelen naar Cuba meeneemt? Ik heb informatie nodig over de partij die je vorige week hebt binnengebracht.' Jones haalde een aantekenboekje uit haar tas en trok er een potlood uit.

'Ja, ik kom hier vrij vaak. Ik schrik altijd weer van de verschrikkelijke armoede, maar de honden gaan me het meest aan het hart. Misschien heb je ze al gezien. Ze lijken op terriërs, met korte oren en een krulstaart.'

Jones knikte. Overal in de stad liepen zwerfhonden. De meeste zagen er beroerd uit, en broodmager. Maar ze hoopte dat Olefson ter zake zou komen.

'Ik ben echt dol op honden, maar ik kan ze niet allemaal mee naar huis nemen, dus heb ik besloten te helpen. In Toronto is een NGO die "Drugs for Dogs" heet. Ik woon in Ottawa, maar elke keer dat ik hier kom, neem ik diergeneesmiddelen mee. Het zou me niet verbazen als een deel ervan bij de menselijke bevolking terechtkomt, maar daar heb ik geen moeite mee. De mensen hier zijn zo prettig en gemakkelijk in de omgang dat je bijna zou vergeten hoe ze elke dag voor hun levensonderhoud moeten knokken.'

'Heb je deze reis ook spullen meegebracht?'

'Sorry. Ja, voor een kliniek in Viñales. Dat is een paar uur hiervandaan. Afgelopen dinsdag was er een bustocht naar Viñales en toen heb ik ze afgeleverd. Ik huur hier liever geen auto, want die worden volgens mij met ijzerdraad en kauwgom bij elkaar gehouden. Het is echt een wonder dat ze nog rijden. In de meeste landen staan artsen in hoog aanzien, hier zijn het automonteurs.'

'Zat er rohypnol in de partij?'

'Ja,' zei Olefson bezorgd. 'Is daar een probleem mee?'

'Nee, helemaal niet. Ik moet alleen weten of alles er nog is.'

'Interessant dat je ernaar vraagt, omdat er deze keer kennelijk iets niet in orde was. En je hebt gelijk, het ging om de rohypnol. Volgens mij gebruiken ze het als ze dieren klaarmaken voor een operatie. Hoe dan ook, het zat niet in de doos.'

'Hoe kwam je daarachter?'

'De kliniek belde me de dag erna op en vroeg me ernaar. Ik heb ze verteld dat ik ze alles heb gegeven wat ik had. Ze vroegen of ik bij de mensen in Toronto ook nog wilde navragen of het in de originele verpakking was gestopt.'

'En? Ben je erachter gekomen?'

'Nog niet, door de feestdagen. Ik heb iets ingesproken op hun antwoordapparaat. Ik denk dat de mensen van de kliniek in Viñales bang zijn dat het bij hen verdwenen is. Het zou me niet verbazen als het gestolen is. Ik heb wel meegemaakt dat er op het vliegveld koffie en rum uit mijn bagage zijn gestolen. En geloof het of niet: zelfs tampons.'

'Het idee dat je zonder komt te zitten!' Jones kromp ineen bij de gedachte.

'Zonder komt te zitten? Ze zitten hier al jaren zonder. Als je hier wat langer bent, begrijp je heel goed waarom de mensen dingen stelen. Ik breng meestal extra van dat soort dingen mee om weg te geven. Mensen lopen kilometers achter je aan met de vraag of je zeep of potloden voor ze hebt. Het is bijna niet te geloven wat de mensen je vragen. Ik denk dat je pas begrijpt hoe belangrijk iets is als je het kwijt bent. Of bang bent dat het gaat gebeuren.'

Jones keek naar haar potloodje en bedacht hoe nonchalant ze er voor de neus van inspecteur Ramirez mee had zitten zwaaien. 'Was het pakket verzegeld toen je ermee naar Viñales ging?'

'Op het vliegveld heeft de douane het geopend om de inhoud te controleren en die heeft het daarna weer dichtgemaakt.'

'Heb je een lijst van de inhoud of zoiets?'

'Ja, er is een ladingsbrief bij het pakket, en die moet ik bij de douane laten zien. Daar zetten ze er een stempel op en ik denk dat ze een kopie houden. Het gestempelde exemplaar is niet voor mij, dat is voor de kliniek. Maar ik maak altijd een paar kopieën van het origineel voor het geval ze hier bij de douane moeilijk doen. Maar meestal zijn ze gewoon dankbaar omdat ik probeer te helpen.'

Olefson liep naar het bureau en pakte een stapeltje papieren, waar ze doorheen bladerde tot ze had wat ze zocht. 'Hier.'

Jones bekeek het snel. Penicilline, gaas, hechtgaren, Polysporin en rohypnol. Ook de hoeveelheden stonden erbij.

'Fantastisch. Dank je wel. Heeft er nog iemand anders in het pak kunnen komen voordat jij het naar de kliniek bracht? Het is net of ik zo'n incheck-juffrouw van het vliegveld ben, maar heb je je bagage bij iemand achtergelaten, of onbeheerd? Ook al was het maar voor even?'

'Nee, ik geloof het niet.' Olefson zweeg even. 'O nee, wacht eens. Nu ik erover nadenk: ik heb Nasim gevraagd er even op te letten toen ik foto's ging maken.'

'Nasim?'

'Een man die ik dinsdag tijdens die tour naar Viñales heb leren kennen. Een Brit.'

'Weet je zijn achternaam?'

'Nee. Ik wou dat ik die wist. Maar ik heb een foto van hem op mijn laptop, als je daar iets aan hebt. Hij stond op mijn digitale camera, maar hij is op Kerstavond met mijn camera vertrokken en sindsdien heb ik hem niet meer gezien. Goddank had ik de meeste foto's al op mijn laptop gezet; ik heb ze bij het schrijven nodig voor de details. Even kijken of ik hem kan vinden.' Ze ging zitten en opende een bestand op haar computer.

'Heeft hij je camera gestolen?'

'We hadden afgesproken dat hij zaterdag hier op het dakterras wat zou komen drinken, om Kerstavond te vieren. Ik vroeg of hij samen met mij mijn foto's wilde bekijken, om te zien of er iets op stond wat ik in mijn boek zou kunnen zetten. Hij vroeg me iets over een foto en nam toen letterlijk de benen, met mijn camera in de hand. Ik riep hem nog na, maar weg was hij. Liet me zelfs alle drankjes betalen.'

'Heb je aangifte gedaan?' Als dat het geval was, kwam er misschien meer uit: een naam, een geboortedatum, iets waarmee deze Nasim nader te identificeren was.

'Nee. Ik bleef hopen dat ik hem nog eens tegen het lijf zou lopen, of dat hij hem zou terugbrengen. Ik was ervan uitgegaan dat hij in dit hotel logeerde, maar de receptioniste kon niemand onder zijn naam vinden.' Olefson scrolde door haar bestand tot ze de foto had. Een kleine, donkere man in marineblauw shirt, witte sandalen en een strohoed. Hij lachte naar de camera.

'Mag ik er een kopie van hebben?'

'Natuurlijk. Ik kan je een geheugenstick lenen als je belooft hem terug te brengen.'

'Dank je, maar ik heb mijn laptop bij me. Herinner je je voor welke foto hij zo'n belangstelling had?'

'Jazeker. Een foto die ik op de Malecón had genomen. Een foto van een toeristenechtpaar met zo'n jongetje dat toeristen geld probeert af te troggelen. Het was een beetje een Diane Arbus-achtige foto. Je weet wel, iedereen doet alsof hij lacht, maar de spanning is met een mes te snijden.'

'Heb je die foto nog?'

'Nee, ik had hem genomen toen ik op weg was naar het hotel voor die afspraak met hem. Hij zit alleen in de camera.'

'Hoe laat was het ongeveer toen je die foto nam?'
Olefson dacht na. 'Die afspraak was om zes uur, dus ik weet het niet. Vijf uur? Halfzes?'
'En dat was Kerstavond?'
Candice knikte.
'Kun je je nog meer herinneren van de mensen op die foto? Het kan belangrijk zijn.'
'O ja? Nou, die vrouw had haar hoofd zo gedraaid dat haar gezicht niet goed te zien was, maar ze was bloedmooi, dat weet ik wel. De man boog zich voorover naar het jongetje. Ik stond aan de overkant van de straat, maar zelfs daarvandaan kon ik zien dat er iets met zijn gezicht was. Dat van de man, bedoel ik.'

Doodzonde dat Olefson de foto niet meer had. Jones vroeg zich af waarom een Britse toerist zo verdomd graag een foto van Hillary en Mike Ellis wilde hebben dat hij er de camera van een buitenlandse voor stal. Of was zijn oog op het jongetje gevallen?

'Mag ik vragen waarom je zo'n belangstelling voor Nasim hebt? En voor die diergeneesmiddelen?' wilde Olefson weten.

'Ik kan je er niet veel over vertellen, Candice. Ik ben voorlopig alleen naar informatie aan het hengelen.' Jones lachte haar geruststellend toe. 'Maar ik ben je heel erg dankbaar voor je hulp.'

Olefson zette de foto op een stick en Jones laadde hem in haar eigen computer. Daarna ging ze terug naar haar hotel terwijl ze onderweg de puzzelstukjes in elkaar probeerde te passen. Alex zou hem zo leggen, dacht ze. Aanwijzingen genoeg. Maar Alex was er niet. Zij was niet zo snel als hij, niet zo handig in het verbinden van de puntjes. Daarom werkte zij in potlood.

Terug in het hotel ging ze even bij de receptie langs, maar er waren geen berichten. Toen ze weer op haar kamer was, liep het tegen twaalven. Geen knipperend lichtje op haar telefoon ten teken dat er iets was ingesproken: Alex was zeker nog aan het opereren.

Jones belde naar het politiebureau en liet het bericht achter dat Mike haar moest bellen. Daarna ging ze op het bed zitten en wachtte. Gespannen keek ze op haar horloge. Nog maar twee uur.

47

De cipier nam Ellis mee naar de telefoon zodat hij met zijn advocate kon praten, naar hij aannam voor de laatste keer.
'Ken jij een zekere Nasim?' vroeg Celia Jones onmiddellijk.
'Nee,' zei hij. Hij hoorde dat haar toon anders was en dat ze hem niet eens had begroet.
Celia vertelde hem van haar ontdekkingen. 'Bij mij zijn overal alarmbellen gaan rinkelen,' zei ze.
'Echt waar? Denk je dat die Nasim erbij betrokken is?'
'Het is de moeite van het controleren waard. Ik ga zelf die kliniek bellen en er nog wat dieper in duiken voor ik een Brits onderdaan ergens van beschuldig. De baas heeft me laten beloven elk internationaal schandaal te vermijden, maar het is een hartstikke goeie aanwijzing. En Mike, ik ben online ook nog het een en ander over rohypnol te weten gekomen. Je kunt het makkelijk in iemands drankje doen. Het is volkomen smakeloos, veroorzaakt duizeligheid, opvliegers en geheugenverlies, binnen enkele minuten. Allemaal symptomen die jij ook had.'
'Dus je had gelijk: ik ben inderdaad gedrogeerd.'
'Daar lijkt het wel op. En vermoedelijk door die hoer. Ik ben haar gisteravond in El Bar net misgelopen.'
'Dat is jammer,' zei Ellis teleurgesteld. Ze hadden dat mens hard nodig. Desondanks had Celia in iets meer dan één dag al een hoop voor elkaar gekregen.
'Ik heb er nog eens over nagedacht,' zei ze. 'Het lichaam van dat jongetje moet ergens in gestopt of gerold zijn voordat ze hem in het water gooiden. Ik ben naar de plek geweest waar hij is gevonden en het is daar knap druk. Ze hebben dus niet alleen geen wapen, ze missen behalve een wapen ook een voertuig én een stuk zeildoek of een laken of zo.'

De enige lakens die op Ellis' kamer ontbrak, waren de lakens die de technische recherche voor onderzoek had meegenomen. Nog een bres in de muur van Ramirez' zaak.
'Die foto's onder de matras zijn een probleem. Weet je of de kamermeisjes eronder kijken als ze de bedden verschonen?'
'Dat betwijfel ik.' Toen begreep hij haar vraag. 'Je bedoelt dat die foto's er al eerder waren?'
'Die gedachte kwam even bij me op. In dat geval ben je er niet in geluisd en zou de politie op zoek moeten naar degene die de kamer vóór jou heeft gehad.'
'Dat zou wel eens ons beste argument kunnen zijn, Celia.' Ellis nam razendsnel de feiten door. 'De patholoog zegt dat het jongetje een keer eerder is misbruikt, nietwaar? Hillary en ik zijn al die tijd, vanaf het moment dat we in Havana aankwamen, samen geweest, tot het moment dat ze me op de Malecón alleen liet. Dat kan ze bevestigen. Dat bewijst dat de jongen door iemand anders is verkracht. Misschien kunnen we aanvoeren dat de foto's van die ander zijn, en dat het logisch is dat degene die hem de eerste keer heeft misbruikt, hem op Kerstavond heeft verkracht en vermoord. Overeenkomstig feit.'
In Canada levert 'overeenkomstig feit' een gevolgtrekking van schuld op, zelfs bij afwezigheid van verdere bewijzen. Wanneer de modus operandi van twee misdaden voldoende gelijk is, is de wettelijke gevolgtrekking dat degene die de ene misdaad pleegde ook de andere heeft gepleegd.
'Dat ben ik met je eens, Mike. Maar ik heb nog maar één uur over. Dat is niet genoeg om Ramirez ervan te weerhouden vandaag zijn bewijsmateriaal in te dienen. Ik moet Hillary dan in Canada een beëdigde verklaring laten afleggen en die op een of andere manier hierheen zien te krijgen. Dat duurt dagen. Ik ga O'Malley bellen om te vragen of ik wat langer kan blijven. We zijn iets op het spoor. Ik heb alleen meer tijd nodig om het te volgen, om een deugdelijk stel tegenwerpingen in te dienen. Ik moet zeker weten dat ik de zaken zo op een rij krijg dat ik ze ermee overtuig. Dit is onze enige kans.'
Ellis voelde zijn hoop verschrompelen. 'Over een paar uur bren-

gen ze me over naar een gevangenis, en je weet wat mijn kansen daar zijn, Celia. Dan ben ik binnen een week dood.'

48

Celia Jones hing op, gefrustreerd. Mike had gelijk: schuldig of niet, dat maakte niet veel uit, gezien de kans dat hij in het Cubaanse gevangenissysteem lang genoeg in leven bleef. En tot nu toe had ze niets gevonden wat concreet genoeg was om de zaak van Ramirez serieus aan te pakken. Alleen nog maar speculaties, geen harde bewijzen. Maar haar intuïtie zei haar dat de politie het mis had.

Toen herinnerde ze zich de andere rapporten die ze die morgen in Doodlopend Straatje had geprint, en die ze helemaal vergeten was. Mogelijk stond erin wat Mikes bloedgroep was. Als die verschilt van die in het forensisch bewijsmateriaal, dacht ze, heb ik misschien nog tijd om hem daar weg te krijgen.

Ze rukte de papieren uit haar tas, spreidde ze uit op het bed en spitte haar handtas om voor haar leesbril. Snel bladerde ze de papieren door op zoek naar het medisch rapport. Goddank, er zat een labrapport in het dossier. Mike had bloedgroep A. Ze begon in de andere papieren te graven naar het labrapport dat Ramirez had gekopieerd. Wat was de bloedgroep van de spermavlekken op het laken? Type A of B?

Uiteindelijk vond ze Apiro's rapport en ze keek snel op haar horloge. Minder dan een uur nu. Shit. De vlekken waren ook type A. Daarmee stond Ramirez een stuk sterker.

Ze plofte neer op het zachte bed, hoorde de veren piepen. Misschien had ze van het begin af aan gelijk gehad en was Mike uiteindelijk toch schuldig. Haar intuïtie had het al eens eerder mis gehad. Wel jammer, want ze begon hem aardig te vinden. Maar als hij dat jongetje had verkracht en vermoord, kreeg hij zijn verdiende loon.

Ze keek weer op haar horloge. In het beetje tijd dat er nog restte, kon ze niets meer uitrichten. Ramirez was waarschijnlijk al op weg naar het kantoor van de openbaar aanklager, of anders bijna. Ze pakte de andere ongelezen papieren op en begon ze door te nemen. Bovenop lag Mike Ellis' conduitestaat. Hij was achtendertig jaar, zes jaar jonger dan zij. Hij was op zijn zesentwintigste bij de politie gekomen en had de daaropvolgende twaalf jaar bij de straatdienst gezeten. Geen disciplinaire maatregelen, wel heel wat eervolle vermeldingen.

Bijna zes maanden eerder, op 2 juni 2006, was hij afgestuurd op een melding van 'problemen met een man', samen met Steve Sloan. De melding kwam uit een ruige buurt van Ottawa. Er ging iets mis toen ze ter plaatse kwamen. Volgens het rapport dat later was opgemaakt door de Speciale Onderzoekseenheid had de verdachte een mes. Daarmee haalde hij Mikes gezicht open voordat deze zijn pistool kon trekken. Sloan had zijn wapen wel getrokken, maar in het handgemeen dat ontstond ging het af. Sloan werd geraakt. Hij stierf ter plaatse. Ondanks zijn verwondingen wist Mike zijn eigen wapen te trekken en de verdachte te doden. Hij stond op de nominatie voor een medaille wegens moed.

Die dingen gebeurden. Burgers waren verbaasd dat iemand met een mes kans zag een gewapende agent te verwonden of te doden, maar het was als met het spelletje steen, papier, schaar: soms won papier.

Tijdens zijn herstel was Mike met ziekteverlof en daarna met arbeidsongeschiktheidsverlof, omdat hij terugkerende angstaanvallen kreeg. Hij was in november weer aan het werk gegaan, maar van de straatdienst af gehaald en gepromoveerd naar de rang van rechercheur bij de afdeling Kindermisbruik en Zedenmisdrijven. O'Malley moest hem ergens hebben willen plaatsen waar hij niet zo'n grote kans liep te worden bedreigd door mannen met messen of vuurwapens, dacht Jones. Mike was een held. O'Malley wilde hem de kans geven er weer bovenop te komen. Nou, dat zou wel lukken, opgesloten in een Cubaanse gevangenis waar je langzaam van de honger omkwam.

Na een schietpartij was een politieman verplicht bij de psycholoog langs te gaan. Jones bladerde door de papieren op zoek naar het psychologisch rapport. Mooi zo: O'Malley had ook de aantekeningen van de dokter meegestuurd. Mike had zes keer gepraat met de politiepsychiater, dr. Richard Mann. Bij de derde sessie was ook Hillary aanwezig geweest, op verzoek van de psych. De diagnose van dr. Mann luidde 'chronische posttraumatische stressstoornis' vanwege zijn chronische depressiviteit, angstaanvallen en flashbacks.

Mike had de psychiater verteld dat hij na het voorval aan slapeloosheid leed, en dat hij werd verteerd door schuld aan de dood van Steve Sloan.

'Hoe voelt u zich bij het idee dat u iemand hebt gedood?' had de dokter blijkens zijn aantekeningen gevraagd. Mike had geantwoord: 'Ik had dood moeten zijn, niet Steve.'

Voor de schietpartij had Hillary haar man willen laten onderzoeken om erachter te komen waarom ze niet zwanger werd, maar daar had hij weinig voor gevoeld. Het scheen een bron van onenigheid tussen hen. Toen was Steve Sloan omgekomen, net een dag nadat Hillary haar onverwachte zwangerschap had meegedeeld. De week erop had ze een miskraam gehad.

Het was de psychiater opgevallen hoe heftig Mike reageerde op het verlies van de baby, dat alle ambivalentie over het vaderschap die hij had gehad, verdwenen was. 'Hij vertoont een reeks tegenstrijdige emoties ten aanzien van de zwangerschap van zijn vrouw. Die ambivalentie is niet geheel bewust maar in extreme mate aanwezig.'

Wat betekende dat? Dat Mike geen kinderen had willen hebben tot hij er een verloor? Terwijl Hillary haar enthousiasme voor het moederschap geheel verloren leek te hebben, afgaande op Apiro's gedetailleerde rapport van de inboedel van kamer 612. Een vrouw die kinderen wil, gebruikt meestal niet de pil, dacht Jones. Er zat veel meer achter die relatie, dat was wel zeker.

Ze las de rest van het psychologisch rapport maar dat hielp niet. Trouwens toch te laat. Nog minder dan een halfuur.

Ze bladerde door de uitslagen van de medische onderzoeken die Mike op verzoek van dr. Mann had meegenomen. Haar oog bleef haken achter een onderzoek gedaan om Mikes medicatie vast te stellen. Ze herlas het onderzoek aandachtiger, nam de aantekeningen van dr. Mann erbij en het labrapport van Mikes bloedonderzoek. Daarna las ze het geheel nog een keer door om zeker te weten dat ze goed begreep wat er stond.

Met bonzend hart rende Jones de kamer uit, de gang door en de trap af naar de lobby, met in haar hand één vel papier. Ze bad dat het hotel een faxapparaat had dat het deed, dat Ramirez zijn kantoor nog niet had verlaten en dat ze hem kon bereiken voordat hij een onschuldige man in staat van beschuldiging stelde.

49

Het kantoor van de openbaar aanklager stond tegenover het politiebureau. Inspecteur Ramirez was halverwege de trap op weg naar beneden, met zijn bewijsmateriaal en het dossier in de hand, toen een agent hem terugriep. 'De Canadese advocate is aan de telefoon. Ze zegt dat ze u dringend moet spreken.'

Ramirez dacht er even over de man te zeggen dat hij haar boodschap moest aannemen, maar besloot dat de eerlijkheid hem gebood het telefoontje aan te nemen. Hij moest het wel kort maken. Hij sprintte de trap weer op en beende terug naar zijn kantoor. Daar aangekomen drukte hij op het knipperende knopje en nam de hoorn op.

'Ik heb een deadline, señora Jones,' zei hij kortaf, en hij keek op zijn horloge. 'Het spijt me heel erg, maar ik moet weg. Ik moet deze gegevens binnen een halfuur bij de officier van justitie op zijn bureau hebben gelegd.'

'Luister alstublieft even. Ik heb een medisch rapport dat bewijst dat mijn cliënt het jongetje niet heeft verkracht, niet kan hebben verkracht. Uw forensisch bewijsmateriaal wijst naar iemand anders. Kijk alstublieft naar wat ik heb gevonden voor u het doet. Ik sta in het businesscenter van mijn hotel. Zodra ik heb opgehangen fax ik u het rapport. Het is maar één bladzijde. Ik vraag het dringend. Alstublieft!'

Ramirez aarzelde even. 'Ik kan een paar minuten wachten, niet langer.' Hij gaf haar het faxnummer en hing op, geïrriteerd. Als dit een vertragingstactiek was, zou hij haar laten arresteren. Hij liep naar het faxapparaat van zijn eenheid maar hield tegelijk de klok in de gaten.

Na een paar seconden rinkelde het faxapparaat en krulde er een bladzijde uit. Hij scheurde hem af en liet zijn ogen over de inhoud gaan. Een bloedonderzoek. Michael Ellis had bloedgroep A. Waarom stond die vrouw erop dat hij informatie las die zijn zaak alleen maar goeddeed?'

Boos belde hij Apiro, maar die was er niet. Hij liet een boodschap achter op het antwoordapparaat met de mededeling dat hij met het dossier naar de openbaar aanklager ging, maar een rapport op zijn bureau liet liggen met het verzoek of Apiro het wilde bekijken. De Canadese dame leek het belangrijk te vinden. Het kon later alsnog aan het dossier worden toegevoegd. Maar Ramirez bevestigde dat hij nú naar het kantoor van de openbaar aanklager ging om het rapport in te dienen.

De dode jongen was in Ramirez' kamer. Hij zat op een houten stoel met zijn benen te zwaaien. Het dood-zijn verveelt hem nu al, dacht Ramirez. Hij wil spelen.

Ramirez snelde voor de tweede keer de gang door, nam de trap met twee treden tegelijk. Hij duwde het ijzeren hek open, sprintte naar het kantoor van de aanklager, duwde de zware houten deur open, knikte naar de beveiliger en rende de trappen op naar de derde verdieping. Zwaar ademend stond hij op het punt de gegevens aan Luis Perez te overhandigen, toen diens telefoon rinkelde.

'Het is voor jou, Ricardo,' zei Perez. 'Hector Apiro.' Met vragend opgetrokken wenkbrauwen gaf hij hem de telefoon. Het was 12.51 uur.

'Wat is er, Hector?' vroeg Ramirez. Hij omknelde de hoorn en draaide zich af zodat Perez niet kon zien dat zijn hand beefde. Hij probeerde op adem te komen.

'Ik heb dat rapport bekeken dat die Canadese dame je heeft gefaxt, en het is heel interessant,' zei Apiro. 'Señor Ellis is afgelopen juni behandeld met een angst onderdrukkend middel, en voor hij dat kreeg is er een hematologisch nulmetingsonderzoek geweest. Dat was om de status van zijn leverfuncties te bepalen, zodat later mogelijke schade aan de lever kon worden vastgesteld. Dat medicijn trekt een zware wissel op de lever.'

'Hector, ik vrees dat ik niet begrijp wat je probeert me duidelijk te maken,' onderbrak Ramirez hem nog steeds hijgend. Hij had nog maar een paar minuten en geen tijd voor uitgebreide verklaringen.

'Sorry, ik kom er nu aan toe. Uit dat onderzoek blijkt dat Ellis een Lewis-bloedantigeen heeft en dat hij type A non-secretor is. Dat is echt belangrijk.'

'Hector, ik snap er niets van. Waar gaat het over?'

'Het betekent dat señor Ellis in zijn lichaamsvloeistoffen niet, zoals andere mensen, zijn bloedgroep uitscheidt. Uit zijn sperma noch zijn speeksel is zijn bloedgroep af te leiden. Dat kan alleen maar via zijn bloed. Als het sperma op het beddenlaken van hem was geweest, hadden we er nooit een bloedgroep uit kunnen afleiden. Dat is wat non-secretor zijn betekent.'

'Maar je hebt wel een bloedgroep gevonden,' wierp Ramirez tegen. 'Bloedgroep A.' Hij snapte er niets meer van.

'Precies, Ricardo. Dat betekent dat dat sperma van iemand anders is.'

Ramirez voelde zijn verkrachtingsaanklacht instorten, samen met de lucht in zijn longen. 'Wil je daarmee zeggen dat hij onschuldig is?'

'Niet dat hij er niet bij betrokken kan zijn. Maar het sperma dat ik in het lichaam van de jongen heb aangetroffen is afkomstig van een aanrander die, per definitie, wel een secretor is. Dus ja, de jongen is door iemand anders verkracht.'

'Maar door wie?'

'Helaas, Ricardo, de wetenschap is nog niet zo ver dat ik maar naar een DNA-monster hoef te kijken om te kunnen zeggen of het van een zwarte, een kleine of een harige man is. Ik kan alleen andere monsters vergelijken met die welke ik al heb. Maar als jij met vergelijkingsmateriaal komt, kan ik je heel snel vertellen of het van dezelfde man is. Met een waarschijnlijkheid van 99,999 procent. Op voorwaarde natuurlijk dat ik de nodige hulpmiddelen heb.'

Nog één minuut over. Ramirez was er allerminst van overtuigd dat de Canadees er niet bij betrokken was. Er waren toch ook nog de foto's in de hotelkamer. En die lege capsule. En Sanchez, wiens intuïtie prima was, al waren zijn methodes dat niet altijd, was er net zo zeker van dat de man schuldig was als Ramirez zelf.

Had hij nog genoeg bewijzen om de zaak aanhangig te maken? Apiro, als deskundige, was van mening veranderd. Als Ramirez probeerde de Canadees in verzekerde bewaring te houden en ondertussen naar meer bewijzen zocht, moest hij de juridische commissie een plan kunnen voorleggen. Maar hij had geen plan en ook geen tijd om er een te maken.

Op de foto's was het gezicht van de man niet te zien. Ramirez kon niet bewijzen dat Ellis de man op de foto's was, of dat Ellis ze zelf onder de matras had gestopt. De rohypnol-capsule was leeg en kon niet rechtstreeks met de jongen in verband worden gebracht. En wat de moord betrof: Ramirez had geen moordlocatie, geen wapen, en met dit nieuwe bewijs zelfs geen motief. Het was moeilijk de juridische commissie duidelijk te maken waarom iemand een kind zou vermoorden dat door een ander was verkracht.

Moest hij zijn materiaal toch indienen en hopen dat hij de gaten in zijn onderzoek later kon opvullen, en proberen een excuus te bedenken waarom hij meer tijd nodig had? Zou de aanklager dat accepteren nu hij zojuist zijn kant van het gesprek met Apiro had gehoord? Luis Perez was corrupt, maar niet dom.

Of moest hij zijn enige verdachte laten lopen? Minder dan tien seconden om tot een besluit te komen.

Luis Perez wachtte geduldig maar hield ook de klok in het oog. 'Ga je deze zaak aanhangig maken, Ricardo? Je tijd is bijna op.'

Misschien heeft Sanchez gelijk, dacht Ramirez. Misschien is het inderdaad gemakkelijker schúldige mensen erin te luizen. Hij gaf de papieren aan de aanklager.

'Bedankt voor het gebruik van je telefoon, Luis.'

'Problemen met deze zaak?'

'Een misverstand tussen Apiro en mij. Dat ruim ik wel uit de weg.'

Ramirez verliet het gebouw. Hij liep langs de wacht en ging de trap weer op, te zeer in gedachten om terug te salueren naar de wacht. De Canadese autoriteiten zouden furieus zijn. Maar hij had de enig mogelijke keus gemaakt en kon alleen maar hopen dat het de goede was. Wanneer bewezen werd dat Ellis onschuldig was, kon hij hem altijd later nog vrijlaten. Althans, als hij de gevangenis zou overleven.

Ramirez zou hem vasthouden op het hoofdbureau, in de arrestantencel, en ervoor zorgen dat hij een dag later naar een gevangenis werd gebracht. Dat zou de Canadese advocate dwingen snel te handelen. Misschien keerden daardoor zelfs de kansen van haar cliënt.

50

Celia Jones hing op, verbrak de langeafstandsverbinding. Shit. Shit. Shit. O'Malley was des duivels. Mike werd later die avond naar een gevangenis gebracht. En wat dan? Ze wist het niet.

Ze kon bijna meegaan in Ramirez' redenering: Mikes betrokkenheid kon niet worden ontkend alleen maar omdat hij het jongetje niet had verkracht. Er waren nog altijd de capsule en de foto's. Haar argument dat de cd en de foto's door een voorgaande hotelgast konden zijn achtergelaten, daar geloofde Ramirez niets van.

Jones douchte. Ze probeerde de lucht van mislukking van zich af te schrobben voor ze schone kleren aantrok.

Ze las haar aantekeningen nog eens door, het dossier, de transcripties. Het was bijna zes uur toen ze klaar was met alles herlezen. Ze bestelde bij roomservice een maaltijdsalade en nam de belangrijkste punten van haar verweerschrift onder de loep. Er zat iets in het dossier wat bleef knagen, maar ze kon er niet de vinger op leggen. Er klopte iets niet.

Ze moest de vrouw uit de bar zien te vinden, dat was het enige wat ze nog had. Als Mike werd veroordeeld voor iets wat hij niet had gedaan, als hij werd geëxecuteerd terwijl hij onschuldig was... Ze zag het voor zich: de soldaten in een rij opgesteld met hun geweren, de schoten. Mike die ineen zeeg, geblinddoekt, onder het bloed. Dood. Ze dacht weer aan de man die was gesprongen, die was gestorven, gebroken, in de sneeuw. Ze zou het zichzelf nooit vergeven.

Jones liep in de lobby met een knikje langs Miguel Artez en ging zonder zijn hulp door de glazen draaideur naar buiten. Ze liep snel naar El Bar, met de bedoeling meer geld bij de barman achter te laten om te zorgen dat hij bij de les bleef.

Toen ze er aankwam zag ze tot haar verbijstering een blonde vrouw die heel erg op Hillary Ellis leek keurig aan de bar zitten.

De hand van de vrouw lag lichtjes op de knie van een toerist. Een roze zonnebril met hartvormige glazen was boven op haar coup soleil geschoven. De man naast haar was groot en zweterig en hij leek blij met haar aandacht. Hij had een Toronto Maple Leafs T-shirt aan en depte zijn bezwete voorhoofd met een papieren servet. De barman ving de blik van de vrouw op en knikte in de richting van Celia Jones. De vrouw trok haar hand weg van de knie.

Jones ging naast de zware man zitten en zei rustig en heel zacht: 'Deze vrouw is betrokken bij een politieonderzoek. Ik stel voor dat u stilletjes weggaat zolang het nog kan.'

'Jezus,' zei de man. Hij gooide vol afgrijzen een paar peso's op de bar en nam de benen, zonder achterom te kijken.

De vrouw was eerder geïrriteerd dan kwaad. 'Waarom deed je dat? Wat heb je tegen hem gezegd?'

Jones negeerde haar vragen. 'Ik ben Celia Jones, de advocate van Mike Ellis.'

'Ik ken geen Mike Ellis. Het spijt me, señora, maar ik denk dat u de verkeerde voorhebt.' Ze draaide zich om.

Jones boog zich naar haar toe en sprak op zachte toon. 'Luister. Ik weet wie je bent en wat je bent. Je moet me vertrouwen. Ik vorm geen bedreiging en ik ben niet van de politie.' Geen echte leugen. Ze werkte niet voor Cubáánse politie. 'Ik probeer te ontdekken hoe ik hier aan rohypnol moet komen. Ik heb gehoord dat jij op Kerstavond, toen je hier samen met mijn cliënt was, wat van dat spul had.'

'Ik weet niet waar je het over hebt.'

'Rohypnol, een daterapedrug.'

'En jij denkt dat ik zoiets bij me heb? Zulke dingen gebruik ik niet,' stelde ze verontwaardigd. 'Die heb ik niet nodig. Als je wilt kun je mijn tas controleren. Daar zit niet veel in, alleen een paar condooms. Die zijn hier moeilijk te krijgen. Heb jij er toevallig een paar bij je?' Ze lachte verleidelijk. Ze probeerde het met haar charme, maar dat werkte niet. Jones schudde haar hoofd.

'Pech gehad,' zei de vrouw.
'Hoe zit het met dat drankje?' Jones wees naar de mojito van de dikke man. 'Stel dat ik het laat onderzoeken, vinden ze er dan rohypnol in? Je kunt het me maar beter vertellen, want de politie is naar je op zoek. Op dit moment kan alleen ik ervoor zorgen dat je niet in de gevangenis belandt.'
'Ik weet echt niet waar je het over hebt, señora.'
'Laten we mekaar geen mietje noemen,' zei Jones. 'Mike Ellis heeft op het hoofdbureau van politie drie lange, onaangename dagen in de cel doorgebracht voor iets wat hij niet heeft gedaan.'
'In de cel? Waarvoor?'
Jones liet haar stem zakken. Jinetera of niet, de barman hield hen scherp in de gaten en ze wist niet zeker van wie hij verder nog geld aannam. 'Voor de dood van een jongetje dat iets met jou te maken heeft.'
De vrouw schoot overeind. 'Een jongetje? Wat voor jongetje? Zeg op, welke jongetje? Arturo?'
'Je kent hem dus. Wat was hij van je?'
De vrouw gaf geen antwoord. Tranen welden op in haar ogen. Jones gooide wat geld op de bar voor haar drankje. 'Kom mee, dan zoeken we een plekje waar we kunnen praten. Ik moet weten wat er hier op Kerstavond is gebeurd.'
De vrouw kwam moeizaam overeind en pakte haar boodschappentas. Ze legde een hand op Jones' schouder om haar evenwicht te bewaren toen ze van haar hoge kruk kwam. Ze ging nog half onderuit. Op haar hoge hakken was ze bijna een meter tachtig, en broodmager. Onhandig zette ze haar zonnebril op.
'Hoe heet je?' vroeg Jones.
'Maria. Waar wil je heen?' De vrouw kon haar tranen amper bedwingen.
'Waar het veilig is, waar we niet kunnen worden afgeluisterd.'

51

'Inspecteur, heeft Perez het dossier geaccepteerd? Stelt hij Ellis in staat van beschuldiging?' vroeg rechercheur Sanchez.

'Ja. Maar we hebben een probleem.' Ramirez legde snel uit hoe het zat met het nieuwe bewijs. 'Ik moet zo naar de minister om ervoor te zorgen dat onze plaatsvervangend president de situatie begrijpt. Er komen moeilijkheden als Ellis in de gevangenis iets overkomt voordat hij is veroordeeld. Het einde van onze handelsrelatie met Canada.'

Waarom moest Ellis nu net rechercheur van politie zijn, dacht Ramirez. En waarom hebben ze een goede advocaat gestuurd terwijl er zoveel slechte zijn? Die vrouw, die Celia Jones, maakte hem het leven zuur.

'Ik wil dat señora Jones wordt gevolgd. We moeten die medeplichtige van Ellis vinden, en ontdekken waar die drugs vandaan komen. Volgens mij brengt ze ons naar een van de twee. En ze werkt snel, want ze weet dat ze heel weinig tijd heeft. Ik laat haar in de waan dat haar cliënt vanavond naar een gevangenis wordt gebracht.'

'En dat is niet zo?'

'Morgen pas. Ik wil niet dat hem iets overkomt voor zijn schuld is bewezen. Te riskant. Perez heeft de aanklacht alleen maar aangenomen omdat hij denkt dat er voor hem ook wat in zit, want hij heeft mijn gesprek met Apiro gehoord. Hij weet dat er iets aan de zaak schort, alleen niet wat. Hij beschikt niet over het rapport dat Jones me heeft gestuurd, dat heeft Apiro nog. Maar hij zal haar wel om geld vragen als hij ons materiaal heeft bekeken en gecombineerd met wat hij mij heeft horen zeggen.'

'En dan trekt hij de aanklacht in.' Daar was Sanchez duidelijk niet blij mee.

'Als er geld tegenover staat? Zeker weten. Alles leunt nu op die drugs, Rodriguez. Als Ellis die rohypnol niet zelf heeft meegebracht, brengt de capsule op zijn kamer hem in verband met degene die het spul heeft geleverd. Die drug is de sleutel. We moeten uitzoeken waar die vandaan kwam. Dat moet señora Jones ook. Om het leven van haar cliënt te redden. Ze weet nog niet dat Perez kan worden omgekocht.'

'Daar komt ze snel genoeg achter.' Gefrustreerd beende Sanchez de kamer uit.

De dode jongen stopte met op de stoel ronddraaien en keek Ramirez aan. Hij hield zijn open, lege handen op.

52

Ze liepen naar buiten, de namiddagzon in, staken het half beschaduwde plein over, gingen de Paseo de Martí in naar de Trocadero en vervolgens westwaarts naar de Avenue de Italia, alweer een brede laan met aan beide zijden bomen. Jones keek om zich heen. Ze werden niet gevolgd, behalve door een paar zwerfhonden.

'Hier,' zei de vrouw, en ze wees naar een gietijzeren bankje omgeven door palmbomen en bloeiende struiken. 'Hier heb je meestal privacy. Ik neem wel eens een klant mee hierheen. Ze willen soms alleen maar praten.' Ze zette haar zonnebril af en veegde met de rug van haar hand over haar ogen, zodat er mascarastrepen op haar knappe gezicht achterbleven. 'Wist je dat die man in de bar een klant van me was?'

'Ja, ik vermoedde zoiets.'

'Doodzonde. Ik baal ervan als ik een betalende klant kwijtraak.' Ze veegde opnieuw langs haar ogen. 'Weet je zeker dat de dode jongen Arturo is?'

'Ja.'

'Hoe is hij gestorven?'

'Mishandeld. Misbruikt. Zijn lichaam lag in zee.'

'O mijn god,' riep Maria uit. 'Die arme jongen.' Ze boog haar hoofd en huilde. Na een tijdje richtte ze zich op en zocht Jones' blik. 'Wanneer is hij vermoord? Op Kerstavond?'

'Hoe weet je dat?'

Opnieuw begon Maria zachtjes te huilen. Daarna zette ze haar zonnebril op en Jones zag hoeveel moeite het haar kostte om zich te vermannen.

'Vertel eens wat meer over het jongetje. Hoe kende je hem?'

'Hoe kan ik ervan opaan dat je niet voor de Cubaanse politie werkt?'
'Die heeft Mike Ellis gearresteerd. Die denkt dat hij erbij betrokken is.'
'En is hij dat?'
'Nee.'
'Waarom moet ik dat geloven?'
'Omdat hij zegt dat hij samen met jou was. En als dat zo is, kan hij het niet hebben gedaan.'
De vrouw knikte. 'Kan ik je vertrouwen?' vroeg ze weifelend.
'Je zult wel moeten.'
Maria dacht even na. 'Goed dan. Ik zal je vertellen wat ik weet.'
'Mag ik het opschrijven? Wat is je achternaam, Maria?' Ze haalde haar notitieboekje en potlood tevoorschijn.
'Alleen mijn moeder en ik weten mijn echte naam, maar zij zal die nu ook wel vergeten zijn. Ik ga door het leven als Maria Vasquez. Maar voor ik antwoord op je vragen geef, wil ik weten of Arturootje heeft geleden.'
'Nee, volgens mij niet. De dood is snel ingetreden. Volgens de patholoog omstreeks middernacht.'
'Goddank. Maar hij had meteen naar huis moeten gaan. Dat was ook de afspraak.'
'Je kende hem goed genoeg om je zorgen om hem te maken. Wat voor jongen was het?'
'Ik probeerde hem te beschermen. Een lieve jongen, eentje die beter verdiende.'
Opnieuw boog Maria het hoofd en ze snikte het weer uit, met schokkende schouders. 'Waarom hebben ze hém gearresteerd? Señor Ellis was Kerstavond samen met mij. Arturo leefde nog toen ik uit het hotel wegging. Señor Ellis was buiten westen toen ik wegging. Hij kan zoiets verschrikkelijks niet hebben gedaan.'
'Iemand heeft bewijsmateriaal op zijn kamer neergelegd, en ik moet erachter zien te komen wie. En jij moet tegen de politie zeggen dat je die avond bij Ellis was, zodat ik hem uit de gevangenis kan weghalen voordat iemand hem vermoordt. Jij bent zijn enige kans.'

'Je beseft toch wel dat als ik dat toegeef, ik de bak in kan draaien wegens prostitutie? Dat kan me jaren gevangenisstraf opleveren.'

'En jíj beseft toch wel dat hij voor het vuurpeloton kan komen te staan wegens moord? Ik moet weten wanneer je precies op zijn kamer was. Hoe laat ben je daar weggegaan?'

De vrouw zuchtte en stemde langzaam knikkend in. 'Ik ben er niet lang geweest. Van elf uur tot halftwaalf, misschien iets eerder. Net lang genoeg om hem in bed te stoppen. Hij viel bijna meteen in slaap. Hij kan het nooit gedaan hebben. Dat weet ik zeker.' Maria veegde haar tranen weg. 'Ik kan nog niet geloven dat Arturo dood is. Het was zo'n heerlijk jong. Een echte jongen, weet je? Vol kattenkwaad. Dol op spelletjes.'

'Hoe heb je hem leren kennen?'

Maria aarzelde. Jones voelde dat ze iets achterhield.

'Ik zag een keer dat hij op de Plaza de Armas door de politie werd lastiggevallen. Ik had met hem te doen, dus ik zei tegen de agent dat ik zijn moeder was. Dat was een leugen, maar het hield hem uit de gevarenzone. Het was zo'n goed, vrolijk knulletje. Vanaf die keer gaf ik hem soms wat te eten als hij honger had. En ik wist dat hij bezig was in de problemen te komen, grote problemen, door de jongens met wie hij bedelde.'

'Wat voor problemen?'

'Ongeveer een week geleden vertelde hij me over een man, ene Nasim, die de jongens geld gaf en dan foto's van ze maakte. Er was altijd een andere man bij, een Cubaanse man. Arturo wist niet hoe hij heette. Señor Ellis heeft hem ook ontmoet. Die buitenlander bedoel ik, die Nasim. Die was op Kerstavond ook in de bar waar we zaten. Tot señor Ellis zei dat hij ons met rust moest laten.'

'De man met de strohoed? Die Brit? Was dat Nasim?' Weer een woord in de kruiswoordpuzzel af.

'Ja, hoe weet je dat? Hij nam de jongens mee naar een leegstaand gebouw op de Campanario. Ze moesten poseren voor foto's, maar ik begreep uit de manier waarop Arturo erover praatte dat het seksuele poses waren. Meer liet hij er niet over los. Hij schaamde zich ontzettend. Ik ben er zeker van dat hij werd misbruikt.'

'En wat deed je toen?'

'Ik kon hem niet tegenhouden. Ze zijn zo wanhopig, die kinderen. Ze doen alles om de rest van het gezin te onderhouden. Nasim had hun gezegd dat ze op Kerstavond naar dat gebouw moesten komen. Dan kregen ze nog meer geld, en ook snoep. De andere jongens wilden dat Arturo meeging. Maar ik zag de gevaren. Ik moest die mannen tegenhouden. Dus ik ben met Arturo naar dat gebouw gegaan, maar daar was alleen Nasim. Ik zei dat hij de jongens met rust moest laten en dat ik hem bij de politie zou aangeven. En dat heb ik gedaan. Ik dacht dat Arturo toen wel veilig was.'

'Je hebt de politie gebeld?'

'Ja. Ik heb mijn naam niet genoemd, maar ik heb de agent verteld wat ik wist en hem zelfs het adres van het gebouw gegeven. Maar hij is niet gearresteerd, dat begreep ik meteen toen hij in de bar verscheen.'

'Waarom kwam Nasim die avond naar El Bar?'

'Om me bang te maken. Hij wist dat ik hem had aangegeven en hij was ontzettend kwaad. Ik was niks meer dan een stomme *puta* en hij had een machtige vriend die me wel wist te vinden als ik mijn mond nog een keer opendeed. Hij maakte dit gebaar.' Ze ging met haar vinger langs haar keel. 'Ik moest mijn neus niet in zaken steken waar ik niks mee te maken had. Ik vond het doodeng dat Nasim wist dat ik had opgebeld.'

'Je was bang dat iemand bij de politie hem had getipt.'

'Ja. Hoe kon hij het anders weten? Feit is dat hij vrij rondloopt en niet vastzit, en dat betekent dat ik in groot gevaar ben.'

'Wat voor gevaar?'

'Om te verdwijnen, señora. Dat gebeurt hier, en vaker dan je zou denken.'

'Waarom heb je daar niets over gezegd tegen Mike?'

'Wat kon ik zeggen? We zouden de nacht met elkaar doorbrengen, dus voor die tijd was ik in ieder geval veilig. Ik ging ervan uit dat Nasim Arturo wel met rust zou laten als hij wist dat mijn klant een buitenlandse politieagent was.'

'Mike was je klant?' vroeg Jones.

'Ja, natuurlijk. We hadden daar afgesproken, in de bar. Om zeven uur. Dat hadden we via het internet geregeld.'
'Mike zei dat hij je nooit eerder had gezien.'
'Niet gezien, maar hij heeft me 's middags wel gemaild.'
'Heeft hij zijn naam genoemd?' vroeg Jones.
'Nee, natuurlijk niet. Mannen geven me online nooit hun naam. En ik geef ze nooit, echt nooit de mijne.'
Jones dacht terug aan haar gesprek met Mike. Toen schudde ze haar hoofd. 'Er klopt niks van, Maria. Mike is de dag voor Kerstmis de hele middag samen met zijn vrouw geweest, tot etenstijd. En vanaf zijn hotel kun je niet mailen: de server ligt al dagen plat. Ik snap niet hoe Mike contact met jou kan hebben gehad. Het moet iemand anders zijn geweest.'
'Maar hij zat op de derde kruk. Daar spreek ik altijd af met mijn klanten. In El Bar, derde kruk aan de bar, klokslag zeven uur.'
'Wanneer is die afspraak gemaakt?'
'Tegen het eind van de middag, een uur of halfzes of daaromtrent. Hoezo?'
'Dan kan het Mike niet geweest zijn. Er zijn getuigen die hem op dat tijdstip op de Malecón hebben gezien. Met zijn vrouw.'
Jones aarzelde, want ze wilde Maria niet onnodig bang maken. Aan de andere kant: het jongetje was vermoord, dus Maria had alle reden om bang te zijn.
'Ik denk dat je belazerd bent en dat degene die jou heeft gemaild er op een of andere manier bij betrokken is. Bij Arturo's dood.'
'Waarom denk je dat?' vroeg Maria geschrokken.
'Omdat Mike jou niet heeft gemaild en er behalve Nasim niemand om zeven uur in La Bodega is verschenen. Is híj ooit klant van je geweest?'
'Nee, natuurlijk niet. Ik ben heel kieskeurig,' reageerde Maria nijdig.
'Nou, dan moet je mij eens vertellen hoe hij precies wist waar en wanneer hij je kon treffen. Ik geloof niet dat het toeval was.'
'Daar had ik nog niet aan gedacht. Dus jij denkt dat hij me op het internet heeft gevonden en me, hoe zeg je dat, naar El Bar heeft gelokt? Mijn hemel, ik had wel dood kunnen zijn. Dus zo

zit het.' Maria wreef weer in haar ogen. 'Het is bizar. Als ik naar de politie ga, hebben ze meer problemen met het feit dat ik zaken via het internet heb geregeld dan met de seks. Ik zou de bak in kunnen draaien omdat ik online was. Vijf jaar voor illegale internettransacties.'

Het was echt een krankzinnig land. 'Waarom El Bar?' vroeg Jones. 'Waarom niet een andere bar?'

'Ik heb bescherming van Fidel, de barman. De bar is eigenlijk verboden terrein voor mij. Ik geef hem wat geld om de andere kant op te kijken en me te waarschuwen als er politie komt.'

'Hoe heb je trouwens überhaupt met die man via het internet in contact kunnen komen?'

'Ik heb een webpagina.'

'Ik dacht dat Cubanen het net niet op konden.'

'Het is ook niet eenvoudig, señora. Maar niets is onmogelijk. Kijk maar.' Maria haalde een mobieltje uit haar grote tas. 'Dit behoor ik ook niet te hebben. Maar ik heb het wel. Ik moet heel erg uitkijken dat ik niet word beschuldigd van prostitutie, want dan draai ik voor jaren de bak in. Dus gebruik ik de computer om klanten te zoeken, net als de andere meiden.'

'Zijn jullie klanten altijd buitenlandse toeristen?'

'Ja.' Ze knikte. 'Die komen vanuit de hele wereld hiernaartoe. Er komen zelfs wel Amerikanen naar Havana, ook al is dat verboden. Maar we moeten heel erg uitkijken, want we kunnen allemaal een gevangenisstraf krijgen. Dus kun je het beste ergens heen gaan waar anderen voor je willen liegen, zoals in El Bar.'

'Kun je me wat meer vertellen over de man die je daar zou ontmoeten? Wat kun je je verder nog van hem herinneren?'

'Niet veel. Zijn e-mails waren in het Engels. Het was nogal dringend, als ik me goed herinner. Hij wilde me diezelfde middag nog ontmoeten.'

'Wat herinner je je nog van de bar? Nog iets bijzonders over Nasim?'

Maria dacht even na. 'Niet echt, nee. Alleen dat nadat Nasim opdook, señor Ellis heel erg dronken werd, en zo snel dat ik me zorgen maakte. Ik vond dat ik hem naar zijn hotel moest brengen. Ik heb hem er bijna naartoe moeten dragen.'

'Heeft Miguel Artez jullie zien binnenkomen?'

'De portier? Ja, natuurlijk. Miguel kent alle meiden. Voor wat geld laat hij ons binnen als we een klant hebben. Hij heeft me zelfs geholpen señor Ellis de lift in te krijgen. Die kon amper nog op zijn benen staan.'

'Dan heeft hij tegen de politie gelogen. Hij heeft gezegd dat Mike alleen was, dat jij er helemaal niet bent geweest.'

'Ja, natuurlijk heeft hij gelogen. Dat verbaast me niks. Miguel is niet zo dom dat hij de gevangenis in gaat om iemand als ik te beschermen. Hij zal nooit toegeven dat hij een Cubaanse binnenlaat met een dronken turista. Dan zou hij eerst worden ontslagen en daarna gearresteerd.'

'Was er die avond geen beveiliger?'

'Op Kerstavond? Alle hotels hadden die avond een minimum aan personeel, want iedereen wilde naar de mis of thuis zijn bij zijn gezin.'

'Hebben Mike en jij seks gehad?' Ze dacht daarbij aan het laken, het harde bewijs dat de politie zou willen hebben voordat ze Maria Vasquez' verhaal zouden geloven.

'Er is niks gebeurd. Hij was buiten westen en ik ben weggegaan. Ik maakte me zorgen om Arturo, wegens Nasims dreigementen.'

'Heb je geld uit Mikes hotelsafe gehaald?' vroeg Jones. Toen realiseerde ze zich wat er met Mikes portefeuille was gebeurd.

53

Niet alleen de Canadese advocate was niet blij met de gang van zaken. Rechercheur Sanchez evenmin. En zo te zien gold hetzelfde voor de minister van Binnenlandse Zaken.

Het medisch rapport, zo verzekerde Ramirez de politicus, wilde nog niet zeggen dat Ellis onschuldig was. Het betekende alleen dat er die avond iemand anders in die hotelkamer was geweest, die zijn sperma op Ellis' laken had achtergelaten en zijn onderbroek in diens lade had gestopt.

'We vinden hem heus wel, minister, daar kunt u op rekenen. De moordenaar moet een bekende van señor Ellis zijn. Dit nieuwe bewijs sluit een vrouw uit.'

'Dan moet het een man zijn.'

Ach ja, dacht Ramirez, de minister stond bekend om zijn analytische kwaliteiten. 'Zeer waarschijnlijk ook een buitenlander. Ik heb in mijn hele carrière nog niet gehoord dat er een kind bij een zedendelict is vermoord door een Cubaan.'

'Een homoseksueel?'

Ramirez schudde het hoofd. 'Niet waarschijnlijk. De man, of de mannen, die het jongetje hebben gedrogeerd en zich daarna zo nonchalant van hem hebben ontdaan, hebben dat kind zo grof misbruikt voor hun eigen zelfzuchtige behoeften. Dat is een ander type dan een man die genoegen beleeft aan het gezelschap van gelijkgestemde volwassenen.'

Ja, er waren mannen in Cuba die de voorkeur gaven aan seks met andere mannen, maar dat waren homo's, geen pedofielen. Homo's waren eenzamen die gedwongen waren hun ware aard te verbergen. Die niet alleen in Cuba door politieagenten werden veracht maar ook, zoals hij had meegemaakt, in Rusland. Een bedreiging, zo leek het, voor de macho in de Latijnse en Slavische landen.

Het enige wat Ramirez in de loop der jaren was opgevallen, was dat ze de neiging hadden bij huiselijke onenigheid dramatisch gewelddadig gedrag te vertonen. Zoals de man, die hij nu in verzekerde bewaring had, die zijn geliefde drieënveertig keer met een stuk glas had bewerkt omdat hij hem, ten onrechte, had verdacht van ontrouw. Onder homo's leek jaloezie een heel heftige emotie, waarbij de mannen net zo vals konden zijn als vrouwen. In Cuba liet de politie hen niet met rust en ze sloeg er soms op los. Ramirez pakte agenten van zijn afdeling hard aan als ze zich zo wreed gedroegen. Hij had een van zijn rechercheurs teruggeplaatst naar de straatdienst zodat hij weer tegen lantaarnpalen kon gaan leunen.

We zijn allemaal Cubanen, dacht Ramirez. We hebben het geluk dat we in de Amerikanen een gemeenschappelijke vijand hebben, dat leidt onze aandacht af van onze problemen. We moeten ons niet tegen elkaar keren om iets waar we geen controle over hebben, zoals van wie we houden.

'Dat is nou net waar we bang voor waren,' zei de minister. 'De moordenaar kwam naar Cuba omdat er hier kinderen zijn die zich laten uitbuiten. Zelfs voor een luttel bedrag doen hongerige kinderen dingen waar ze niet over zouden denken als ze een volle maag hadden. Het is allemaal de schuld van de Amerikanen en hun handelsembargo.' Hij schudde zijn hoofd. 'U laat Sanchez nu die Canadese vrouw volgen?'

'Als haar cliënt weet wie het jongetje heeft verkracht, weet zij het ook. En als ze het niet weet, komt ze er snel genoeg achter. Het is slechts een kwestie van tijd voor ze contact opneemt met die verdachte, of hij met haar.'

Señora Jones zou hen linea recta naar de medeplichtige voeren, daar was Ramirez van overtuigd. Naar de man die Arturo Montenegro had verkracht, en hoogstwaarschijnlijk vermoord.

'Dat mag u hopen, Ramirez.'

Na deze ontmoeting met zijn hoogste baas reed Ramirez terug naar Oud-Havana, zelf ook ontevreden. Hij was moe en knorrig.

Door één velletje papier was zijn onwrikbare zaak onderuitgegaan: het enige bewijs dat die advocate had geproduceerd.

Hij parkeerde zijn blauwe autootje en liep over het betonnen pad naar het politiebureau. De dode jongen liep met hem mee, hinkelde af en toe. Hij vermeed de lijntjes.

Ramirez ging de trap op naar zijn kamer. Geen spoor van Sanchez, wat een goed teken was: dan was de advocate onderweg. Hij belde Sophia, de telefoniste, en vroeg haar gesprekken een paar minuten vast te houden, zodat hij kon nadenken over zijn toekomst, in zijn beroep en anderszins. 'Verbind niemand door, behalve mijn vrouw en rechercheur Sanchez. En natuurlijk de secretaresse van de minister, als die belt. Gracias.' Hoewel de kans dat de minister belde klein was, had hij toch de impliciete dreiging als de rook van zijn sigaar in de lucht laten hangen.

Ramirez trok de bureaula open en haalde er de fles añejo uit. Hij schonk zichzelf een glas in, en daarna nog een. Hij keek hoe zijn fladderende vingers tot rust kwamen, hun onafhankelijkheid verloren. Voor het eerst in bijna een week stond hij zichzelf toe na te denken over zijn ziekte.

Het nieuwe jaar kwam eraan. Het was bijna 2007 en dat zou een nieuw begin voor de wereld betekenen, en wellicht ook voor Cuba. Ofschoon de minister hem had verzekerd dat Castro gezond was – in feite juist daarom – geloofde Ramirez dat Fidel Castro ernstig ziek was. Er hingen veranderingen in de lucht. Ramirez wilde niet de rest van zijn leven verspillen aan zorgen om zijn toekomst. Er was te weinig tijd voor wroeging. Dit was de enige manier waarop hij het aankon, besloot hij. Uiteindelijk wist niemand hoeveel tijd hem was gegund. De dode man die Ramirez al de hele week achternaliep, had vermoedelijk, voor hij verdronk, verwacht nog veel meer vis te zullen vangen.

Ach ja. De feestdagen waren bijna voorbij. Ramirez hoopte dat hij nog tijd kon vinden om met zijn vrouw te vrijen, om haar ervan te overtuigen dat alles in orde was, ook al was dat niet het geval. De enige vorm van sociaal verkeer, bedacht hij grimmig, die nog niet door de Cubaanse overheid was gereguleerd. De dode jongen keek gegeneerd de andere kant op.

54

'Jij was het, hè? Jij hebt Mikes portefeuille gestolen.'

Maria Vasquez haalde haar schouders op. 'Ik had geld van hem te goed voor die nacht. Het was niet mijn schuld dat hij zo dronken was geworden. Kerstavond is een van de beste nachten van het hele jaar: we rekenen allemaal wat extra. Ik kon me dat inkomstenverlies niet veroorloven. Ik hoopte dat hij zou denken dat hij hem was verloren. Maar verder heb ik niks meegenomen, dat zweer ik. Alleen wat hij me schuldig was.'

'Waarom heb je de hele portefeuille meegenomen? Waarom niet alleen het geld?'

'Hij was zo dronken, dat ik me afvroeg of hij zich de volgende morgen onze afspraak nog zou herinneren. Ik was bang dat hij, als alleen het geld weg was, zou denken dat iemand hem had bestolen. En als hij de politie ging bellen om de diefstal aan te geven... We waren tenslotte samen gezien, en ik zou kunnen worden gearresteerd. Hij kon maar beter denken dat hij de portefeuille had verloren.'

Daar zat iets in. Celia Jones moest er niet aan denken wat de straf was voor prostitutie én diefstal.

'Bovendien kun je nieuwe creditcards aanvragen, en een paspoort ook. Toeristen verliezen ze zo vaak. Het was voor mij veel moeilijker op Kerstavond nog even een nieuwe klant te vinden. Ik heb alleen meegenomen waar ik recht op had.'

Jones kon het zich voorstellen. 'En toen ben je Arturo gaan zoeken.'

'Ja. Ik wist dat ik er niet op kon vertrouwen dat de politie hem zou beschermen als ze Nasim beschermden. Ik nam de achtertrap en ik heb het hele stuk naar de Plaza de Armas hardgelopen. De jongens daar zeiden dat Arturo bij het Plaza de Marzo was en dat hij gewond was. Ik ben daarheen gerend. Toen ik hem zag, werd mijn ergste angst bewaarheid: zijn gezicht was bont en blauw. Hij vertelde dat een man hem in zijn auto had gesleurd. Die andere man, niet Nasim. Dat die man hem iets had laten drinken en dat hij zich van daarna niets meer herinnerde.'

Ze boog haar hoofd en snikte zacht. Jones gaf klopjes op haar hand.

'Ik heb hem de portefeuille gegeven. Iets om hem op te vrolijken, om mee te spelen, misschien voor een paar peso's te verkopen. Het was tenslotte Kerstmis. In Cuba hebben we geen speelgoed. Trouwens, ik kon dat ding toch niet bij me houden. Als de politie me aanhield en ik had de papieren van een buitenlander bij me, dan zou ik ook daarvoor zijn opgepakt.'

Bij de herinnering verscheen er een lachje op Maria's gezicht. 'Die gouden penning vond hij echt prachtig. Maar hij was ook nog wazig en in de war. Ik zei tegen hem dat hij meteen naar huis en naar bed moest gaan, en dat hij moest zeggen dat hij de portefeuille had gevonden, als iemand ernaar vroeg. Hij woonde vlak om de hoek. Ik had hem bij me moeten houden,' zei ze met opnieuw verstikte stem. 'Dan had hij nu nog geleefd.'

'Waarom heb je dat niet gedaan?'

Maria schudde haar hoofd en Jones liet het erbij. De vrouw voelde zich al schuldig genoeg. 'Het is dus wel duidelijk,' zei ze. 'Nadat jij bent weggegaan heeft Nasim Arturo gevonden en vermoord.'

Maria knikte snikkend.

'Hoe is hij Mikes kamer binnengekomen?' vroeg Jones zich hardop af.

'Wie?'

'Nasim. Hij is de enige die Mike erin heeft kunnen luizen. Hij had foto's van Arturo en de andere jongens. Iemand heeft foto's van Arturo onder Mikes matras gelegd.'

'Señor Ellis was die avond zijn sleutel kwijt. We moesten bij de receptioniste een andere halen.'

Jones dacht na. 'Misschien heeft hij hem niet verloren. Misschien heeft Nasim hem in de bar gestolen.'

'Ik herinner me dat het jasje van señor Ellis op Nasims barkruk lag, maar dat het op de grond is gevallen. Toen kan hij de sleutel hebben gepikt. Hij moet ermee naar het Parque Ciudad zijn gegaan voordat wij er waren, en er alle deuren mee langs zijn gegaan tot hij de goede vond. Die plastic kaartsleutels zijn alleen in gebruik in de nieuwe vleugel van het hotel.'

'Dus híj heeft Mike in de bar gedrogeerd,' zei Jones. 'Ik nam aan dat jij het had gedaan. Maar hij heeft geweten dat Mike door de rohypnol een stuk trager zou worden, zodat hij de tijd had om het bewijsmateriaal neer te leggen.'

'Denk je dat hij Arturo heeft gedrogeerd en verkracht vóór hij naar El Bar kwam?' vroeg Maria.

Jones knikte. 'Waarschijnlijk wel. Het klopt met de tijden. En later heeft hij hem vermoord om te zorgen dat hij niet kon praten.'

'Ik weet nog dat ik me afvroeg hoe het kwam dat señor Ellis zo dronken werd. Te dronken om te vrijen. En dat is de eerste keer dat me dat is overkomen, in al die tijd.'

'Hoeveel heb je die avond zelf gedronken?' Jones vroeg zich af hoe betrouwbaar Maria Vasquez als getuige zou zijn als ze die avond ook had gedronken.

'Ik? Eén glas maar. Ik had een mojito en toen schonk señor Ellis me nog een rum in. Maar ik drink eigenlijk nooit rum, alleen als er iets te vieren is. Dus heeft hij hem zelf opgedronken.' Haar ogen werden groot. 'Hij heeft míjn drankje opgedronken. Denk je dat Nasim van plan was mij te drogeren?'

'Dat weet ik niet. Misschien.'

'Goddank heb ik het niet opgedronken. Dan zou ik nu dood zijn geweest.' De jinetera sloeg een kruis. 'Maar waarom liet Nasim señor Ellis opdraaien voor een moord die nog niet was gepleegd?'

Jones dacht even na. 'Hij wilde hem geen moord in de schoenen schuiven, maar een verkrachting. Hij wist dat Mike een buitenlandse politieman was. Hij moet bang zijn geweest dat jij Mike zou vertellen dat hij kinderen meelokte naar de Campanario en dat Mike werk van jouw aangifte zou maken.'

'Dat is logisch, want op het moment dat Nasim het bewijsmateriaal in de hotelkamer had gelegd, kon hij met Arturo doen wat hij wilde en tegelijkertijd señor Ellis ermee in verband brengen. En als hij iemand bij de politie had, kon hij de politie ook regelrecht naar señor Ellis leiden.'

De anonieme melding die de volgende ochtend zo prachtig resulteerde in het doorzoeken van Mikes kamer kwam ongetwijfeld van Nasim, dacht Jones. Hij had vast een mobieltje. Mike was keurig in de tang genomen. 'Maar er was nog meer bewijsmateriaal in die kamer, Maria. Vlekken op het laken die overeenkwamen met het sperma in het lichaam van de jongen.'

'Nasim had foto's om op klaar te komen. Dat moet niet veel tijd hebben gekost. Bovendien zijn we zeker pas een uur later uit de bar vertrokken. Hij had tijd genoeg.'

'Dan moeten we Nasim gaan zoeken,' zei Jones. 'Heb je enig idee waar hij zou kunnen zijn?'

'Nee. Maar als hij via zijn contact bij de politie hoort van jouw belangstelling voor het onderzoek, gaat hij misschien terug naar de plek waar hij de jongens mee naartoe nam, om bewijzen van zijn misdaden weg te halen. Dat zou ik doen als ik hem was.'

Jones knikte. Maria mocht een hoer zijn, ze was zeer bij de pinken. Want dat was precies wat iemand als Nasim zou doen: zich indekken.

'Kom, dan gaan we er samen heen,' drong Maria aan. 'We moeten erheen voor hij daar kan opruimen. Ik weet precies waar het is.'

Jones leende Maria's mobieltje om Ramirez te bellen, maar die was niet op kantoor. Sanchez ook niet. Maar volgens Maria was de Campanario niet ver weg. Ze had schoenen met stilettohakken, maar dat drukte haar tempo niet. Onderweg vroeg Jones haar: 'Hoeveel had je klant je voor een nacht moeten betalen?'

'Ongeveer honderd Amerikaanse dollars. Nu kun je er niks mee, maar dat duurt niet lang meer. Hoewel ik die afspraken later zal ontkennen. Geloof me, ik wil niet de bak in wegens prostitutie. Of heropvoeding krijgen.' Maria trok een lelijk gezicht. 'Eén opvoeding was al erg genoeg.'

'Heb je daar zo goed Engels geleerd?' vroeg Jones.

'O, dank je. Ik heb natuurlijk, net als alle Cubanen, op school

Engels geleerd. En verder heb ik ook een jaar lang een heel erg goede privéleraar gehad. Een dokter. Hij hield van literatuur en las me altijd voor. Ik hoop nog een keer naar de universiteit te gaan. Ik doe dit werk alleen maar omdat ik geld nodig heb. En omdat ik hoop dat ik op een dag een aardige man tegenkom, een die me neemt zoals ik ben.'

Ze sloegen rechts af de San Miguel op en links naar de Campanario. Ze wees naar de overkant van de straat, naar een dichtgetimmerd flatgebouw van drie verdiepingen. 'Daar is het.' Maria wilde oversteken.

'Maria, we moeten op de politie wachten.' Jones trok haar terug. 'Stel dat er iemand binnen is. We zijn niet gewapend.'

'Jij misschien niet,' zei Maria, en ze trok haar stiletto's uit.

55

In het gebouw was het pikdonker. Celia Jones nam even de tijd om haar ogen eraan te laten wennen. 'Op welke verdieping moeten we zijn?' fluisterde ze, met het stuk steen dat ze uit de afbrokkelende muur had gepakt stevig in haar hand.

'De derde,' fluisterde Maria Vasquez terug. Ze stond zo dicht achter Jones dat die haar adem in haar nek voelde.

Jones hoopte dat de vechtsporttraining die ze bij de politie had gehad weer zou terugkomen als ze die nodig had. De techniek was wat weggezakt, maar ze was in prima conditie dankzij jarenlang salsa dansen.

Ze zochten zich een weg naar boven over de krakende houten trap. Door de platen die voor wat ooit de ramen waren geweest waren gespijkerd, kwam hier en daar een lichtstraal naar binnen. Het gebouw was geheel verlaten. De meeste deuren in de voormalige appartementen waren weggehaald, waarschijnlijk voor hergebruik elders. Licht was er niet: alle lampen waren kapot. Elektriciteit was er niet. 'Niet te veel op de leuning leunen,' fluisterde Jones. 'Die zit los.'

Uiteindelijk kwamen ze op de derde verdieping. Maria wees naar een kamer aan het eind van de gang, aan de rechterkant. Jones volgde haar daarheen, zo zacht mogelijk. De vloerplanken kreunden onder haar voeten. Maria liep nog op blote voeten, met haar schoenen in haar hand. Jones hoorde haar snelle ademhaling. Haar eigen hart bonsde in haar oren.

Ze bleven staan, wachtten om te zien of iemand hen had gehoord, of er nog iemand was, maar het bleef stil, zelfs geen gekrabbel van vogelpootjes op de dakrand.

Jones seinde naar Maria en ze zetten de laatste paar stappen naar het appartement. Als een van de weinige had het nog een deur, die op een kier stond. Jones duwde hem iets verder open, een heel klein stukje maar.

De platen voor de ramen waren weggehaald, waardoor er licht in de kamer viel. Ze duwde de deur zo langzaam mogelijk open. Hij piepte.

Op de grond lag een smerige matras en er waren voetsporen in het stof. Lege plastic waterflessen. Een geel kindershirtje, verfrommeld. Maar er was niemand.

Ze duwde de deur nu helemaal open en deed een paar stappen naar binnen. Stofdeeltjes dwarrelden rond bij het kapotte raam waarin de zon zijn stervende stralen verstrooide.

'Dit is het,' zei Jones. 'Ik weet het zeker. We moeten ervoor zorgen dat we niets aanraken. Waarschijnlijk is Arturo hier vermoord.'

'Wat nu?' vroeg Maria.

'We bellen Ramirez en wachten hier tot hij er is, voor het geval Nasim terugkomt.'

Jones deed nog een stap naar voren, zorgvuldig de sporen op de grond vermijdend, om het gele shirtje beter te kunnen bekijken. Er zaten bloedspetters op de matras en ernaast stond een paar blauwe sneakertjes, zonder veters.

'Die zijn van Arturo,' zei Maria. 'Maar hij had ze niet aan toen ik hem op Kerstavond sprak. Wat een afschuwelijke plek is dit. Verschrikkelijk om hier dood te gaan.'

Jones hoorde de deur beneden opengaan en daarna voetstappen op de trap. 'Stil,' fluisterde ze. Toen ze haar hoofd om de hoek van de deur stak, zag ze de bovenkant van een strohoed.

'Het is Nasim,' riep ze uit, en ze stormde de gang door naar de gammele trap. Nasim draaide zich om en vluchtte de trap af. Hij miste een stel treden en kwam met een dreun op zijn voeten neer, rende de deur uit, de Campanario met zijn gescheurde asfalt op. Zijn benen gingen als zuigers op en neer toen hij richting Malecón draafde. Zijn strohoed vloog af en rolde dwaas over de stoep.

Hij was snel, maar het lukte Jones hem in te halen. Ze sprong hem op zijn rug en ze vielen samen op de grond, Nasim voorover met zijn handen voor zich om zijn val te breken, en Jones met een klap boven op hem. Vasquez was vlak achter hen en maaide met een schoen door de lucht alsof het een knuppel was.

Het lukte hen samen Nasims handen onder hem vandaan te trekken en met een ruk op zijn rug te wringen. Jones leunde met haar volle gewicht op Nasim om hem eronder te houden, maar hij worstelde hevig om los te komen. 'We moeten hem ergens mee vastbinden.'

Maria haalde een sjaal uit haar tas. 'Hier, doe het hier maar mee.'

Ze slaagden erin zijn handen samen te binden. Maar toen ze hem omdraaiden, was het niet Nasim die door Jones was getackeld. Het was Miguel Artez.

56

Krijg nou wat! 'Wat doe jij hier? Waarom nam je de benen?' wilde Celia Jones weten. Ze zette de portier met zijn rug tegen de muur van het gebouw. Miguel Artez zat met zijn handen gebonden achter zich in het zand en het onkruid. Hij begon te lachen.

'Vertel op, smeerlap,' zei Maria Vasquez. Ze hield de naaldhak van haar schoen als een mes tegen zijn keel. 'Vertel wat er met Arturo is gebeurd.'

Maar Artez gaf geen antwoord. Toen Jones hem zo eens bekeek, was ze minder verbaasd dan ze had gedacht. Ze was al die tijd al niet zo zeker van hem als Mike was: hij was iets te hulpvaardig, iets te snel bereid zich in elk probleem te mengen dat zich voordeed.

'De politie is onderweg,' zei Jones. 'Die krijgt je wel aan het praten.'

'De politie?' Artez begon weer zachtjes te lachen. 'U hebt geen idee waar u bij betrokken bent, señora.'

'Nou en of ik dat weet. De politie gaat je heel hard aanpakken voor de verkrachting en de moord op het jongetje.'

'Waar hebt u het over?' De portier ging rechtop zitten en de lach verdween van zijn gezicht. 'Ik weet niks van een vermoorde jongen.'

'Arturo Montenegro,' zei Maria. Ze boog zich voorover en gaf hem een klap in zijn gezicht, een harde klap. 'Je weet verdraaid goed waar ze het over heeft. Amper acht jaar.'

'Au,' zei Artez met een vertrokken gezicht en een wang die rood werd. 'Je hoeft me niet te slaan. Ik weet niet waar jullie het over hebben, echt niet.'

'Je weet heel goed wat er met hem is gebeurd, vuile kakkerlak,' zei Maria, en ze haalde weer uit. 'Nasim en jij hebben Arturo vermoord en jullie hebben geprobeerd het señor Ellis in de schoenen te schuiven. Jij hebt tegen de politie gezegd dat ik op Kerstavond niet bij hem was terwijl je wist dat het wel zo was. Onderkruipsel. Jij hebt gelogen en señor Ellis zit nu in de gevangenis. Hij had al wel dood kunnen zijn.'

Er liep een dun straaltje bloed uit de neus van de portier. 'Hou op met slaan,' smeekte hij. 'Ik heb niemand vermoord. Ik zet alleen de foto's op het net. Ik heb ze er voor Nasim op gezet zodat hij ze met anderen kon delen, met mannen die op dat soort dingen trippen.'

'Leugenaar,' barstte Maria uit. Ze wilde hem weer slaan, maar Jones hield haar tegen.

'Zeg dat nog eens. Wat heb je gedaan?'

'Foto's. Nasim maakte foto's van de jongens en ik heb toegang tot internet. Er zijn niet veel mensen die op internet kunnen, dat weet u ook, señora. Ik post soms voor klanten foto's. Maar dat is het enige wat ik heb gedaan. Het is een soort handeltje.' Hij wierp Jones een smekende blik toe, haalde zijn schouders op. 'Ik ben ondernemer, meer niet.'

'Je bedoelt een *bisnero*,' zei Maria. 'Een ritselaar.'

'Wat kwam je hier doen?' vroeg Jones.

'Nasim mailde me vanmiddag. Hij wilde dat ik hierheen kwam zodat hij me weer een stel foto's kon geven.'

'Draai er niet omheen,' zei Maria. 'Geef nou maar toe dat je Arturo hebt verkracht. Jij was de *habanero* waar Arturo het over had. Jij was erbij toen die foto's zijn gemaakt. Smerige foto's.' Ze balde haar hand tot een vuist.

'Nee, echt niet.' Arturo keek smekend naar haar op, daarna naar Jones. 'Ik zweer het. Ik ben hier nog nooit geweest. Meestal brengt Nasim me een geheugenstick en zien we elkaar in zijn hotel. Ik weet niks van het in de val lokken van señor Ellis. Ik wist niet eens dat hij ergens van is beschuldigd. Niemand heeft me iets verteld. Het enige wat ik heb gedaan, is het verwerken van Nasims foto's.'

'Fout antwoord,' zei Maria. En deze keer sloeg ze Artez met

haar vuist. Jones hoorde het kraakbeen van zijn neus knappen.

'Alstublief, señora, sla me alsjeblieft niet nog een keer,' pleitte Artez. 'Wat ik heb verteld is de waarheid.'

Maria wilde hem nog een dreun verkopen, maar Jones hield haar tegen. 'Hij kan Arturo op Kerstavond niet hebben verkracht, Maria. Hij heeft de hele avond bij de deur gestaan. Het moet Nasim zijn geweest.'

Maria liet haar arm zakken, maar haar vuist bleef gebald. 'Jammer van je neus,' zei ze. 'Maar we hebben hier uitstekende plastisch chirurgen. Bovendien krijg je er een karakteristieke kop van.'

Ze hoorden een automotor. Alle drie keken ze op toen een politieauto langzaam over de Campanario reed.

57

Rechercheur Sanchez parkeerde de surveillancewagen en stapte uit. Hij keek hen vragend aan en zag toen het bloed dat uit Artez' neus stroomde.

'Wat is hier aan de hand?'

'Ze heeft me geslagen,' zei Artez, en hij legde zijn hoofd in zijn nek om het bloeden te stelpen. 'Maria hier, en ze wou het nog een keer doen.'

'Jij houdt je mond,' zei Sanchez gedecideerd. 'Jouw verklaring neem ik later op. Ik wil van hen horen wat er is gebeurd voor ik met jou praat. Nogmaals, wat is hier aan de hand?'

Celia Jones gaf antwoord. 'U moet op zoek naar een Britse toerist, ene Nasim. Dat is zijn voornaam. Hij heeft Arturo Montenegro verkracht en vermoord. Hij had hier met Miguel afgesproken. Die beweert dat hij alleen maar de webmaster is die pornografische foto's van Arturo en andere kinderen op het net zet. Foto's die Nasim heeft genomen. Maar bij die verkrachtingen had Nasim iemand bij zich, een Cubaanse man. Dat moet Miguel geweest zijn. Ik denk dat hij Nasim heeft geholpen om van het lichaam af te komen. Zijn nicht heeft een auto. Ze heet Juanita.'

'Ik was het niet,' kreunde Artez terwijl het bloed over zijn dikker wordende gezicht sijpelde. 'Ik zweer het u. Ik heb alleen maar zijn foto's op het net gezet.'

'Jij,' zei Sanchez, 'houdt je mond.'

Hij wendde zich tot Jones. 'Ramirez had gelijk. Hij was er zeker van dat u ons naar señor Ellis' medeplichtige zou leiden.'

'Señor Ellis heeft er niets mee te maken,' zei Maria. 'Nasim heeft Arturo vermoord. Ik was de hele avond bij señor Ellis en hij is volmaakt onschuldig. En ik zou graag mijn sjaal terug hebben. Het is mijn lievelingssjaal.'

Sanchez haalde een stel handboeien uit zijn achterzak en maakte de sjaal om Artez' handen los. Hij sloeg hem vervolgens echt in de boeien en gaf Maria haar sjaal terug. Daarna trok hij Artez met een ruk aan de handboeien overeind en voerde hem naar de politieauto. Hij duwde hem ruw op de achterbank en smeet het portier dicht.

Maria wreef over haar knokkels, die al dik werden.

'Ik ben blij dat ik deze niet heb hoeven gebruiken.' Ze pakte haar stiletto's en bekeek ze liefdevol, trok ze daarna aan. En met een grijns naar Jones: 'Hartstikke duur, die schoenen. En bijna niet te krijgen. Maar ik ben echt een vliegende kraai, ik vang overal wat.'

'Het is allemaal boven, in een kamer op de derde verdieping,' zei Jones tegen Sanchez, met een gebaar naar het gebouw. 'Ik weet zeker dat de technische jongens uit hun bol gaan bij alle bewijsmateriaal in die kamer. We dachten dat we beter hier konden gaan kijken voor het geval hij van plan was terug te komen en de zaak op te ruimen.'

'Het grijpt allemaal in elkaar,' erkende Sanchez. 'Ik geef het door en laat dr. Apiro en onze technische recherche meteen hierheen komen. En u hebt gelijk: deze kerel, die Nasim, kan elk ogenblik opdagen. Hij kan gevaarlijk zijn. Het is beter dat u beiden weggaat. We zetten uw verklaring later wel op papier.' Hij pakte zijn opschrijfboekje en schreef Maria's naam op. 'Adres?'

'Dat wisselt,' zei ze.

Hij trok zijn wenkbrauwen op maar vroeg niet door. 'Señor Ellis komt over een paar uur vrij, señora. En neemt u maar van mij aan dat we die Nasim binnen de kortste keren in de cel hebben, ook als hij niet opdaagt voor zijn afspraak met dat stuk vuil,' zei hij met een blik op Artez achter in de auto. 'We hebben ogen en oren in heel Havana, dus wees gerust. In heel Cuba, trouwens. Nogmaals bedankt voor uw hulp. Mocht ik u niet meer zien voor u vertrekt, señora Jones,' voegde hij eraan toe terwijl hij naar zijn auto liep, 'dan wens ik u nu alvast een goede reis.'

De twee vrouwen wandelden terug naar hotel Parque Ciudad. Jones was moe en hongerig, maar ook in de wolken. Ze had de zaak voor de Cubaanse politie opgelost en Mikes onschuld onweerlegbaar vastgesteld. Ze stelde zich al voor hoe blij O'Malley zou zijn als hij het nieuws hoorde.

Zonder Miguel Artez voor de deur van het hotel kwam Maria er niet in, dus stelde Jones voor later die avond met haar te gaan eten bij Ambos Lados. Het zou ook een van Hemingways favoriete restaurants zijn, met vanaf het dakterras een prachtig uitzicht over de stad.

Maria weigerde beleefd en gaf als verklaring dat ze daar met een buitenlander niet werd toegelaten. Ze leek het niet heel erg te vinden.

Jones vroeg of ze dan ergens anders met haar een hapje wilde eten, maar Maria zei dat ze iemand wilde gaan opzoeken, een oude vriend die ze al in geen jaren had gezien. Ze gaf Jones een vluchtige omhelzing en weg was ze.

58

Het verbaasde Hector Apiro hogelijk dat hij naar de receptie werd geroepen. Hij was in het lijkenhuis, midden in zijn bezigheden met een van zijn lijken. Hij had zoals vaker gevraagd niet te worden gestoord, zodat hij in diepe stilte kon kerven en hakken. Geïrriteerd hupte hij van zijn trapje en nam de telefoon op.

'Er staat hier een jongedame bij de balie, voor u,' zei de receptioniste. 'Ze zegt dat het privé is. Zal ik zeggen dat ze weg moet gaan?'

Er klonk afkeuring door in Consuela Gomez' stem en dat intrigeerde Apiro. Het gebeurde niet vaak dat er een vrouw naar hem vroeg, en zeker niet een die zo duidelijk Consuela's afkeuring opriep. 'Natuurlijk niet,' zei hij. 'Ik kom eraan.'

Nog groter was Apiro's verbazing toen hij zag wie het was. Hij herkende haar meteen. 'Grote goedheid,' zei de medicus verheugd. 'Dat is lang geleden.' Hij sloeg zijn korte armen om de lange vrouw heen, tot verbazing van Gomez, die hem nog nooit fysieke tekenen van genegenheid, hoe onhandig ook, had zien vertonen. 'Kom mee, dan zet ik koffie.'

Met een diepe frons keek Gomez hen op weg naar de lift na. Jineteras mochten het gebouw niet in. Apiro riep achterom. 'Het is in orde,' verzekerde hij haar. 'Dit is een oude vriendin van me.'

De liftdeur ging piepend open. Apiro bewonderde het uiterlijk van de vrouw toen de deur achter hen dichtging. De lift zoemde naar de dertiende verdieping en de deur ging open.

'Zoals je ziet,' zei Apiro, 'ben ik niet bijgelovig. De meeste gebouwen doen of hun dertiende verdieping de veertiende is, alsof er een hele verdieping verdwenen is. En de mensen geloven het.'

Hij lachte zijn staccato lach, geamuseerd door het besef dat zoveel dingen in het leven een illusie zijn, dat zo'n groot deel van zijn werk bedoeld was om de dertiende verdieping, tenminste in het leven van andere mensen, te laten verdwijnen. 'Onder welke naam ga je tegenwoordig door het leven?' vroeg hij. 'Nog altijd Maria Vasquez?'

Ze knikte.

'Ach ja, Maria, de Maagd. Ik heb het altijd een goede keus gevonden.'

'Ik denk dat het een teleurstelling voor je is als je hoort wat ik ben geworden. Niet echt een beroep dat je me had toegewenst.'

'Voorzover ik me kan herinneren wilde je als je groot was buitenlander worden,' grinnikte Apiro. 'Kom, laat me je gezicht eens zien.'

Ze boog zich naar hem toe, hoog boven zijn persoontje van één meter dertig uittorenend, en hij ging zacht met zijn vingers over haar jukbeenderen. 'Buitengewoon,' zei hij. 'Prachtig.'

'*Gracias*. Dank je.'

'Geen dank. Ik heb alleen maar benadrukt wat erin zat.'

Maria liep achter hem aan. Haar hoge hakken klakten door de enigszins groezelige gang tot ze bij zijn kamer waren. Die was klein, met een groot raam dat uitkeek op de zee. Er lagen stapels boeken op stapels boeken. Er was een bureaustoel op kinderhoogte die ooit bekleed was geweest met een stof die nu tot op de vulling versleten was. Een kruk was bedolven onder papieren. Hij trok hem er voor haar onder vandaan en vond onder de boeken ook een koffiebeker.

'Kom, ga hier zitten. Ik ga koffie voor je zetten. Is het daar niet te laat voor?'

Ze schudde haar hoofd.

Apiro spoorde een glazen koffiepot op. Hij excuseerde zich en ging water halen, zodat zij rustig om zich heen kon kijken. Hij kwam terug met een elektrische waterketel en stak de stekker in het stopcontact. Toen het water kookte, goot hij versgemalen koffie in de pot en liet die trekken. Daarna duwde hij het geperforeerde metalen bovenstuk naar beneden zodat het koffiedik onderin bleef.

'Dit noemen ze een cafetière. Wie had gedacht dat de Fransen iets van koffiezetten zouden afweten?' Hij schonk voor beiden een beker van het sterke spul in. 'Van echte bonen,' zei hij. 'Van de zwarte markt.'

Zwijgend nam Maria wat slokjes. 'Ben je boos op me?' vroeg ze. 'Omdat ik zonder afscheid te nemen ben weggegaan?'

'O nee. Ik heb nooit gedacht dat je zou blijven,' loog hij.

'Ik heb je nooit bedankt voor het betalen van mijn operaties.'

'Wist je dat dan?' Toentertijd had hij het een even goede investering van zijn beetje spaargeld gevonden als elke andere. En wat de rest van de medische artikelen die hij nodig had gehad betrof, die had hij bij elkaar gebedeld, geleend en een enkele keer zelfs gestolen.

'Ja, natuurlijk,' zei ze, en er kwamen tranen in haar ogen. 'Het is het liefste wat ooit iemand voor me heeft gedaan.'

Hij haalde een zakdoek tevoorschijn en gaf haar die. Ze droogde er haar tranen mee, vouwde hem keurig op en gaf hem terug. 'Ik heb je gemist, Hector. Ik ben blij te zien dat je het zo goed maakt.'

'Heb je me gemist? Echt waar?'

'Wat dacht je dan?' Ze keek naar de muren. 'Ik had gedacht dat je nu wel getrouwd zou zijn. Maar ik zie geen familiefoto's, alleen diploma's en getuigschriften. Ben je niet getrouwd?'

'Ik? Nee, natuurlijk niet,' schamperde Apiro. 'Ik bedoel, even serieus, welke vrouw wil mij nou?' Hij keek naar zijn korte beentjes alsof het antwoord vanzelfsprekend was.

Maria stak een hand uit en legde die licht op zijn arm. 'Elke vrouw met hersenen zou blij met jou zijn. Ik denk dat vrouwen meer wijsheid hebben dan jij hun toedicht.'

'In theorie heb je misschien gelijk, Maria, maar mijn praktijk is altijd een beetje anders geweest.'

'De mijne ook. Maar jij zou, meer dan wie ook, beter moeten weten en mensen niet naar hun uiterlijk moeten beoordelen. Jij doet niets anders dan het uiterlijk veranderen.'

'Dat heb ik gedaan,' zei Apiro langzaam. Die waarheid was opgegaan tot het moment waarop ze midden in de nacht uit het ziekenhuis was weggelopen, en zijn hart had gebroken.

'Hector, als je geen andere plannen hebt, zouden we misschien samen uit eten kunnen gaan,' zei ze aarzelend. 'We zouden naar een *paladar* van een vriend van me kunnen gaan. Het is er intiem en heel romantisch en je eet er verrukkelijk. Hij neemt Amerikaanse dollars aan en daarvan heb ik er nog wat. Ik wil uitleggen waarom ik zo plotseling de benen heb genomen, maar dat doe ik liever bij een glas wijn. Ik ben bang dat ik emotioneel word als ik erover praat.'

'Een paladar? Jij en ik?' zei hij, bang dat hij het niet goed had gehoord. 'Je bedoelt een date?'

Hij verstrakte, wachtte op het moment dat ze in lachen zou uitbarsten om het woord dat hem was ontglipt, op de hete golf van schaamte die hem dan zou overvallen. Een belachelijk idee. Romantiek? Hij moest haar verkeerd begrepen hebben.

'Ja,' zei ze glimlachend. 'Alleen wij tweetjes, Hector. Dat is precies wat ik in gedachten had.'

'Maar je was mijn patiënt,' wierp hij tegen, omdat hij nauwelijks kon geloven wat ze impliceerde. Dat zij zich ook tot hem aangetrokken voelde. 'Er zijn bepaalde regels.'

'Dat ik jouw patiënt was, is bijna negen jaar geleden. Ik denk dat die ethische kwestie nu wel achter ons ligt, dacht je niet?'

Apiro zag de warmte in haar ogen. Zijn gezicht plooide zich tot een brede lach toen hij besefte dat waar ze al die jaren ook voor op de vlucht mocht zijn geweest, hij het niet was geweest. 'Natuurlijk kunnen we samen gaan eten, Maria, wel honderd keer als jij dat wilt. Maar bedenk wel dat ik nog nooit een date heb gehad. Ik weet niet goed wat ik moet doen.'

'Ik weet zeker dat je dat vanzelf ontdekt,' lachte ze. 'Zolang jij maar begrijpt dat jij niet mijn eerste date bent.'

'Ik ben al tevreden als ik bij de eerste honderd zit,' zei Apiro lachend.

'Zie je wel, Hector, dat is precies het goede antwoord, ook al is het getal wat aan de lage kant.'

Even later was Hector Apiro de eerste man die Maria Vasquez ooit had gekust.

59

Mike Ellis wist niet wannéér het ging gebeuren maar wel dát het ging gebeuren. Zijn benen begonnen te trillen toen hij voetstappen op de gang hoorde. De bewakers openden de zware ijzeren deur. De ene keek scherp toe, een van zijn handen beschermend op zijn wapenstok.

Ellis nam afscheid van zijn celgenoten. Victor Chavez wenste hem een gelukkig kapitalistisch nieuwjaar en Ernesto Zedillo wenste hem een volle maag. Ze schudden hem de hand en daarna werd Ellis afgevoerd naar de gang.

De bewaker die Ellis' schoenen droeg, nam hem de ketens af en Ellis wreef over zijn dikke enkels. Hij liep achter de mannen aan naar de hal.

Hij zou de dood vinden in een Cubaanse gevangenis, daar was hij zeker van. De andere gevangenen zouden te weten komen wat hij was en hij zou nooit voor een rechter verschijnen. Hij was doodsbang maar probeerde het niet te laten merken. Hij had nooit gedacht dat hij in de cel zou sterven. Zelfmoord had hem waarschijnlijker geleken.

In de gang stond rechercheur Sanchez, met een paar sportschoenen in de hand. 'Uw advocaat wilde dat ik u die zou geven. U bent vrij om te gaan.'

'Laten jullie me gaan?' Ellis geloofde het niet, hij dacht dat het een smerige streek was, dat Sanchez hem in de rug zou schieten als hij wegliep en zou zeggen dat hij had geprobeerd te vluchten.

'Jazeker,' zei Sanchez. 'Vanaf nu staat u niet meer onder arrest. Uw advocate zal het u straks uitleggen. 'U krijgt al uw spullen terug.' Sanchez wierp een blik op de bewaker en zei iets in het

Spaans. 'Op uw schoenen na. Ik heb begrepen dat u die hebt weggegeven.'

Sanchez gaf Ellis zijn portefeuille en de rest van de inhoud van zijn zakken terug.

'Inspecteur Ramirez heeft uw paspoort. Hij vroeg of u het morgen bij hem op kantoor wil afhalen. Trouwens, ik heb al het geld dat we in uw broekzak aantroffen in uw portefeuille gedaan. Het ministerie van Binnenlandse Zaken houdt niets in voor uw verblijf hier. Daar heeft inspecteur Ramirez voor gezorgd.'

Ellis' stuitje deed pijn en hij was stijf van het dagenlang zitten en slapen op de harde celvloer. Hij was in verwarring en probeerde het feit van zijn vrijlating te verwerken. 'Gaat dat zomaar? Hoe kom ik bij mijn hotel? Brengt iemand me erheen?'

'Uw hotel is op loopafstand, maar als u dat wilt, kunnen we een taxi voor u zoeken.'

'Dus ik sta echt niet meer onder arrest?'

'Nee. Een andere buitenlander, ene Nasim, heeft het jongetje vermoord, met de hulp van een portier van uw hotel, Miguel Artez. De portier heeft vermoedelijk de bewijzen in uw kamer neergelegd, hoewel hij dat ontkent. Of hij heeft Nasim binnengelaten om het te doen.'

Ellis knikte, van slag en tegelijk opgelucht.

'Blijkbaar heb ik me in u vergist, rechercheur Ellis.' Sanchez gaf hem een hand. 'Ik bied u mijn welgemeende excuses aan. Door ons hebt u heel wat moeten doorstaan.' Het viel Ellis onwillekeurig op dat Sanchez voor het eerst zijn titel noemde.

'Aanvaard,' zei Ellis. 'Er is niks ergs gebeurd. En ik was trouwens toch aan nieuwe schoenen toe. Ik ben blij dat jullie de echte daders hebben gevonden.'

'U wilt zeker dolgraag terug naar Canada? Volgens mij hebt u in Havana niet echt vakantie gehad.'

'Inderdaad. En ik moet wat zaken gaan regelen.'

'Dan wilt u waarschijnlijk eerder uit Havana weg dan u oorspronkelijk van plan was.' Wat hij impliceerde was duidelijk: voordat rechercheur Sanchez van gedachten veranderde.

'Inderdaad,' zei Ellis.

'Geniet dan van de rest van uw vakantie, señor. Maar blijf niet te lang.'

Sanchez vertrok en de bewakers kwamen met Ellis' kleren aan. In een nabije toiletruimte ruilde hij zijn gevangenisoverall voor zijn eigen kleren. Hij deed zijn horloge weer om en hield zijn trouwring een hele tijd in zijn open hand. Ten slotte schoof hij hem weer om zijn ringvinger. Hij stak zijn portefeuille in zijn achterzak.

Toen hij het politiebureau uit liep, verwachtte hij dat er iemand achter hem aan zou komen die hem zou vertellen dat het een vergissing was en hem weer in de boeien zou slaan.

Maar het ging zoals Sanchez had beloofd: er stond een taxi te wachten. Het was even na halfacht 's avonds. Hij opende het portier, stapte in en vroeg de chauffeur hem naar zijn hotel te brengen. Nog helemaal verbijsterd door de plotselinge ontwikkelingen betaalde hij de chauffeur en liep over de stoep naar de grote draaideur van hotel Parque Ciudad.

Het was een andere hotelmedewerker die de deur voor hem draaide. Miguel Artez, bedacht Ellis, zat vermoedelijk in de cel.

'Hebt u uw portefeuille al terug, señor Ellis? Ik heb u een tijdje niet gezien.'

'Klopt.' Ellis besefte ook dat deze man geen idee had van wat er was gebeurd of waar hij de afgelopen drie dagen was geweest. 'Ja, die heb ik weer terug. Dank je.' Het had geen zin alles uit te leggen.

Het eerste wat hij deed toen hij op zijn kamer kwam, was Hillary bellen, maar als ze al thuis was, nam ze niet op. Haar ouders hadden een geheim nummer en hij kon het zich niet herinneren, en hij wist trouwens niet of ze zijn telefoontje zouden accepteren. Hij belde Celia Jones, maar ook daar werd niet opgenomen. Hij sprak haar voicemail in met de boodschap dat hij het later nog eens zou proberen.

Ellis ging in het hotelrestaurant eten, zijn eerste fatsoenlijke maaltijd in dagen. *Ropa vieja*, een stoofschotel met reepjes vlees, bonen en gele rijst. Hij nam er niet eens iets alcoholisch te drinken bij maar gewoon water. Hij realiseerde zich dat hij twee hele dagen niet één paniekaanval had gehad.

Terug op zijn kamer probeerde hij Jones opnieuw, maar ook nu weer geen reactie. Die nacht, met een echte matras onder zich, sliep hij als de spreekwoordelijke roos.

Mike Ellis behoorde nog niet tot de levenden toen vrijdagmorgen de telefoon rinkelde. Het was Jones.
'Sorry dat ik je niet eerder heb gebeld, Mike. Ik moest gisteravond aan O'Malley rapporteren. En mijn man bijpraten.' Ze gaf hem snel de details van Artez' arrestatie. 'Je bent zeker dolblij dat je weer vrij man bent?'
'Je kunt je niet voorstellen wat een goed gevoel dat is. Ik ben van plan door de oude stad te gaan wandelen en voor het eerst in maanden en misschien wel langer eens te gaan genieten.'
'Ik ga vandaag met een bustour naar Viñales,' zei Jones. 'De bus vertrekt over een halfuur. Ik wil de omgeving zien en de mensen in de dierenkliniek daar met wie ik contact heb gehad gedag zeggen. De chef de clinique belde me zonet en ze bevestigde wat we al vermoedden. Ze zijn al jarenlang rohypnol uit hun zendingen kwijt. Als ik heb opgehangen ga ik Ramirez bellen om hem te laten weten wat ik heb ontdekt. En als ik terug ben in Canada ga ik geld inzamelen voor de kliniek. Die vrouw daar deed er alles aan om ons te helpen.'
'Nou, dat zullen ze zeker op prijs stellen. Je kunt ook op een forse donatie van mijn kant rekenen. Wanneer ga je naar huis?'
'Morgen. Ik wil echt voor oudjaar thuis zijn. Bovendien moet ik voor O'Malley een uitgebreid rapport over deze hele ervaring opstellen. En uitrekenen wat ik heb uitgegeven. Het wordt een hele opgave om aan de boekhouding uit te leggen hoeveel het precies is met die twee vervloekte valuta's hier en het feit dat ik nergens een fatsoenlijk bonnetje van heb.'
'Je komt toch uit Ottawa?' zei Ellis. Ottawa was een van de meest bureaucratische steden ter wereld. Dat dacht hij tenminste, tot hij naar Cuba kwam.
'Ja, dat is zo,' lachte ze, en hij kon horen dat ze al met haar gedachten bij iets anders was.
'Celia, bedankt voor al je hulp, en dat meen ik. Als jij niet naar

Cuba was gekomen, zat ik nog in de cel, of was ik misschien al dood. Ik heb mijn leven aan je te danken.'

De gebeurtenissen hadden Ellis veranderd. Hij had een tweede kans op een nieuw leven gekregen en die liet hij niet lopen.

'Laten we ons niet als Chinezen gedragen zodat ik de rest van mijn leven verantwoordelijk voor je blijf. Goed?' zei ze lachend. 'Wanneer ga jij naar huis?'

'Morgen, denk ik, als ik mijn ticket kan wijzigen. Ik moet het een en ander met mijn vrouw regelen. Over een scheiding. Het wordt tijd dat ik bepaalde dingen onder ogen zie.'

'Nou, ik hoop dat het gaat zoals je wilt. Zeg, als ik je niet meer zie voor je vertrekt, het allerbeste gewenst. En gelukkig Nieuwjaar.'

'Jij ook. Maar ik zie je toch nog wel op het werk?'

'Ja, natuurlijk,' zei ze snel. Maar het viel hem op dat ze klonk alsof ze daar niet zo zeker van was. Alsof ze bang was dat het niet zo zou zijn.

60

Inspecteur Ramirez was naar een lijkschouwing, deelde de receptie aan Celia Jones mee, en daar was hij de komende uren zoek mee. Jones liet eeen bericht achter en vroeg of rechercheur Sanchez aanwezig was. Ze werd doorverbonden en hij nam op.

'Nasim Rubinder heeft gisteren zelfmoord gepleegd,' vertelde Sanchez haar. 'Hij verscheen niet op de Campanario. We hebben daar een hele tijd op wacht gestaan. Artez vertelde ons dat hij onder de naam Daljit Pradesh een kamer had in het Plaza Martí Hotel. We zijn daarheen gegaan om hem te verhoren, maar hij deed niet open. Hij bleek in zijn kamer op de grond te liggen. Klaarblijkelijk een overdosis rohypnol. Volgens dokter Apiro is hij ergens in de middag gestorven. Via Interpol hebben we zijn vingerafdrukken gematcht. Hij werd sinds vorig jaar in Engeland gezocht voor meer dan tien aanklachten van kindermisbruik en kinderpornografie uit 2005.'

Rubinder had in Londen een modellenbureau gehad, vertelde Sanchez, maar zijn modellen waren tienermeisjes. Voorzover de Britse autoriteiten wisten had hij zeker veertien van hen een daterapedrug gegeven. Hij had gefilmd terwijl hij seks met hen had en de beelden op internet gezet. Bij een internationale undercoveractie waren hij en een stel andere leden van deze kinderpornokring opgepakt. Hij was op borgtocht tegen betaling van een grote som vrijgelaten maar erin geslaagd het land te ontvluchten.

'Waar hij toen heen is gegaan, is niet duidelijk,' zei Sanchez. 'Hij is pas twee weken geleden op Cuba aangekomen. We hebben de Britse autoriteiten van een en ander op de hoogte gesteld. Ik hoef u niet te vertellen hoe blij die zijn: met zijn dood konden ze een aantal zaken sluiten. En wanneer wij de laatste losse eindjes hebben weggewerkt kunnen we onze eigen zaak, de dood van Arturo Montenegro, ook afsluiten.'

'Dat moet u een heel fijn gevoel geven.'

'Dat Nasim Rubinder zichzelf heeft gedood in plaats van te worden gedood door de staat? In ieder geval minder papierwerk. Maar ik denk dat inspecteur Ramirez hem graag terecht had zien staan. Ik ben blij dat we uiteindelijk de echte dader hebben gevonden.'

'Wat gebeurt er met Miguel Artez?'

'Die heb ik gearresteerd voor het illegaal gebruiken van het internet, het toelaten van Cubanen in een door de staat geleid hotel, overhalen tot ontucht en kinderpornografie. Dat zijn ernstige beschuldigingen, en er zullen er tijdens ons verdere onderzoek nog wel meer bij komen. We blijven zoeken naar de auto waarin het lichaam van het kind naar de Malecón is vervoerd. Tot nu toe hebben we de nicht van Artez ondervraagd, maar ze lijkt er niets mee te maken hebben. Momenteel ziet het ernaar uit dat alleen die twee mannen, Rubinder en Artez, bij de moord betrokken zijn. Artez ontkent natuurlijk, maar het OM dient morgen de aanklacht in. Jammer voor hen maar fijn voor ons is dat de zaterdag ook voor het OM een werkdag. is'

'Uw aanklachten lijken me heel sterk.'

'Ik ben er zeker van dat Artez wordt veroordeeld,' stemde Sanchez in. 'Zolang hij tenminste geen Canadese advocate heeft om hem bij te staan.' Jones wist niet zeker of dat als een compliment bedoeld was.

'Kan ik u nog ergens mee helpen, señora? Is er een reden waarom u inspecteur Ramirez wilt spreken?'

'Misschien kunt u hem vertellen dat ik eerder deze ochtend een telefoontje heb gekregen van de dierenkliniek in Viñales. De chef de clinique zei dat er al enkele jaren sprake is van diefstal van rohypnol. Ik ga vandaag met een bustour naar Viñales om de ladingsbrieven van die zendingen op te halen.'

De kliniek beschikte niet over een faxapparaat maar Teresa Diaz, de chef de clinique, had beloofd kopieën te maken, mits hun kopieerapparaat natuurlijk genoeg toner had.

'U hoeft niet helemaal naar Viñales te reizen, señora. Wij kunnen zelf doorgaan op die informatie. In ieder geval bedankt voor uw inspanningen. En dat meen ik. Een heel slechte man is dood en de andere zit in verzekerde bewaring. Dit is het moment waarop wij onze rapporten moeten opstellen. Er is geen haast bij.'

'Ik heb mijn kaartje al betaald,' zei ze. 'De bus gaat over een halfuur en ik verheug me op de trip. Vandaag wil ik de toerist uithangen. En ik wil die mensen van de kliniek dolgraag ontmoeten. Ze zijn zo aardig voor me. Ik wil kijken of ik iets voor hen kan doen als ik weer thuis ben. Ik kan in ieder geval uit het hotel wat zeep voor hen meenemen. Maar u bedankt voor alles. Ik zal ervoor zorgen dat ik de kopieën morgenochtend voor ik naar het vliegveld ga bij u heb afgeleverd. En bedankt dat u me op de hoogte hebt gebracht van Nasim en de aanklachten. Ik ben zo blij dat Mike op vrije voeten is. Ik kan me geen voorstelling maken van wat er met hem zou zijn gebeurd als hij naar de gevangenis was overgebracht.'

'Dat kan ik wel. Señor Ellis heeft geluk gehad, señora, neemt u dat maar van mij aan.'

61

Inspecteur Ramirez wilde de lijkschouwing op Nasim Rubinder met eigen ogen zien. De zaak was officieel gesloten. Toch wilde hij er zeker van zijn dat de man echt dood was, wilde hij het zelf zien.

Hij was nog steeds geschokt door het beeldmateriaal dat Rubinder in zijn hotelkamer had verstopt en dat Sanchez had gevonden. Er lagen onder Rubinders matras vijf cd's, met duizenden beelden van jonge meisjes die werden misbruikt, de meeste beginnende tieners.

Ramirez dacht aan zijn eigen dochtertje en schudde vol walging zijn hoofd. Hij zou zich, voor de verandering, een stuk prettiger voelen wanneer hij zag hoe Hector de hersenen en organen van dit monster te lijf ging. Hij wilde absoluut niet dat de kans bestond dat Rubinder in welke vorm dan ook zou terugkeren.

Opnieuw liep de dode man achter hem aan, maar nu slechts tot aan de deur. Door de gebeurtenissen van de afgelopen week was Ramirez niet opgeschoten met het onderzoek naar zijn dood. Hij had nog steeds geen vaag vermoeden van de identiteit van de man.

Ramirez ging het kleine mortuarium in, hing zijn jasje op en trok een witte labjas aan. Zoals altijd voelde hij zich slechte op zijn gemak bij een autopsie. Hij kuchte eventjes, om de inhoud van zijn maag binnen te houden. Het was warm in de ruimte. Hij haakte zijn vinger achter zijn boordje om het wat losser te krijgen.

In tegenstelling tot hemzelf leek de patholoog helemaal op zijn gemak in de hitte. Hij maakte in feite zelfs een gelukkiger indruk dan Ramirez in tijden had gezien. Al neuriënd deed hij zijn werk. Ramirez probeerde er een vinger op te leggen. Het was zelfs of Hector gegroeid was.

Het eerste wat Ramirez opviel aan het lijk dat op de metalen brancard lag uitgestrekt, was de dichte, donkere vacht op de borst, armen en benen van de man. Rubinder was zeer behaard.

'Weet je, Hector,' zei Ramirez terwijl hij een kruk bijtrok, 'ik vind het bijna jammer dat Rubinder zelfmoord heeft gepleegd. Hij zou een rottijd hebben doorgemaakt als we hem hadden gearresteerd. Een snelle dood was in veel opzichten veel te goed voor hem. Dat kan ik nu wel hardop zeggen, omdat ik niet langer objectief naar het bewijsmateriaal hoef te kijken.'

'Ik zou mijn beroepsmatige objectiviteit nog niet laten varen, beste vriend,' waarschuwde Apiro. Hij stak een pijp op en trok eraan. De stank in de snijzaal was beduidend erger, doordat de koeling nog altijd kapot was.

Ramirez liep terug naar zijn jasje en haalde er een sigaar uit. 'Hoezo, beste vriend?'

'Net als jij,' zei de medicus, en hij pakte zijn trapje erbij, 'houd ik niet erg van losse eindjes. Maar losse haren zijn belangrijk. Dat was iets wat me dwarszat vanaf het moment waarop ik het lichaam van deze man zag. Hij had ergens haar moeten achterlaten. Maar het enige wat we in de kamer van señor Ellis niet hebben aangetroffen, waren haren die met de zijne overeenkomen. Ik had verwacht dat er bij de verkrachting enige haren op de jongen of zijn kleding zouden zijn beland. Dus heb ik de vrijheid genomen Rubinders bloedgroep te vergelijken met die van het sperma dat we hebben verzameld.'

'En?'

'Rubinder had bloedgroep B.'

'En het sperma op het lichaam en het laken was toch A?'

'Precies. Geen match. En Artez heeft AB. Dat heb ik vastgesteld aan de hand van de bloedvlekken op zijn shirt ten tijde van zijn arrestatie. Hij had blijkbaar een bloedneus toen hij werd binnengebracht. Een soort recht van de straat?'

'Daar was enige sprake van. De vrouw die hem heeft geslagen heeft een opmerkelijke rechtse hoek. Dus dat sluit Artez ook uit.'

'Helaas wel. Het kind is door iemand anders verkracht.'

'*Dios mío*, dan ben ik door mijn verdachten heen,' riep Rami-

rez uit. Als het niet Ellis of Rubinder of Artez was, wie dan wel?
'Misschien waren het toch de kamermeisjes,' zei Apiro grinnikend.

Ramirez nam even de tijd om het nieuws te verwerken. 'Zaten er nog andere mannen in dat netwerk van kinderverkrachters, kerels waar we niets van afweten?'

'Het enige wat ik je met zekerheid kan vertellen is dat Nasim Rubinder noch Miguel Artez het jongetje heeft verkracht. Hun bloedgroepen wijken af van die van het sperma dat we hebben gevonden in het lichaam van de jongen en op de hotellakens. Die wetenschap is glashelder, Ricardo. Waar het jou brengt, kan ik je niet zeggen.'

'Dus je bent er absoluut zeker van dat het jochie door iemand anders is verkracht?'

'Ja.' Apiro keek hem aan. 'Geen twijfel mogelijk.'

Ramirez kauwde daar een tijdje op en knikte toen. 'Dan moet ik mijn eerdere aannames loslaten. Nu ik erover nadenk was Rubinder wel degene die foto's maakte, maar was zijn belangstelling in feite gericht op jonge meisjes. In zijn eigen collectie op de cd's stond niet één jongen. En Artez kan het niet geweest zijn, want die heeft de hele avond tot na middernacht in het hotel gewerkt, en het jongetje is voor die tijd gedrogeerd en verkracht. Mijn theorie dat er twee mannen zijn geweest, berustte op de aanname dat señor Ellis schuldig was maar geen auto had. Maar de misdaad kan zijn gepleegd door één man, iemand met een auto.'

Apiro boog zijn hoofd. 'Je bent ervan uitgegaan dat alles wat Artez heeft gezegd gelogen was. Misschien moet je juist aannemen dat hij de waarheid heeft gesproken. Zou dat kunnen helpen?'

Ramirez knikte. 'Goed idee, Hector. Ik heb zijn verklaring op schrift. Hij houdt bij hoog en bij laag vol dat hij de jongen nooit heeft gezien en niet wist dat hij dood was. Als dat waar is, heeft iemand anders het kind misbruikt. Behalve dat de dader een auto heeft, moet hij ook toegang tot Ellis' kamer hebben gehad. Maar wie dan? Welk verband in de bewijzen is me ontgaan?'

Apiro trok zijn trapje erbij en ging op de tweede tree zitten. 'Ik heb een theorie,' voerde hij aan. 'Ik heb je al verteld dat ik verwondingen zoals bij Arturo Montenegro nog maar één keer eerder heb gezien. Het was de enige keer in mijn loopbaan dat ik een jongetje van die leeftijd, of welke leeftijd dan ook, zo ernstig toegetakeld heb gezien.

'Het is lang geleden, bijna vijftien jaar. Dat geval betrof een jongetje van acht, en ik was toen nog chirurg in het kinderziekenhuis. Ik heb er onlangs nog een toespeling op gemaakt, maar ik moet uitkijken met wat ik je vertel: bepaalde zaken kan ik niet openbaar maken. Toen ik arts werd, heb ik gezworen dat ik het beroepsgeheim niet zal schenden. Zo kan ik je de naam van dat jongetje niet geven. Maar een deel van de informatie die je nodig hebt, staat misschien nog in je eigen archief en wellicht helpt het je een andere kant op.'

Het was in januari 1992, vertelde Hector. Het jongetje was aangerand op een kostschool van de katholieke kerk in de bergen bij Viñales.

'Het hoofd, pater James O'Brien, bracht het jongetje naar het kinderziekenhuis, samen met een politieagent,' zei Apiro. 'Er was toen geen ambulance in Viñales en alleen de auto van de kerk had genoeg benzine voor de rit. Het kind was verkracht en wel zo gewelddadig dat er inwendige bloedingen waren. Wie de dader was, wilde hij niet zeggen.

'Het jongetje wilde eerst helemaal niet met ons praten,' was Apiro's treurige herinnering. 'Zijn gezicht had de kleur van een aubergine en was helemaal dik. Het was een gecompliceerde operatie door de enorme bloedingen. Maar de ingreep slaagde en de jongen overleefde het. Hij heeft meer dan een maand in het kinderziekenhuis gelegen om van zijn verwondingen te genezen.'

'Heeft hij je verteld wat er is gebeurd?' vroeg Ramirez.

Apiro schudde zijn hoofd. 'Ik heb geprobeerd erachter te komen. Bijna al mijn vrije tijd zat ik bij hem en dan las ik hem voor in de hoop dat hij een keer iets zou loslaten Maar hij was ernstig getraumatiseerd, wat geen wonder was gezien het feit dat zijn ribben en zelfs zijn jukbeenderen gebroken waren. De agent vertelde uiteindelijk dat een andere jongen op school het had gedaan. De dader zelf was ook minderjarig, vijftien nog maar, en te jong om te worden berecht. Dus kon hij niets doen.' In Cuba vallen kinderen onder de zestien niet onder het strafrecht.

'Ik ben nooit achter de naam van de dader gekomen,' verklaarde Apiro. 'Het lag niet in mijn macht iets te doen. Mijn werk was niet me in politiezaken te mengen, toen in ieder geval niet, maar wel om zorg te verlenen. Ik ging een aantal malen per dag bij het gewonde kind kijken en toen de weken verstreken en de jongen vooruitging, kreeg ik het steeds drukker met mijn andere patiënten en liet ik de zorg voor hem over aan de zaalzusters.'

'Wat is er van hem geworden?' vroeg Ramirez. 'Ik bedoel, nadat hij genezen was.'

'Ze stuurden hem terug naar dezelfde school.'

62

Celia Jones wachtte voor het hotel op de citroengele bus. Het was een stralende, zonnige dag. Ze stapte in de bus met een stuk of twintig andere toeristen, voornamelijk Europeanen. De gids deelde mee dat de rit naar Viñales zo'n drie uur zou duren, inclusief alle tussenstops.

De bus reed langs het Gran Teatro de la Habana en draaide de Calle San Martín op. De gids wees naar een ruïne met bomen op het dak, het enige wat restte van het oorspronkelijke theater. Het was een treurig gezicht, deze ondergang van wat ooit het culturele icoon van Havana was. Ze maakte een foto om aan Alex te laten zien, maar realiseerde zich hoe pijnlijk het beeld voor hem zou zijn. Ze wiste het beeld van de geheugenkaart.

De bus reed langs de Avenida Simón Bolívar en de Avenida Salvador Allende. Ze kwamen langs het Memorial José Martí, een reusachtige toren met een standbeeld van de held, dichter en schrijver, oprichter van de Cubaanse Revolutionaire Partij.

De bus stopte een paar minuten bij de Necrópolis Colón, een begraafplaats van ruim zestien hectare met ruim twee miljoen graven, zo vertelde de gids. Er waren grafstenen en graftombes in alle soorten en maten. Het was er weelderig groen, en overal stonden mariposa-lelies – de nationale bloem van Cuba – en zinderende hibiscussen, lichte orchissen en stralende bougainvilles.

Het was de eerste begraafplaats die Jones bezocht waar ze zich op haar gemak voelde. De meeste waren stil, met alleen zingende vogels. Hier werd gelachen, was kleur, geurde het. Als er hier geesten rondwaarden, joegen ze haar niet, zoals in de Callejón sin Salida, angst aan. Ze hadden maar een paar minuten de tijd om foto's te maken voor de gids zei dat ze weer moesten instappen.

Toen ze Havana uit waren, veranderde het landschap. Vlak akkerland ging over in heldergroene heuvels in de vorm van speldenkussens. *Mogotes.* Daarna hoge, steile rotswanden. Ze had er niet op gerekend dat ze de bergen in zouden gaan, en iedere keer dat de bus langs de rand van de weg zwierde voelde ze haar maag protesteren.

Na een uur of twee rijden stopten ze in het stadje Sora voor de lunch. Ze werden meegenomen naar een waterval en een schitterende, geurende orchideeëntuin. Jones had nog nooit wilde orchideeën gezien, noch zoveel verschillende soorten. Van elk maakte ze een foto. Na de lunch, een voortreffelijk buffet van lichtgroene avocado's, mango's, yams, ananassen en bijna overdreven verse papaja's ging de reis weer verder.

De gele bus klom brommend over de kronkelweg. Af en toe passeerden ze een voetganger die dubbel gebogen tegen de steile helling op zwoegde. In de dalen beneden hen bewogen de plukkers zich als kleine insecten die wat rondlummelden.

Ze vroeg zich af hoe hoog ze waren en huiverde in de kouder wordende lucht. De bus klom hoger en hoger over de bochtige weg en haar maag keerde bijna om. Het lukte het haar op een of andere manier haar lunch op zijn plaats te houden, maar ze begon zich toch duidelijk niet lekker te voelen.

Het was een opluchting toen ze het bordje viñales zag. De gids vertelde dat het een vriendelijk stadje was en dat hun, ondanks de lagere temperatuur, een warm welkom wachtte. Toen de bus in de hoofdstraat stopte, kon ze eindelijk ontsnappen.

De passagiers mochten een paar uur door het stadje wandelen en moesten uiterlijk om vier uur bij de bus terug zijn. Enkele medetoeristen huurden een fiets van Chinese makelij die er zo zwaar en onhandelbaar uitzag dat hij gemaakt leek van één stuk gebogen staal.

Jones vroeg iemand de weg naar de dierenkliniek. Op weg erheen bleef ze even staan om naar de binnenplaats van een weeshuis te kijken, waar kinderen aan het spelen waren. Een klein meisje, amper groter dan een peuter, zat in een wrakke rolstoel. Andere kinderen reden rondjes met haar en ze gilde het uit van plezier. Er was een jongen die de uiteindes van twee springtouwen draaide die aan het andere eind aan een boom waren gebonden. Een meisje sprong erdoorheen en het stof wolkte op.

Touwtjespringen had ze zelf als kind ook gedaan. Ze genoot ervan naar de kinderen te kijken, hun schaterlach te horen. Ze voelde weer een steek in haar hart om het feit dat Alex en zij geen kinderen konden krijgen.

De dierenkliniek zat op de twee verdieping van een gebouw aan de hoofdstraat. Jones meldde zich bij de vrouw van de receptie en ontdekte tot haar plezier dat het degene was met wie ze eerder had gesproken. Teresa Diaz verwelkomde haar hartelijk.

'Ik heb alle papieren van zendingen rohypnol die we hebben ontvangen boven water gehaald en gekopieerd. Ze gaan een jaar of vijf terug. Vorige week nog zijn er vier capsules verdwenen.'

Jones zag dat de laatste bladzijden moeilijk te lezen waren doordat de toner bijna op was, en ze was de vrouw reusachtig dankbaar dat ze de schaarse middelen van de kliniek had gebruikt om haar bij haar onderzoek te helpen. Er was in dit land veel vriendelijkheid.

'Mag ik contact met u houden als ik weer in Canada ben? Laat me alstublieft weten wat jullie dringend nodig hebben, want ik wil graag helpen. Ik ben getrouwd met een Cubaanse arts. En ik weet zeker dat onze vrienden ook een bijdrage willen doen.'

'Dat zou fantastisch zijn,' riep Diaz uit. Ze bedankte Jones uitvoerig en gaf haar een kaartje met daarop handgeschreven het adres en telefoonnummer van de kliniek. De dierenarts van de kliniek, dokter Vincent, zou contact met señora Jones opnemen via Drugs for Dogs. Diaz schudde Jones enthousiast de hand en bedankte haar nogmaals voor haar aanbod. Jones bedankte haar weer voor haar hulp en gaf haar, voor ze vertrok, een stuk zeep. Terwijl Jones de trap af liep, wierp ze een blik in de papieren en bekeek ze welke handtekening er onder aan elke bladzijde stond.

Zodra ze bij de onderste trede was, keek ze op. Toen ze zag wie haar op straat stond op te wachten, stolde het bloed in haar aderen.

63

'Hebben ze hem teruggestuurd naar de kostschool waar hij was verkracht?' riep Ramirez verbaasd uit. 'Die jongen moet doodsangsten hebben uitgestaan. En wat is er met die oudere jongen, zijn verkrachter, gebeurd?'

'Geen idee, Ricardo. Ik heb me vaak afgevraagd of hij in therapie is geweest voor zijn problemen, maar dat kon ik niet achterhalen, omdat zijn identiteit als minderjarige niet werd vrijgegeven. Met tegenzin heb ik de zaak laten schieten.'

'En je denkt dat die jongen, de oudste, misschien bij deze zaak betrokken is?'

'Hij is nu volwassen, maar ik denk dat het de moeite waard is erin te duiken.'

Ramirez dacht na. Apiro kon gelijk hebben. Deze vorm van agressie was abnormaal. In de honderden misbruikzaken die hij had onderzocht, had hij nog nooit een dergelijke mate van geweld gezien; Apiro zoiets slechts één keer eerder meegemaakt, ondanks de duizenden patiënten die hij had gehad. De slachtoffertjes waren ongeveer van dezelfde leeftijd, de verkrachtingen hadden in hetzelfde jaargetijde plaatsgehad en vertoonden hetzelfde soort geweld. Misschien waren er in de tussenliggende jaren vergelijkbare vormen van geweld geweest maar waren de kinderen te bang geweest om het te melden. Een gemeenschappelijke modus operandi kon niet puur op grond van de tussenliggende tijd worden uitgesloten.

'Sanchez heeft in onze databanken naar overeenkomstige misdaden gekeken,' zei Ramirez, 'maar hij heeft niets gevonden.'

'De jongen had geen strafblad,' zei Apiro. 'En vergeet niet dat het jaren geleden speelde.'

Dat was de verklaring, dacht Ramirez, voor het feit dat Sanchez niets had kunnen vinden. Het was nooit bij hem opgekomen dat hij zo ver terug in de tijd moest zoeken naar oude dossiers betreffende jonge daders.

'Die politierapporten moeten in onze archieven zitten. Nu we wat meer gegevens hebben, bel ik de beheerster en vraag ik haar ernaar te zoeken.' Ramirez deed snel wat rekenwerk. 'Als die jonge dader in 1992 vijftien jaar was, is hij in 1977 of daaromtrent geboren. Dan is hij nu negenentwintig of dertig. Het moet niet moeilijk zijn op een geboortedatum tussen, laten we zeggen, 1976 en 1978 te zoeken en een geval van seksueel misbruik in de processen-verbaal van jeugdige criminelen in Viñales. In welk ziekenhuis werkte je toen?'

'Hospital Pediátrico y Cardiocentro Infantil. Het kinderziekenhuis.'

'En de datum was niet lang na Nieuwjaar?'

'Ja, januari 1992.'

Ramirez liep naar de muurtelefoon en belde naar het politiearchief. Hij gaf de beheerster de gegevens. Het duurde maar een paar minuten voor de telefoon rinkelde; Ramirez greep de hoorn. Het had de beheerster met de informatie die hij had verstrekt geen enkele moeite gekost het dossier te vinden.

Ramirez vroeg haar het dossier naar het mortuarium te laten brengen en even later hield hij een bestofte map in zijn handen. Apiro keek gespannen toe toen Ramirez die opende en doorbladerde op zoek naar de naam van de verkrachter.

En daar stond hij, op een onderzoeksrapport van de politie, een verwijzing naar het feit dat degene die het jongetje had verkracht een jonge dader was, geboren op 16 april 1976, en daarna, een paar bladzijden verderop, zijn naam.

'Mijn god,' stamelde Ramirez verbijsterd. 'Het was Rodriguez Sanchez.'

64

Daar stond rechercheur Rodriguez Sanchez, bij zijn langs de stoeprand geparkeerde politieauto.
'Wat een verrassing u hier te zien,' zei Celia Jones zo nonchalant als ze maar kon. Toen ze zag dat hij alleen was, dacht ze erover terug de trap op te rennen, maar het was te laat. Ze wist niet hoe gevaarlijk hij misschien was en ze wilde de mensen van de kliniek niet in gevaar brengen.
'Ik wilde zeker weten dat ik de kopieën van die papieren kreeg,' zei hij. 'We willen het onderzoek vandaag afronden.'
Hij had gezegd dat er geen haast bij was, dus Jones wist dat hij loog. 'Daar hebt u een hele reis voor overgehad. U moet uren onderweg zijn geweest,' zei ze, alsof ze niets doorhad. 'Dat was echt niet nodig.'
Ze keek om zich heen in de hoop dat ze nog een politieauto zag die ze kon aanhouden. Maar er was geen verkeer, zelfs geen fietser.
Teresa Diaz keek uit het raam en zwaaide naar hen. Jones kon niets anders doen dan terugzwaaien.
'Helaas wel, señora.' Sanchez deed een stap naar voren en ze voelde de harde cirkel van een pistoolloop in haar zij. 'Ga alstublieft rustig op de passagiersplaats zitten. Het spijt me dat het zo moet.'
Ze deed wat haar werd gezegd. Hij startte en reed langzaam door tot ze de buitenwijken van Viñales verlieten. Hij stuurde met zijn linkerhand en hield het pistool in zijn rechterhand op haar gericht. Ze passeerden een paar auto's, maar ze kon niets beginnen. Ze zat in de val.
Ze reden een kilometer of wat de stad uit voor ze van de hoofdweg af draaiden. Sanchez stuurde door een opening in de bomenrij

een weggetje op waarvan de sporen begroeid waren met struikjes. De auto stuiterde eroverheen. In de wijde omtrek was geen huis te zien.

Uiteindelijk zette Sanchez de auto neer voor wat een verlaten schoolgebouw leek te zijn. Het hoofdgebouw was bedekt met mossen en onkruid. Erachter stond een kleiner bakstenen gebouw, dat ooit een soort woonhuis was geweest.

Hij zei dat ze moest uitstappen. Ze opende het portier en stapte uit in de schaduw van bomen. Ze vroeg zich af hoe lang ze had voor hij haar zou vermoorden. Ze begon te rillen. Het was alsof ze van een afstand zag hoe het tafereel zich ontvouwde, en ze was bijna verbaasd over haar gevoel van afstandelijkheid. Daarin herkende ze de eerste stadia van shock.

'Ik vind het echt heel naar, señora Jones,' zei Sanchez. 'Ik heb nooit gewild dat het zo ver zou komen.'

'Het was niet Nasim die de rohypnol heeft gestolen, hè? Jij was het. Zoiets had ik al gedacht.'

'Hoe wist u dat?'

'Ik wist het tot op dit moment niet echt zeker. Maar de diefstallen van de medicijnen vermeld op deze formulieren strekken zich uit over vele jaren, en dat sloot Rubinder uit. En jouw handtekening staat op al deze formulieren.'

Hij boog het hoofd, zonder dat de greep op zijn pistool verslapte. 'Heel goed. U legt bijna net zo snel verbanden als Ramirez. Maar dat is helaas nou net het punt. Voor ik bij Ramirez' afdeling kwam te werken, zat ik bij de douane. Ik was degene die alle zendingen medicijnen op Havana International moest goedkeuren. Als Ramirez inzicht in deze gegevens krijgt, ontdekt hij dat ik degene was die telkens als er een partij rohypnol verdween, de controle uitvoerde.'

'En die van vorige week?'

'Ik was op het vliegveld met iets anders bezig. De mensen van de douane hadden het druk. Ik bood aan hun werk over te nemen zodat zij even konden pauzeren. Dat vonden ze fantastisch.'

'Heb je me hierheen meegenomen om me te vermoorden?' Jones vroeg zich af wie ooit had gezegd dat domme vragen niet bestaan.

Sanchez deed een stap naar voren. Hij richtte het wapen op haar voorhoofd en pakte haar de formulieren af. Hij vouwde ze op en stopte ze in zijn binnenzak. 'Bedankt, señora, dat u hebt geholpen bij het zoeken naar een papieren spoor dat tot mijn veroordeling had kunnen leiden. Ik zal ervoor zorgen dat ze worden vernietigd. Die op het kantoor van de douane heb ik al laten verdwijnen.'

'Mijn verdwijning is wat moeilijker te verklaren, nietwaar?'

'O, dat valt wel mee, señora. U hebt een bustocht gemaakt, u hebt de groep verlaten en u bent de stad in gewandeld. Niemand heeft gezien waar u heen ging. U bent niet op tijd bij de groep teruggekeerd. U bent misschien een bergwandeling gaan maken. Je hebt hier bij delen van de weg heel steile hellingen. Er zijn eerder ongelukken gebeurd en men zal aannemen dat u door een auto of een bus bent aangereden. Er zal een zoektocht worden gehouden, ik zal er zelfs op aandringen dat dat gebeurt. Maar u kunt ervan opaan dat niemand uw lichaam vindt.'

Niemand wist dat ze hier was en zelfs de toergids zou haar zo ver van de stad niet zoeken. Het was te ver om te lopen en ze had geen fiets gehuurd. Bovendien was het een uur of drie en het komende uur zou ze niet worden gemist. Dus zou ze hier zeer waarschijnlijk binnen enkele minuten sterven.

Ze haalde diep adem, genoot van de berglucht en dacht het ondenkbare. Sanchez kon er ieder moment genoeg van krijgen met haar te praten. Dan zou hij de trekker overhalen en zou Celia Jones ophouden te bestaan.

65

Rodriguez Sanchez, dacht Ramirez vol ongeloof. Beelden van het onderzoek flitsten door zijn hoofd. Sanchez had toegang tot de hotelkamer van de Canadees; die hadden ze samen doorzocht. Sanchez was degene die de doorzoeking had voorgesteld en Ramirez had erin toegestemd, ondanks de zwakke argumenten ervoor.

De verwijzing naar de anonieme melding op kerstdag dat een man vol littekens in het Parque Ciudad jongens benaderde, was afkomstig van Sanchez. Ramirez had niet bij de meldkamer gecontroleerd of die melding werkelijk was binnengekomen. Hij had Rodriguez, zijn protegé, zijn vriend, vertrouwd.

Sanchez had bijna alle belangrijke bewijzen in de hotelkamer gevonden: hij had de foto's en de cd onder de matras gestopt terwijl Ramirez de badkamer doorzocht. Ramirez had hem alleengelaten buiten de afgesloten hotelkamer terwijl hijzelf in de lobby met Apiro was gaan praten. Sanchez had zijn eigen sperma op de lakens achtergelaten in de wetenschap dat het overeenkwam met dat in het lichaam van de jongen. Vermoedelijk had hij zijn onderbroek geruild voor een uit Ellis' lade. Sanchez had Ellis erin geluisd.

Hij moest het jongetje hebben gedood en de politieauto hebben gebruikt om hem mee te vervoeren. Nadat Ramirez hem op kerstdag had verteld dat het lichaam van het jongetje was gevonden, had Sanchez gezegd dat hij zonder benzine zat, waarschijnlijk om zichzelf de tijd te geven de auto schoon te maken. Het was aldoor Sanchez geweest.

Sanchez was bij het pand op de Campanario opgedoken ruim tien minuten nadat Jones en Vasquez daar waren aangekomen.

Hij had hen niet gevolgd, ook al had Ramirez hem opgedragen de Canadese te schaduwen. Sanchez had geweten dat dat niet nodig was. Want hij had geweten dat señor Ellis onschuldig was.

Sanchez kende het pand op de Campanario omdat hij er al eerder was geweest en was er nu om een onbekende reden weer naartoe gereden. Hij moest verrast zijn geweest toen hij Jones en Vasquez daar aantrof, maar hij had het spelletje meegespeeld.

Ramirez dacht diep na: waarom zou Sanchez naar de Campanario zijn gereden?

Waarschijnlijk om zich van Miguel Artez te ontdoen, om elke link met zijn eigen misdaden uit de weg te ruimen. De aanwezigheid van de advocate en de jinetera had dat plan in duigen gegooid, maar Sanchez had zich goed gehouden. Hij was altijd al een snelle denker geweest.

Als Artez de waarheid sprak, kon hij niet weten wie Sanchez was, had hij hem nooit gezien, kon hij onmogelijk weten dat de man die hem arresteerde degene was die hem naar de Campanario had gelokt door te doen of hij Nasim was, om hem daar te kunnen vermoorden. Vermoedelijk was ook Nasim door Sanchez vermoord. Wat betekende dat Sanchez de link met de rohypnol was.

'Hector, jij moet ergens de gegevens over Sanchez' bloedgroep hebben.'

Van alle politieagenten, ook de rechercheurs, waren de bloedgroep en de vingerafdrukken bekend, voor eliminatiedoeleinden en in geval van nood, als er dringend een bloedtransfusie nodig was.

'Ik zal even kijken.' Apiro ging naar een archiefkast in de hoek, rommelde in de dossiers en haalde er de gewenste uit. Hij bladerde erdoorheen. 'Ja, Sanchez heeft bloedgroep A. En hij is een secretor.'

'We moeten hem meteen gaan zoeken. Ik denk dat hij Nasim Rubinder heeft vermoord en zijn betrokkenheid heeft weggemoffeld door gisteravond, zogenaamd voor de zaak, naar Rubinders hotelkamer te gaan, wat verklaart dat zijn vingerafdrukken en haar zullen worden aangetroffen.'

Ramirez belde naar het bureau om te horen of Sanchez daar was. Maar de rechercheur die opnam, meldde dat Sanchez een uur geleden de deur uit was gegaan, naar Viñales.

'Naar Viñales?' vroeg Ramirez zich hardop af met de hoorn nog in de hand. 'Wat moet Sanchez helemaal in Viñales?' Toen keek hij Apiro aan. 'Ik denk dat ik weet waarom. Miss Jones heeft op het bureau een boodschap achtergelaten. Zij is vandaag ook naar Viñales.'

66

Mike Ellis was net terug van zijn rondje hardlopen en stond te bedenken wat hij op zijn laatste dag in Cuba zou gaan doen, toen de telefoon ging. Het was inspecteur Ramirez.

'Neemt u me niet kwalijk dat ik u stoor, señor Ellis, maar we zitten met een ernstige situatie. Weet u waarom señora Jones vandaag naar Viñales wilde?'

'Ze was van plan de dierenkliniek daar te bezoeken. Heeft ze u niet gebeld?'

'Ze heeft alleen een bericht achtergelaten. Ik was bij de autopsie van Nasim Rubinder. Wanneer hebt u haar gesproken?'

'Vanochtend, een paar uur geleden, om een uur of negen. Ze zei dat de toerbus een halfuurtje later zou vertrekken. Ze zou u na ons gesprek meteen bellen.'

'Dan moet ze Sanchez hebben getroffen.'

Ramirez gaf een kort verslag van zijn bevindingen. 'En Sanchez is onderweg naar Viñales. Ze moet bewijsmateriaal hebben gevonden dat hem aan deze misdaden linkt. Rechercheur Ellis, denk alstublieft goed na. Kunt u zich herinneren dat ze heeft gezegd wat deze kliniek met ons onderzoek in verband brengt? Kunt u wat specifieker zijn?'

Stilte terwijl Ellis nadacht.

'Ze probeerde te achterhalen waar in Cuba die rohypnol vandaan kwam. En daarbij noemde ze de kliniek. Blijkbaar zijn daar vorige week medicijnen verdwenen. En voor die tijd ook.'

Sanchez had Ramirez verteld dat er al jaren geen rohypnol meer in Cuba was binnengekomen. Weer een leugen.

67

Denk na, Celia, denk na. Hij had haar naar dit schoolgebouw gebracht en dat was niet makkelijk te vinden, zo afgelegen en overwoekerd als het was, dus moest hij deze plek van vroeger kennen. En die betekende iets voor hem. Sanchez was waarschijnlijk in dit gebouw, in deze bossen, gevormd tot wat hij nu was.

Jones probeerde zich te herinneren wat ze, jaren geleden, tijdens haar opleiding bij de politie had geleerd. De eerste stap was de gijzelaar te vermenselijken. Het beste was dus haar kidnapper aan de praat te krijgen. Iets gemeenschappelijks te vinden. *Wanneer de gijzelnemer iemand beter leert kennen, is het moeilijker voor hem die te doden.*

Ze waagde het erop. Ze liep naar het bordes en ging zitten, hoopte dat hij haar niet zou neerschieten omdat ze zonder zijn toestemming bewoog. Ze keek hem zo recht mogelijk in de ogen en probeerde te doen of er geen wapen was, hield haar stem vriendelijk, ontspannen. Ze herinnerde zich de stem van haar instructeur. *Altijd kalm blijven.*

'Wil je praten over wat er hier is gebeurd? Je hart luchten? We hebben geen haast. Niemand die me hier komt zoeken, dat zei je zelf al. Het komende uur of nog langer word ik niet eens gemist.'

Continueer de situatie. Rek tijd.

'Ik kan toch nergens heen. En jij hebt het wapen. Neem er de tijd voor. Ik heb het gevoel dat je hier verschrikkelijke dingen hebt meegemaakt, en ik wil er heel graag meer van weten.'

Sanchez dacht er minuten, die wel uren leken, over na. Ten slotte haalde hij zijn schouders op. Hij keek naar het gebouw en ze zag dat hij zich dingen herinnerde. 'Hier is het begonnen.' Hij wees met het wapen naar het kleinere gebouw.

'Dit was toch een school?'

Hij knikte. 'Ik ben hier op mijn achtste naartoe gestuurd. Mijn ouders hadden daar niets over te zeggen.' Jones hoorde de spanning in zijn stem. 'De regering had besloten dat alle kinderen naar kostscholen op het platteland moesten om daar met het socialisme te worden geïndoctrineerd. Maar in feite was het voor kinderarbeid in de agrarische sector. Het marxistisch-leninistische model: kinderen als werkzame leden van het proletariaat.'

Hij spuwde op de grond. 'U hebt dat grapje vast al eens gehoord. Een marxist komt met een plan dat alle Cubanen voldoende te eten zou geven, maar het wordt verworpen omdat het alleen in de praktijk werkt, niet in theorie.' Een verbitterd lachje. 'We moesten elke dag op de tabaksplantages daarbeneden werken.' Hij wees naar het dal dat achter de bomen verborgen was.

'Hoe was dat, Rodriguez?' *Richt de aandacht van de gijzelnemer op kleine details, houd hem aan de praat. Spreek hem altijd aan met zijn voornaam.*

'Wat dacht u? We moesten de hele dag werken tot we niet meer konden. We waren eenzaam, het eten was afschuwelijk. Het was een staatsschool die werd geleid door katholieken. Het hoofd was een Amerikaanse priester, pater O'Brien. De andere priesters waren voornamelijk Spaans, maar ze kwamen ook wel uit andere landen, een paar zelfs uit Canada. Ze kwamen en gingen.'

Ze moest hem aan de praat houden, uit zijn tent lokken. 'En wat is er hier gebeurd? Dat wil ik heel graag weten.' *Gebruik vragen met een open einde. Bouw een relatie op.*

Hij haalde een paar keer diep adem voor hij verderging. 'Op een avond nodigde pater O'Brien een paar jongens uit om in dat gebouw te komen eten. In het priesterhuis. Daar bleken de tafels gedekt met witte borden en schone tafelkleden en prachtig gepoetst zilveren bestek. Het eten was natuurlijk door oudere leerlingen gekookt. We hadden allemaal zo'n honger, we waren broodmager. Daar kreeg ik voor het eerst taart, proefde ik ijs. Het was een droom.'

'Dat kan ik me voorstellen,' zei ze begripvol. *Toon medeleven.*

'U kunt zich helemaal niks voorstellen!' schreeuwde hij, terwijl hij met het pistool in haar richting zwaaide.

Houd de gijzelnemer kalm. Shit, wat moest ze nu beginnen? Hij was allerminst kalm. Ze greep naar strohalmen. 'Vroeger hadden we in Canada ook zulke kostscholen,' zei ze. 'Voor indianen. Er worden nu duizenden claims tegen die scholen ingediend door oud-leerlingen wegens lichamelijk en seksueel geweld.' Ze gokte erop dat dat hem was overkomen en nam het risico dat ze het mis had en hem kwaad maakte op de koop toe. 'Hier werden ook kinderen seksueel misbruikt, hè?'

Het paste bij het profiel van dit soort locaties: jonge kinderen, alleen, bang, ver van huis.

'Die maaltijden waar je het over hebt, dat klinkt alsof de kinderen door pedofielen werden voorbereid op seksueel contact. Heb ik gelijk of niet? Het is de klassieke werkwijze. Ze paaien de kinderen met cadeautjes en uitjes. Vertrouwen wekken, zodat ze later des te makkelijker misbruik kunnen maken van kwetsbare kinderen.'

Wees begripvol. Luister met echte aandacht. Reageer op informatie zodat de gijzelnemer weet dat er naar hem wordt geluisterd.

Sanchez snoof laatdunkend. 'Aan die wetenschap heb ik nu niet veel.' Hij keek naar zijn voeten, trok met de punt van zijn schoen een lijn in het zand. Hij haalde een pakje sigaretten tevoorschijn, stak er een op, inhaleerde diep en blies de rook uit. De rook kringelde boven zijn hoofd als een halo, werd gevangen door de wind en meegevoerd. Ze zag een verandering in zijn lichaamstaal, een teken dat hij door iets wat hem was overkomen getraumatiseerd was.

'Vertel, Rodriguez. Je moet het aan iemand kwijt. Je kunt deze last niet alleen dragen.'

Hij knikte vaagjes, zijn blik afwezig. Er verstreken enkele lange minuten voor hij weer wat zei. 'U hebt geen idee wat we moesten doorstaan. De aframmelingen die we kregen alleen al wanneer we met elkaar praatten. Of omdat je je tanden naar de zin van de priesters niet snel of goed genoeg poetste. Of nog erger. En geloof maar dat we kwaad waren op onze ouders dat ze ons door de regering hierheen hadden laten sturen. Eerst misten we ze, daarna haatten we ze omdat ze ons niet kwamen halen. Maar de priesters zeiden dat we onze ouders en broertjes en zusjes moesten vergeten. Ze zeiden dat alleen God van ons hield.'

Hij keek omhoog, naar de bomen, en zocht naar woorden. 'Ik zat nog geen maand op deze school toen ik te horen kreeg dat ik in het priesterhuis mocht blijven slapen. Kunt u zich voorstellen hoe fantastisch ik dat vond? Ik was een eenzame kleine jongen, zonder zijn vader en moeder, zonder zijn broertjes en zusjes, zonder zijn thuis.'

Hij spuwde opnieuw op de grond, zijn lichaamstaal werd geagiteerder. Er was hier iets gebeurd, dat was nu wel zeker. Waardoor zou hij het meest tot rust komen? Door erover te praten of door er niet over te praten? Als ze wilde overleven, moest ze dat nu weten.

'Je kunt het me rustig vertellen, Rodriguez. Ik zal het aan niemand vertellen.'

Hij zweeg en ze zag tranen in zijn ogen komen. Hij slikte een paar keer voor hij sprak. 'We waren met ons drieën. Na het eten werden we elk door een andere priester meegenomen. Die van mij nam me mee naar een badkamer met een bad. Hij waste me, maakte me zelfs tussen mijn benen schoon. Hij droogde me af met een zachte handdoek en zei me een nachthemd aan te trekken. Ik kan het nog voelen. Zachte stof. Onze eigen kleren waren allemaal afdankertjes, gescheurd en verkleurd. Hij nam me mee naar de slaapkamer, tilde me op, legde me op mijn buik op het bed en trok zijn broek naar beneden. Hij klom op mijn rug. Hij was zwaar en hij ging met zijn hele gewicht op me liggen. Ik weet nog dat ik bijna geen adem kreeg.

'Daar lag ik en ik wist niet wat er ging gebeuren. Ik begon bang te worden. Hij trok het nachthemd van achteren omhoog en begon tegen me aan te rijden. Ik weet ook nog dat zijn zweet in mijn nek drupte.' Zijn stem brak. 'Het deed pijn. Het voelde alsof ik in tweeën scheurde. Hij kreunde en liet zich opzij rollen. Er zat bloed op de lakens. Toen ik begon te huilen, gaf hij me een klap en zei dat ik stil moest zijn. Ik moest van het bed af komen en op de grond knielen, en hij zei dat ik God om vergeving moest bidden.'

'Wat moet je bang zijn geweest,' zei Jones zacht met tranen in haar ogen. 'Ik kan me niet voorstellen hoe bang en verward je moet zijn geweest.' *Raak nooit emotioneel bij de gijzelnemer betrokken. Overschrijd die grens niet.*

Te laat, verdomme. Voor de tweede keer in de fout. Dat was het moment waarop ze het de vorige keer had verpest, met de man op de richel en een baby in zijn armen. Ze had het kindje als een rugbybal door de lucht zien tuimelen, met het hoofdje naar beneden, nadat het babyjasje door haar vingers was geglipt. En toen was hij gesprongen.

Hou je aandacht erbij.

'Daarna was het voor mij en de anderen afgelopen met de taart en het ijs.' Tranen trokken sporen over zijn wangen. 'Hoewel hij me later, toen ik ouder werd, wel eens wijn gaf. Of sigaretten.'

'Dus het misbruik ging gewoon door? Het bleef niet bij één keer?'

'Nee, integendeel.' Sanchez spuugde de woorden uit. 'Ik heb er zeven jaar gezeten, señora. Dat zijn een hoop sigaretten.'

'Zijn de anderen ook misbruikt?' Maar ze wist het antwoord al.

Sanchez gooide zijn peuk weg, liet het wapen een stukje zakken. 'Daar spraken we nooit over. We konden allemaal midden in de nacht een tikje op onze schouder voelen en worden meegenomen in het donker. Wie eruit werd gepikt, kwam later terug en deed zijn uiterste best om niet te huilen. Daarna sliep je niet meer. Stuk voor stuk raakten we afgestompt van wat er met ons gebeurde. Wie konden we het vertellen? Onze ouders waren ver weg. Die mannen waren de vertegenwoordigers van God. Onze familieleden vertrouwden de kerk hun leven toe, hun leven na de dood zelfs. Wie zou ooit geloven dat zij die dingen met ons deden?

'Er zijn geen woorden voor het kwaad dat jullie is aangedaan,' zei Jones. 'Jullie waren nog kinderen, en zij waren volwassenen. Ze behoorden jullie te beschermen, dat was hun wérk.'

Zoals het haar werk was geweest de gijzelaar te beschermen, de man van de rand te praten, hem te vragen het kind te laten gaan. En toen deed hij wat ze vroeg, en was haar loopbaan bij de politie afgelopen.

Sanchez lette niet op haar, hij ging helemaal op in zijn herinneringen. 'Jaren gingen voorbij. Toen ik veertien was, kreeg ik de baard in de keel en hadden de priesters geen belangstelling meer voor me: ze wilden jongere kinderen. En weet u hoe dat voelde?' vroeg hij met glinsterende bruine ogen. 'Denkt u dat ik me opgelucht voelde? Nee, ik voelde me verraden. Snapt u wat ik bedoel? Hij verving me door een jonger kind, en dat betekende dat ik niemand meer had, dat ik echt helemaal alleen op de wereld was. Eerst in de steek gelaten door mijn ouders en daarna ook nog eens door die priester.'

'Wat heb je toen gedaan?'

Hij trapte de uitdovende sigarettenpeuk uit. 'Wat denkt u? Ik was een goede leerling. Ik ben ook een monster geworden.'

68

'Hector, kun je voor mij het nummer van die dierenkliniek in Viñales opzoeken?' riep inspecteur Ramirez in het Engels. 'Er is er denk ik maar één. Ik moet te weten komen of señora Jones er al is geweest. Blijft u alstublieft aan de lijn, señor Ellis,' zei hij in de hoorn.

Ramirez drukte op een toets op de muurtelefoon voor een andere buitenlijn. Hij draaide het nummer dat Apiro hem had gegeven en maakte zich bekend aan de chef de clinique.

'Señora Diaz, hebt u vandaag Celia Jones, een Canadese advocate, gezien?'

'Jazeker, inspecteur, ze is net weg. Ze had vragen over medicijnzendingen die we hebben ontvangen.'

'Diefstal van rohypnol?'

'Ja, hoe weet u dat?'

'Wat hebt u haar verteld?'

'Dat we de afgelopen jaren met een aantal diefstallen te maken hebben gehad en dat er vier capsules ontbraken in het pak van de laatste zending. Die van 20 december.'

Ramirez legde zijn hand over de hoorn en gaf de informatie door aan Apiro. 'Vorige week zijn er vier capsules rohypnol gestolen.'

'Dat was niet genoeg om Rubinder mee te vermoorden,' zei Apiro hoofdstuddend. 'Hij had minstens zes doses in zijn lijf.'

'Dan zijn er meer gestolen dan die vier.' Ramirez haalde zijn hand weg van de hoorn en vroeg de vrouw of de kliniek voor die tijd ook leveringen rohypnol had gemist.

'Merkwaardig,' zei de vrouw. 'Dat is precies wat señora Jones me ook vroeg. Ze wilde dat ik onze administratie nakeek, zo ver mogelijk terug in de tijd. Ik heb alle pakbonnen bekeken en we hadden verscheidene diefstallen tussen 2001 en 2005, en daarna niet tot vorige week. Daar had señora Jones de meeste belangstelling voor.'

'Hebt u die pakbonnen daar? De originelen?'

'Ja, die heb ik voor me liggen.'

'Kunt u rechts onderaan kijken wat de naam is van degene die de ladingsbrieven op het vliegveld heeft bekeken? Was dat Rodriguez Sanchez?'

'Ja,' zei Diaz verbaasd. 'Hoe weet u dat?'

'Wanneer is señora Jones bij u weggegaan?' Ramirez hoopte dat hij niet te laat was.

'Een minuut of tien geleden.'

'Ging ze terug naar de toerbus?' Misschien liep Sanchez haar mis. Ramirez kon de bus altijd onderweg door een politieauto laten onderscheppen.

'Daar leek het niet op, inspecteur. Ik heb haar in een politieauto zien stappen. Hij stond haar voor de deur op te wachten. Volgens mij iemand van de recherche, aan zijn kleding te oordelen. Ze leek hem te kennen.'

Dan had Sanchez haar te pakken, wat betekende dat haar kans om te overleven nihil was. Ramirez bedankte Diaz en drukte op de knop waaronder Ellis nog steeds in de wacht stond.

'Sanchez heeft haar. Ze heeft in de kliniek bewijzen van zijn betrokkenheid bij deze misdaden gevonden.'

'Dan vermoordt hij haar,' riep Ellis. 'In godsnaam, doe iets om hem tegen te houden!'

'Ik weet niet waar hij met haar naartoe is, señor.'

'Nou, waar zou hij heen zijn?' zei Apiro, die achter zijn vriend stond. 'Dat lijkt me volstrekt duidelijk. Hij neemt haar mee naar die kostschool buiten Viñales waar hij vroeger op heeft gezeten.'

'Waarom daarheen? Een drukke school is toch wel de laatste plaats waar Sanchez iemand wil vermoorden.'

'Die school is gesloten, Ricardo, dus er is daar geen mens meer. Die scholen stonden altijd op afgelegen plaatsen om de kinderen te beletten weg te lopen. Een perfecte plek voor zijn plannen, volledig afgezonderd. Weet je dat niet meer? Castro heeft die scholen jaren geleden gesloten na klachten van ouders dat hun kinderen zo anders waren geworden als ze weer thuiskwamen, zo nukkig en ongelukkig. Men vermoedde zelfs dat de kinderen misschien mishandeld waren, wellicht ook seksueel. De paus stemde ermee in dat ouders in vrijheid moesten kunnen kiezen naar welke school ze hun kinderen stuurden. Castro heeft alle kostscholen op het platteland gesloten, ook die in Viñales.'

Een stilte van een aantal seconden, waarin Ramirez de informatie verwerkte. Toen richtte hij zich weer tot Ellis. 'Hebt u er iets van meegekregen?'

'Ja, ik heb alles gehoord.'

'Dokter Apiro heeft gelijk. Op die plek moeten ze zijn.'

'Luister,' zei Ellis. 'We moeten daarheen voordat hij haar vermoordt. Ik ga met u mee. We zijn bevriend.'

Ramirez dacht snel na en stemde in. 'Goed dan. Sta over uiterlijk vijf minuten voor uw hotel. We gaan met mijn auto, die is sneller dan de surveillanceauto's. Ik heb een volle tank, dus heb ik waarschijnlijk meer benzine dan wie ook.'

'Wees voorzichtig,' zei Apiro nadat Ramirez had opgehangen. 'Dit is een heel gevaarlijke man. Heel efficiënt, heel intelligent. Onvoorspelbaar.'

Even wist Ramirez niet over wie Apiro het had, Sanchez of Ellis.

69

'Je bedoelt dat je kinderen ging misbruiken.'

Sanchez knikte langzaam. 'Het eerste jongetje was Rubén Montenegro.'

'Een broer van Arturo?' giste Jones. Ze nam een trek van de sigaret die hij haar had aangeboden. Ze moest hoesten. Ze rookte niet maar ze ging toch heel gauw dood, dus ze zag er geen kwaad in. Kanker was op dit punt in haar leven niet de grootste bedreiging.

'Pas deze week besefte ik dat ze familie van elkaar waren. Toen Rubén veertien of vijftien was, jaren later, is hij hiervandaan weggelopen, de velden in. Zijn lichaam ligt waarschijnlijk daar ergens beneden, op een veld. Hij kon op geen enkele manier naar huis komen. Ik weet zeker dat hij dat besefte toen hij wegliep. We ontsnapten allemaal op een andere manier. Maar hij was pas acht of negen toen ik hem voor het eerst tegenkwam. Hij zat ongeveer een week op school. We hadden allebei een klusje in de schuur. Hij was blij, lachte de hele tijd, zong de hele tijd, dat stomme joch. Hij leek de konijnen en de varkens leuk te vinden.

Hij neuriede onder het werk. Het maakte me witheet dat hij gelukkig kon zijn, hier, op deze plek, na wat ik op zijn leeftijd gedwongen was geweest te doen. Toen vertelde hij dat hij die avond bij de priester mocht eten, in het priesterhuis. Hij was opgetogen omdat hij die avond in dat gebouw mocht gaan eten. Hij dacht dat het fijn zou zijn.

'Ik heb hem beetgepakt en gestompt en op de grond gegooid. Ik zou hem laten zien wat fijn was. Toen al was Rubén sterk en hij probeerde zich te verzetten. Hij gaf me een paar stevige trappen en probeerde te schreeuwen. Ik sloeg hem, zei dat hij zijn kop moest houden en dat hij het beter van mij kon krijgen dan van hen. Dat hij harder moest worden want dat hij het anders niet zou overleven.

'Hij lag te kronkelen van de pijn en huilde nog toen ik wegging. Ik zei dat ik de konijnen zou vermoorden als hij er tegen iemand over kikte. Hij ontbrak die avond bij het eten. We sliepen allemaal op één slaapzaal; ik zag hem ineengedoken in zijn bed liggen. Die ochtend stond hij niet op, hij ging zelfs niet naar de wc. Daarna hoorden we hem niet meer.'

'Maar hij leefde nog,' zei Jones. Ze dacht aan die eenzame knaap, die zo gekwetst was en zo ver van zijn familie was. Angstig, verraden en misbruikt. En daarna aan het jongetje dat hij had misbruikt.

Sanchez knikte. 'Tegen de middag kwam de priester die toezicht hield op de slaapzaal even naar hem kijken. Hij was bewusteloos. Toen pas ontdekte ik hoe ernstig ik hem had verwond. Ik voelde me rot, maar het was te laat. Toen de priester de dekens terugsloeg, bleken de lakens doordrenkt van het bloed. De priester zei dat ik snel pater O'Brien moest gaan halen en hem moest vertellen dat een van de jongens gewond was. O'Brien belde de politie en die haalde hem op. Een paar dagen later werd ik naar een andere school gebracht voor heropvoeding. Rubén moet uiteindelijk toch hebben gezegd dat ik het was geweest.'

'Waar werd je heen gestuurd?'

Hij lachte schamper. 'Santa Clara. Wat je heropvoeding noemt. Het was er net als hier. Hebben jullie in Canada gehoord van die priester op Santa Clara die in 1998 is neergestoken en in brand gestoken? Dat was in het jaar dat de paus hier was. Volgens mij heeft het in de buitenlandse kranten gestaan. Dat was in de tijd dat we nog kranten met echt nieuws erin hadden, niet van die staatspropaganda. De daders waren leerlingen.'

Ze herinnerde zich er iets over te hebben gezien, een paar regels, niets waaruit bleek dat het angst was die de leerlingen ertoe had gebracht een priester te vermoorden.

'Hij was net zoals de priesters hier, hij geilde op kleine jongetjes. Dat was het jaar waarin Castro die scholen eindelijk sloot.

Hij had de katholieke kerk jaren daarvoor al uit Cuba geschopt maar had een paar docenten laten blijven. Dat jaar schopte hij hen er allemaal uit. Die incidenten stonden niet los van elkaar.'

'Dus Castro wist ervan?'

Hij knikte. 'Volgens mij wel. Dat was ook het jaar waarin Rubén wegliep. Ik heb het altijd zonde gevonden: als hij wat langer had gewacht, zou hij vandaag nog leven. Maar wie kon weten dat de scholen zouden worden gesloten. We geloofden allemaal dat je daar tot het eind van je officiële schooltijd vast zou zitten. Of tot je doodging.'

'Dus wat heb jij gedaan toen je van school af kwam? Ben je toen bij de politie gegaan?'

'Ik wilde meer zekerheid in mijn leven en daarom ben ik bij de Cubaanse Nationale Revolutionaire Politie gegaan. Ik wist dat niemand me iets kon aandoen als ik een wapen had. Ik had geen strafblad; ik was te jong om te worden vervolgd om wat ik Rubén had aangedaan. Ik was slim, werkte hard en was bij elke test de beste van de klas.

'Ik werd gestationeerd in Havana. Ik heb een aantal jaren straatdienst gedaan en toen werd ik overgeplaatst naar het internationale vliegveld. Daar werkte Ramirez een keer met me samen aan een onderzoek en hij zag wat ik in huis heb. Bijna een jaar geleden liet hij me naar zijn eigen eenheid overplaatsen. Dat was voor het eerst dat iemand me een goed gevoel over mezelf gaf. En ik bewees dat hij het goed had gezien. Ik ben een zeer goede rechercheur in zaken met seksueel geweld, señora, omdat ik op dat punt zoveel ervaring heb.'

70

'Je was nog maar een kind, Rodriguez. Je kon er niets aan doen.' Sanchez had haar nog niet doodgeschoten en dat beschouwde Jones als iets positiefs. 'Heb je niet ook prettige herinneringen? Vertel eens iets over je familie. Hoe was het voor je naar deze school ging?'

Ze wilde zijn stressniveau omlaag brengen zodat hij niet per ongeluk de trekker zou overhalen. Het idee onopzettelijk te worden doodgeschoten stond haar tegen.

Sanchez keek haar even aan. Zijn ogen lichtten op. 'Ik herinner me dat ik met mijn moeder bessen ging plukken. Ik moet een jaar of vijf, zes geweest zijn. Ik zie weer die felrode bessen tussen de bladeren door piepen en ik voel ze weer in mijn mond openspringen. De bijen leken te zwaar en te langzaam om te vliegen. De hele lucht zoemde, zoveel waren het er. Ik klampte me aan die dingen vast, 's avonds, als hij me kwam halen. Dat waren de enige herinneringen die ik van thuis had. Tegen de tijd dat ik van Santa Clara af kwam, waren mijn ouders overleden. Ik schaamde me te veel voor wat er met me was gebeurd om mijn broers op te zoeken. Weet u, Ramirez had me nooit dat internetwerk moeten geven. Ik had mezelf heel lang in de hand kunnen houden.'

Sanchez haalde zijn sigaretten tevoorschijn, stak er een op en bood haar er weer een aan. Ze nam hem aan in de hoop dat dit kleine gebaar betekende dat ze tot hem had weten door te dringen. Want hij was zeker tot háár doorgedrongen. Ze had voor hem een mens willen worden en de ironie wilde dat híj voor háár juist menselijker was geworden. Zijn misdaden kon ze hem nooit vergeven, maar ze kon er wel begrip voor opbrengen.

Ergens onder al die pijn zat een jongetje dat in de zon bessen had geplukt, dat zich zo goed mogelijk had afgeschermd van het kwaad van de volwassenen door zich vast te houden aan de herinnering van hun zoete smaak, een jongetje dat de geluiden van zijn eigen misbruik had buitengesloten door te luisteren naar het vredige gezoem van bijen.

Hij wreef in zijn ogen. 'Nou, nu weet u alles. U hebt gelijk. Ik draag deze last al jaren in mijn eentje. Nu is het ook uw last, voor een paar minuten dan. Weest u maar niet bang, ik zal u niet laten lijden, dat beloof ik u.'

Maar ze zag de hand met het wapen minder vast worden. 'Als je mij vermoordt, verandert dat niets aan wat jou is overkomen,' zei ze in een poging hem van gedachten te doen veranderen. 'Het betekent alleen maar dat er weer een gezin wordt kapotgemaakt. Het mijne deze keer. Zou er nu geen einde aan alle verdriet moeten komen?'

'Dat zit me ook helemaal niet lekker, echt waar.'

Hij richtte het wapen op haar hoofd en spande de haan. Het aantal mogelijkheden raakte op. Ze probeerde een andere tactiek: de waarheid.

'Weet je, Rodriguez, jaren geleden, toen ik bij de Canadese politie werkte, is er iets gebeurd. Ik was toen onderhandelaar en een man had zich gebarricadeerd op de bovenste verdieping van een flatgebouw, op de vijfde verdieping. Ik kreeg hem zover dat hij zijn vrouw liet gaan, maar de baby hield hij bij zich, een meisje van vijf maanden. Hij stapte naar buiten en ging op een richel staan met de baby in zijn armen. Ze huilde. Ik ging de richel op, achter hem aan. Het was midden in de winter, het vroor. De richel was glad en en het sneeuwde. Ik moest hem terug zien te praten, maar ik heb het verknald.'

'Sprong hij naar beneden?'

Ze knikte. 'Ik vroeg de hele tijd of hij de baby wilde laten gaan, alleen besefte ik niet dat hij dat letterlijk zou nemen. Op het laatst keek hij me aan met een blik alsof hij het zat was dat ik dat de hele tijd zei. Hij spreidde zijn armen alsof het vleugels waren en liet de baby los. Ik probeerde haar te grijpen en ik viel bijna, maar ze glipte door mijn vingers. Ik was haar kwijt. En toen sprong hij erachteraan.'

'Was ze dood?'

'Nee. Ze kwam in een sneeuwhoop terecht. Schedelfractuur. Een wonder, zeiden ze, maar zo voelde ik dat niet. Ik ben nooit te weten gekomen of ze er op de lange termijn geen handicap aan heeft overgehouden, ik ben altijd van iets ernstigs uitgegaan. Telkens wanneer ik een invalide kind zie, voel ik me schuldig. Ik weet dat het irrationeel is, maar dat maakt niet uit. Uiteindelijk heb ik ontslag genomen, omdat ik zoiets niet nog eens aankon. En sindsdien heb ik moeite met hoogte. Trouwens ook met sneeuw. Alex, mijn man, gelooft nooit van zijn leven dat ik hier een bergwandeling zou zijn gaan maken. Hij weet dat ik zoiets uit vrije wil niet doe, en dus gaat hij uitzoeken wat er is gebeurd, ook al kost het hem zijn leven. We zijn net een stel oude zwanen.'

Sanchez knikte langzaam en blies rook uit. Hij leek meer ontspannen. 'Ja, ik weet dat het net zich rond me sluit. Ik heb stomme fouten gemaakt toen ik probeerde sporen uit te wissen.'

Houd de gijzelnemer aan de praat.

'Ik neem aan dat jij die anonieme melding van een man in het park hebt gedaan. En daarna heb je inspecteur Ramirez ervan overtuigd dat jullie Mikes kamer moesten doorzoeken zodat jij kon doen of je bewijsmateriaal vond.'

Sanchez knikte. 'Ramirez is meestal professioneler, maar de laatste tijd gedraagt hij zich vreemd. Maar ik kan u één ding zeggen, señora: het was heerlijk om een nieuwe onderbroek te krijgen. Die zijn hier moeilijk te vinden.' Hij lachte. 'Señora, u zult nooit weten hoe weinig het heeft gescheeld of u had señor Ellis met dat bloedrapport van u al uit de gevangenis losgekregen.'

'Ja, het was bloedstollend spannend. Grapje.' Ze forceerde een lachje.

'Daar zou ik u eigenlijk voor moeten doden.' Hij lachte weer. Ongelooflijk, ze merkte dat ze zelf ook lachte. Misschien loopt het goed af, dacht ze. We hebben contact, we lachen samen. Misschien laat hij me gaan.

'Ik vind het echt verschrikkelijk van het jongetje,' zei Sanchez. 'Arturo. Hij bracht me Rubén in herinnering, en wat er hier met mij is gebeurd. Ik beken dat ik hem heb geslagen. Ik probeerde hem bang te maken zodat hij zijn mond zou houden. Ik dreigde dat als hij iets zei, het de volgende keer nog erger zou zijn. Maar ik heb hem niet vermoord. Nasim moet in paniek zijn geraakt en hem later die avond hebben gedood. Ik heb van mijn leven maar één persoon gedood, en die verdiende het.'

'Nasim?'

Sanchez knikte. 'Om Lenin te citeren: hij was een bruikbare idioot. Maar als Ramirez hem had gevonden, had hij hem alles verteld. Een slappe zak, dat was het. Geen *cojones*.' Zijn blik dwaalde af, even maar. 'Ik was niet hardvochtig, señora. Arturo had geen idee wat we met hem deden, niet één keer. Dat was beter dan wat er hier met mij werd gedaan, dat kan ik u wel zeggen.'

'Misschien dat de commissie dat begrijpt en je leven spaart,' zei Jones, hoewel ze het geen moment geloofde. Er was maar één reden om het kind te drogeren: om het hem onmogelijk te maken zijn verkrachter te identificeren. En om te voorkomen dat hij tegenstribbelde. 'Misschien krijg je alleen maar een gevangenisstraf.'

'Denkt u nou echt dat ik me laat arresteren? Een Cubaanse politieagent in de cel bij honderd dissidenten? Dan ben ik dezelfde nacht nog dood. Maar u bent de enige die dit allemaal weet. Als ik u dood, leef ik nog wat langer, vind ik misschien een manier om het land uit te komen. Mijn leven is wat waard, al was het maar voor mezelf. Het betekent momenteel meer voor me dan het uwe. Het spijt me, señora.'

Hij richtte het wapen op haar gezicht en schoof zijn vinger om de trekker. Ze knipperde heftig met haar ogen en probeerde in afwachting van de kogel niet terug te deinzen. 'Dus het is zover?' zei ze. 'Ik kan het je niet uit het hoofd praten?'

'U smeekt niet. Dat bevalt me wel. Ik heb ook nooit om iets gesmeekt.'

Sanchez ontspande de haan en deed een stap naar voren, ging een paar treden lager op de trap zitten. Hij keek, met één been opgetrokken, naar haar op. Hij liet het wapen op zijn knie rusten, maar richtte het nog steeds op haar. Met zijn linkerhand zocht hij naar iets in de zak van zijn jasje. Er kwam een heel klein taperecordertje uit dat hij tussen hen in op een tree legde. Sanchez schakelde het in, spoelde vooruit en speelde wat met de knoppen. Hij keek een hele tijd naar de kralenarmband om zijn pols. Voor het eerst leek hij zich te schamen.

'In mijn land heeft de verklaring van een dode rechtsgeldigheid in de rechtszaal. Is dat in uw land ook het geval?'

'Ja.' Ze slikte. 'Mag ik dat recordertje gebruiken om afscheid te nemen van mijn man?'

De laatste gijzelingsles. *Onderhandel. Bied aan iets kleins te ruilen voor iets waardevols.* Maar ze had niets waardevols om te ruilen. De formulieren had hij al.

Sanchez lachte. Hij drukte op een knop en het recordertje bromde. Hij klikte het aan en uit. 'Ik dacht dat u alles wilde horen.'

'Ik luister.'

'Pater Rey Callende was zijn naam. Die priester. Hij werd voor een tijdje overgeplaatst naar een ander land. Wie weet was het uw land.'

Hij zweeg weer, ze vermoedde omdat hij terugdacht aan de man die hem zo bot had verraden, fysiek en daarna emotioneel door terug te nemen wat hij had vermomd als liefde.

Hoofdschuddend zei Sanchez: 'Ik dacht dat ik geen gevaar liep te worden gepakt, señora Jones. Ik had nooit gedacht dat u het spoor van de rohypnol helemaal tot in Viñales zou volgen. U zou morgen vertrekken. U had een andere bustocht moeten nemen.'

'Jammer dat ik dat niet heb gedaan.'

'Dat vind ik ook.'

'Zou ik alsjeblieft een boodschap voor mijn man mogen inspreken? Je kunt het bandje in mijn kleren verstoppen. Het kan jaren duren voor ze mijn lichaam hier vinden. Ik wil Alex alleen maar zeggen hoeveel ik van hem houd. Dat ik het zo jammer vind dat ik niets van ons tweeën nalaat. Dat we nooit kinderen hebben gehad.'

'Ziet u wel,' merkte hij op. 'Uiteindelijk smeekt iedereen.'

De kleine recorder piepte tweemaal. Einde tape. 'Jammer.' Hij gooide het op de grond, stond op en schopte het weg. 'Made in China. Waardeloos.' Hij liep naar de plek waar het apparaatje was terechtgekomen, pakte het op en spoelde het terug, nog steeds met zijn pistool in de aanslag. Ze hoorde de klik waarmee het bandje stopte en verwachtte dat hij haar het apparaatje zou geven. Toen hij dat niet deed, wist ze dat haar tijd was gekomen, dat haar hele politietraining haar opnieuw in de steek had gelaten.

Jones dwong zichzelf niet te huilen, ze ging alleen met een hand over haar ogen. Ze wilde niet dat Alex zich haar voorstelde als iemand die haar laatste tellen op deze mooie planeet huilend had doorgebracht.

Sanchez draaide zijn pols zo dat hij op zijn horloge kon kijken. 'Je weet het nooit, misschien vinden ze u sneller dan u denkt.'

Hij drukte op de opnamekop en hief het wapen. Ze vroeg zich af of doodgaan erg pijn zou doen. Ze was nog aan het dubben of ze haar ogen al dan niet zou sluiten, toen Sanchez in het apparaatje sprak. Hij richtte het wapen op haar voorhoofd, het was vlakbij. Hij hield de armband met de rode en witte kralen in zijn vingers en draaide hem als een rozenkrans rond.

'Dit is rechercheur Rodriguez Sanchez van de Cubaanse Nationale Revolutionaire Politie. Moge God me vergeven voor al mijn zonden, en ook voor deze. Dat wil zeggen: als er een God is. Ik geloof niet meer in een God. Maar je kunt het toch maar beter vragen, voor het geval dat.'

In de verte jankten sirenes. Sanchez bewoog het wapen met een ruk en haalde de trekker over.

71

Het blauwe autootje besprong het trottoir toen Ramirez het naar het Parque Ciudad stuurde. Hij reed midden over de voetgangerszone om tijd te sparen. Hij toeterde en toeristen sprongen opzij.

Met piepende remmen hield hij stil voor het hotel en Mike Ellis sprong op de passagiersstoel. Terwijl hij het portier dichttrok, reed Ramirez al verder, een spoor van verbrand rubber op de weg achterlatend.

Ramirez nam de snelweg naar Viñales. Hij reed veel sneller dan toegestaan, maar soepel, geroutineerd. Hij zag kans de Cubanen die midden op de weg op een bus stonden te wachten te omzeilen. Verschillende malen week hij met een ruk in een regen van zand en stenen uit om de zwerfhonden te niet te raken die zigzaggend over de weg liepen.

Normaliter duurde de rit naar Viñales twee uur, maar zij deden het in iets meer dan anderhalf uur. Ramirez was bijna de hele tijd in het Spaans via de radio bezig hulp en ondersteuning te regelen. Hij meldde de andere eenheden dat er een misdadige agent rondzwierf die vuurwapengevaarlijk was en een vrouwelijke buitenlandse gijzelaar bij zich had.

Hij riep andere wagens op alle wegen van en naar Viñales te blokkeren. Dat klonk dramatischer dan het was, aangezien er maar één weg van en naar de stad voerde.

'Sanchez,' zei hij hoofdschuddend. Hij probeerde zijn teleurstelling en geschoktheid niet te laten doorwerken in wat hij moest doen. 'Normaal gesproken zou Rodriguez op uw plaats zitten en de radio bedienen. Ik kan het van hem maar moeilijk geloven. Al die jaren bij de politie heb ik nog nooit mijn wapen hoeven

te gebruiken. Ik wil niet dat mijn vriend de eerste is die ik dood.'
'Ik weet precies wat u bedoelt,' zei Ellis.

Ramirez zag een glimp van de dode jongen in zijn zijspiegel. Hij rolde achterin heen en weer. Als de auto door de bochten zwierde, klampte hij zich vast aan de portierhendel met een grijns alsof hij in een achtbaan zat. Ramirez zag aan hem dat hij geen idee had waar ze heen gingen en waarom, maar dat hij genoot van de rit.

Politieauto's uit de stadjes waar ze doorheen kwamen gingen opzij en vormden een rij achter het blauwe autootje, dat zich met veel lawaai over de kronkelweg naar Viñales omhoogwerkte maar zich kranig hield.

Tegen de tijd dat ze de bergkam bij Viñales bereikten waren er in de zijspiegel minstens twintig politieauto's te zien. Hun zwaailichten knipperden terwijl ze achter elkaar de bergweg op reden. Ramirez pakte de microfoon en gaf hun via de radio opdracht hun sirenes aan te zetten. Hij wilde dat Sanchez wist dat hij eraan kwam.

Maar toen ze bij de school arriveerden, was het te laat.

Ramirez draaide de overwoekerde binnenplaats van de oude kostschool van Viñales op en stampte op de rem, zodat er een wolk van stof en steentjes in de lucht bleef hangen. De andere auto's stopten een stuk achter hem. Bij een gijzeling werden de agenten geacht afstand te houden, maar Ramirez had alle regels overtreden.

'Waar is ze?' wilde Ellis weten. 'Het is te donker om iets te zien.'

'Hier.' Ramirez gaf hem een zaklamp en pakte er nog een uit het handschoenenvak.

'Ik geloof dat ik een politieauto zie. Verdomme, waar is ze?'

'Stil. Er zit iemand op de trap.' Er gloeide in het donker iets op.

'Celia rookt niet,' fluisterde Ellis.

Ramirez liet het licht van zijn lamp over de voorgevel schijnen. 'Rodriguez, ik ben het, Ramirez,' riep hij. 'Geef je over. We komen er wel uit, dat weet je. Er hoeven verder geen mensen meer te sterven.'

Maar toen het licht op de trap viel, realiseerde hij zich dat het Celia Jones was. Ze zat op de houten treden, met bloedvegen op haar gezicht en een sigaret in de hand.

Sanchez' lichaam lag verfrommeld aan haar voeten, met een zwart pistool losjes in de hand. Ramirez liep naar haar toe en scheen op de grond. De bodem rond Sanchez' hoofd was donker gevlekt. Er zat een gat in zijn slaap.

'Hij heeft zichzelf doodgeschoten. Hij kon er niet toe komen mij te doden. Hij was een politieman, inspecteur. Hij kon het gewoon niet. Ik denk dat hij bang was dat u hem zou verachten.' Ze begon te huilen.

Ramirez voelde zijn vriend de pols. Geen hartslag. Sanchez was dood. Met zijn wijsvinger en duim trok hij het wapen uit Sanchez' hand. Hij haalde een plastic zak uit zijn jaszak en liet het wapen erin zakken. Zijn blik viel op de kralenarmband om de vingers van Sanchez' andere hand.

'Heeft hij bekend?'

Jones knikte, rillend. 'Hij heeft me alles verteld.'

Een bekentenis, een laatste gebed tot Chango om vergeving. Bedroefd schudde Ramirez het hoofd. Sommige misdaden waren te erg om te worden vergeven.

De andere agenten dromden in verwarring om hen heen.

'Terug jullie!' riep hij. 'Roep de technische recherche. Dit is een plaats delict.'

Ramirez legde een arm om de advocate en hielp haar overeind. Hij sloeg zijn jasje om haar bevende schouders. Daarna hielp hij haar naar de passagiersplaats van zijn auto en sloot het portier zachtjes achter haar. De achterbank was leeg, de jongen was weg.

'Ik breng señora Jones later terug naar haar hotel, maar ik moet zelf haar verklaring opnemen,' zei Ramirez tegen Ellis. 'De andere surveillancewagens blijven hier tot de technische recherche er is. De politie van Viñales is verantwoordelijk voor deze plaats delict, niet mijn afdeling, dus is er hier verder geen auto die u naar Havana kan terugbrengen. Ik zal een van de agenten vragen of hij een rit naar de stad terug kan regelen, maar misschien moet u ervoor betalen.'

'Dat snap ik,' zei Ellis. 'Het geeft niet.'
'Als u morgenochtend bij me langskomt op kantoor, dan geef ik u uw paspoort terug.'
'Dank u, inspecteur, voor alles. Tot morgen.'

72

Het was laat toen inspecteur Ramirez in Havana terug was, maar het licht op Apiro's kamer brandde nog. Hij ging naar boven om verslag uit te brengen van wat er was gebeurd.

Toen Ramirez daar zijn hoofd om de deur stak, zat er een mooie vrouw op een kruk een kop vers gezette Apiro-koffie te drinken. Apiro stelde haar voor. Ramirez had Maria Vasquez nog niet ontmoet maar kende haar naam wel uit het onderzoek. Zijn verbazing werd nog groter toen hem duidelijk werd dat er iets tussen die twee gaande was.

Vasquez kwam hem merkwaardig bekend voor. 'Wacht eens even,' zei Ramirez tegen haar. 'Volgens mij heb ik een foto van je in mijn dossier.' Hij pakte de map en bladerde erdoorheen tot hij de foto had die Candice Olefson op de Malecón had genomen. 'Die zat in een camera die we op Nasim Rubinders hotelkamer hebben gevonden.'

Ze bekeek de foto en begon te lachen. 'Maar dat ben ik niet. Kijk, die vrouw draagt platte sandaaltjes. Ik loop altijd alleen maar op hoge hakken. Maar op Kerstavond, toen ik señor Ellis leerde kennen, had ik bijna hetzelfde aan. Dit moet zijn vrouw zijn. Misschien voelde hij zich daarom zo tot mij aangetrokken.'

Ze knipoogde naar Apiro, die teruggrijnsde, in het geheel niet van zijn stuk gebracht door haar opmerking.

Ramirez keek weer naar de foto. 'Mooie vrouw. Er is een grote gelijkenis.'

Hij deed verslag van de dag en stak een sigaar op, tevreden met de uitkomst van de gebeurtenissen. Hij had zijn werk gedaan, en meer dan dat. Hij had een vriend verloren maar er een andere voor teruggekregen. Geen slechte week voor een stervende. 'Ik heb Francesca heel wat te vertellen als ik thuiskom.'

'Het is me het verhaal wel,' merkte Apiro op. 'Alles in aanmerking genomen een zeer opmerkelijke week.'

'Hoe is het met señora Jones?' vroeg Vasquez. 'Komt het goed met haar? Het moet zwaar traumatiserend zijn een pistool tegen je hoofd te krijgen en te weten dat elk moment je laatste kan zijn.'

'Ze is reusachtig dankbaar voor het feit dat ze nog leeft, dat kun je je wel voorstellen,' zei Ramirez. 'Maar onderweg hierheen vertelde ze me dat ze het heerlijk had gevonden weer bij een politieonderzoek betrokken te zijn, veel meer dan bezig te zijn met juridische dingen. Ik heb haar gezegd dat ze te allen tijde bij ons aan de slag kon. Ze is in ieder geval van plan binnenkort naar Havana terug te komen. Ze heeft in Viñales in het weeshuis een paar kinderen gezien waar ze wel belangstelling voor leek te hebben.'

'Is ze van plan spullen voor weeskinderen te gaan inzamelen in plaats van voor puppy's?' vroeg Apiro lachend.

'Ik denk eigenlijk dat ze er een wil adopteren. Er was een meisje in een rolstoel dat haar hart heeft gestolen.'

'Een adoptie door een buitenlander?' zei Apiro. 'Moeilijk, maar als ze het serieus meent, kunnen we haar misschien helpen.' Hij nam een slok koffie en liet zijn vrije hand in die van Maria glijden.

Ramirez zag hoe die twee bij elkaar op hun gemak waren. 'Maria, ik moet bekennen dat ik verbaasd was je juist hier aan te treffen. Ik wist niet dat Hector en jij elkaar kennen. Kennen jullie elkaar al lang?'

Apiro keek Maria aan. 'Hoe lang, lief? Vijftien jaar?'

'Hector, als ik dat vertel, verklap ik ook hoe oud ik ben.' Ze gaf hem plagend een stomp tegen zijn schouder. 'Je weet wel beter.'

'Wat onbeleefd van me dat te vragen.' Apiro deed of hij werd terechtgewezen. 'Maria wijst me altijd op mijn slechte manieren. Als het daarop aankomt, is ze een echte dame.'

'Net als mijn Francesca.' Ramirez haalde diep adem, blies puffend uit en schudde toen verwonderd zijn hoofd. 'Dios mío, wat een week.'

'En die is nog niet voorbij,' verkondigde de medicus. 'Dat vergat ik je te zeggen: Maria trekt bij mij in. We hebben besloten dat ik al veel te lang een oude vrijgezel ben.'

'Nou, gefeliciteerd allebei,' riep Ramirez oprecht blij uit. 'Als je me vijf minuten de tijd geeft, dan breng ik op het bureau een bezoekje aan de opslag bewijsmateriaal en zoek ik daar een mooie oude Havana Club om het heuglijke feit naar behoren te vieren.'

Toen hij weg was, draaide Vasquez zich naar Apiro en kneep de kleine man in zijn hand. 'Gaan we het hem vertellen?' vroeg ze.

'Dat hoeft niet. Je nieuwe leven is al jaren geleden begonnen. Ik zie voor jou geen reden daar nu weer over te beginnen.'

'Ik moet er toch naar terug. Ik heb zusters die ik nog nooit heb gezien.'

'Dan gaan we met je moeder praten, samen. Wanneer ze eenmaal gewend is aan het nieuws dat je nog leeft, zal ze, denk ik, heel blij zijn. Dan heeft ze een zoon verloren en een dochter teruggekregen. En wie weet wil je familie wel bij ons komen wonen.'

Ze stak haar arm door de zijne en de medicus barstte bijna van geluk. Zijn leven veranderde nu van eenzaam in geheel vervuld. En het feit dat Maria ooit Rubén Montenegro was geweest? Ach, dat was lang geleden.

Nadat Apiro de verwondingen van het jongetje had genezen, was Rubén weer naar de school in Viñales teruggestuurd, maar dat betekende niet het einde van de dokter-patiëntrelatie. Bijna zes jaar later werd er zachtjes op Apiro's kantoordeur geklopt. Eerst dacht hij dat er in het donker een meisje stond.

'Mag ik alstublieft binnenkomen?' vroeg de jongen.

Apiro wachtte rustig tot de jongen vertelde waar hij voor kwam. Rubén haalde diep adem. 'Ik wil dat u me in een meisje verandert. Ik weet dat u het kan. U bent dokter, u kunt alles.'

Apiro probeerde niet te lachen. 'Hoe lang denk je daarover?'

'Mijn hele leven al. Vanaf mijn vijfde of zesde. Altijd al,' zei Rubén terneergeslagen, en er was iets in zijn stem waardoor Apiro's hart brak. 'Ik ben niet zoals andere jongens. Ik dof mezelf graag op. Ik weet dat ik vanbinnen een meisje ben.'

Omdat hij niet goed wist wat te zeggen, zette Apiro een pot koffie. Beroepshalve vond hij het intrigerend. Het was duidelijk dat de jongen als hij groter werd, met slecht wat lichte plastische chirurgie, een mooie vrouw kon worden. Het was bizar dat Rubén als vrouw beter zou worden behandeld dan als man. Voor een vrouwelijke jongen kon het leven in Cuba heel onplezierig zijn.

'Hoe zit het met trouwen, kinderen krijgen en met een vrouw naar bed gaan?'

'Ik zal nooit met een vrouw naar bed gaan,' antwoordde de jongen vol overtuiging.

'Om wat er vroeger met je is gebeurd?'

'Nee. Om wat ik ben.'

'Hoe oud ben je nu?'

'Volgende maand word ik vijftien.'

'Veertien is niet erg oud voor het nemen van zo'n beslissing. In de puberteit is het niet ongewoon dat je je afvraagt of je misschien homoseksueel bent. Die onzekerheid verdwijnt meestal.'

'Bij mij is dat niet zo. Ik moet dit doen om te kunnen leven.'

Hij zou de jongen niet kleineren, besloot Apiro. Tenslotte was dit zijn beroep, aan mensen sleutelen. Wanneer puntje bij paaltje kwam, maakte het geen verschil of je iemands neus veranderde of zijn geslachtsdelen. In de meeste medische literatuur wordt het idee ondersteund dat geslachtsverandering het beste in de puberteit kan plaatsvinden, omdat de kans op succes dan het grootst is. Maar in 1988 was er in Cuba maar één transseksuele operatie uitgevoerd en daarbij was het om een volwassen man gegaan, niet om een jonge jongen die zich kon vergissen.

Maar over een jaar zou de jongen oud genoeg zijn om te kiezen. Apiro had gezien onder welk seksueel misbruik Rubén geleden had, wat voor seksueel geweld hij had ondergaan. Wie had er meer aanspraak op een geslachtsverandering dan deze jongen, als hij zich daardoor beter in zijn vel voelde?

'Hoe zit het met je familie? Heb je het er al met hen over gehad?'

'Ik woon niet bij hen. Ik leef op straat. Het is niet belangrijk wat zij ervan vinden. Ik hoor niet in dit lichaam.'

Dat gevoel kende Apiro: hij had zijn hele leven al hetzelfde ervaren.

'Als het je ernst is, ben ik tot het volgende bereid,' besloot Apiro. 'Ik regel een afspraak voor je bij een collega van mij, een psychiater die in die dingen gespecialiseerd is. Een genderidentiteitsstoornis heet het geloof ik. Als ze ermee akkoord gaat, schrijven we je hormonen voor die je ontwikkeling tot man enigszins onderdrukken. Je zult minstens een jaar als een vrouw moeten leven, en dan bedoel ik in alle opzichten. En als je daarna zestien bent geworden en het nog steeds wilt, gaan we het hebben over chirurgische ingrepen. Maar niet eerder, want wanneer die eenmaal hebben plaatsgehad is er geen weg terug meer. Waar kan ik je bereiken wanneer ik die afspraak voor je heb geregeld?'

'Ik heb geen adres. Ik ben een maand geleden van school weggelopen.'

Apiro vroeg niet naar de reden waarom Rubén was weggelopen, daar had hij niets mee te maken. 'Dat kan natuurlijk niet. Vannacht slaap je in het ziekenhuis, en daarna zien we wel hoe we dat oplossen.'

Na een paar gesprekken ging de psychiater akkoord met Apiro's aanpak. De eerste psychologische tests lieten het affect van een meisje van zijn leeftijd zien, niet van een jongen. Maar Rubén had nog steeds geen adres, dus schoof Apiro de stapels papieren opzij zodat er plaats op de oude bank in zijn flat kwam waar de jongen kon slapen. Het was tegen alle regels, maar die negeerde Apiro: de jongen moest tenslotte ergens onderdak hebben.

In de loop van dat jaar werd Rubén Montenegro Maria Vasquez. Op Maria's zestiende verjaardag stemde Apiro toe in een operatie.

Tijdens haar herstelperiode bezocht Apiro Maria elke dag, zat hij tot laat op de avond bij haar, nam hij zijn schaakbord mee zodat ze konden schaken, en soms las hij voor uit een roman. Op Goede Vrijdag kwam hij met bloemen om te vieren dat ze zou worden ontslagen, maar toen was haar bed al leeg. Ze had geen bericht voor hem achtergelaten maar zich gewoon laten uitschrijven.

Hij besefte dat hij geen emotionele band met een patiënt had moeten krijgen. Om zijn fout goed te maken, bood hij aan parttime voor de politie te gaan werken. Met het verstrijken van de jaren kreeg hij het zo druk, dat hij haar uiteindelijk kon vergeten. Tot het lichaam van haar broertje uit zee werd gehaald en bij hem op de snijtafel eindigde.

Apiro dacht na over Maria's onthullingen tijdens hun diner bij het paladar.

'De jongen die me al die jaren geleden heeft verkracht, werd straatagent in Havana, Hector. De avond dat ik wegliep, hoorde ik een verpleegster zijn naam noemen. Hij was onderweg naar de ziekenafdeling om iemand voor een onderzoek te ondervragen. Ik was bang dat hij me, als hij me herkende, zou vermoorden om te voorkomen dat ik anderen zou vertellen wat hij me had aangedaan.'

'Daar had ik geen idee van,' zei Apiro geschrokken. 'Je moet doodsbang zijn geweest.'

'Dat was ik ook. Maar het sloeg nergens op. Ik ben al die jaren voor niks bang geweest. Hij werkt nu bij de recherche. Ik heb hem vanmiddag gezien, Rodriguez Sanchez. Ik heb hem zelfs gesproken. Hij herinnerde zich mij helemaal niet.'

73

De volgende morgen rinkelde bij inspecteur Ramirez de telefoon. Het was Michael Ellis, die zei dat hij wilde langskomen. Een halfuur later belde een bewaker en ging Ramirez naar beneden om Ellis te ontvangen. Ze liepen de trap op naar de tweede verdieping, waar Ellis voor het eerst was verhoord. Het was of dat verhoor eeuwen geleden had plaatsgehad.

'Ik probeer nog steeds uit te vogelen wat er allemaal is gebeurd,' zei Ellis. Hebt u even de tijd om voor ik vertrek de gaten in het verhaal voor me op te vullen? Heeft Sanchez bekend?'

'Ja.' Ramirez vertelde Ellis wat señora Jones hem op de terugreis had verteld. Het had Ramirez tijd gekost om de puzzel te voltooien, maar dat was omdat hij gedwongen was geweest meteen in inkt te werken. Toen hij die morgen zijn kamer was binnengestapt, had hij geglimlacht bij het zien van de potloden die Jones op zijn bureau had achtergelaten met een briefje erbij: *Zalig Kerstfeest en een Gelukkig Nieuwjaar. Tot over een paar weken.*

'Hoe is Sanchez met Rubinder in contact gekomen?' vroeg Ellis.

'Bij aankomst in Havana werd Rubinders laptop door de douane in beslag genomen omdat er kinderporno op stond. Ze haalden Sanchez erbij om de verdachte te verhoren.'

'En heeft Nasim Arturo vermoord? Of was het Sanchez?'

'Het ziet ernaar uit dat Rubinder het jongetje heeft vermoord. Maria Vasquez wist van zijn praktijken en dreigde hem aan te geven. Daarom bedreigde hij haar. Toen Rubinder de bar verliet, ging Sanchez op de kruk naast u zitten om de rohypnol in uw glas te doen. Daarna is hij op zoek gegaan naar de jongen. Hij trof hem bedelend aan op de Plaza de Armas. Maar hij heeft señora Jones verteld dat hij hem in leven heeft gelaten. Rubinder moet hem later hebben opgezocht en vermoord.'

'Hoe raakte Miguel Artez erbij betrokken?'

'Sanchez was verantwoordelijk voor het controleren van alle internetverkeer van en naar Havana. Artez was bij Sanchez bekend omdat hij heel actief was op de sites voor sekstoerisme. Rubinder had geen toegang meer tot het internet nu zijn laptop op het vliegveld was geconfisqueerd. Sanchez schijnt hen online met elkaar in contact te hebben gebracht en Artez wilde graag voor een vergoeding gebruik van een computer voor hem regelen. Maar hij kende Sanchez niet bij naam. Hij wist dat Rubinder iemand had die hem beschermde, alleen niet wie.'

'En die jongen, Rubén Montenegro, die als kind al die jaren geleden door Sanchez op die kostschool in Viñales is misbruikt, was die een broer van het dode jongetje? Dat geloof je toch niet?'

'Ja. Maar de ouders zijn nooit op de hoogte gebracht van de verwondingen van Rubén. De kerk was ongetwijfeld bang voor wat er op politiek gebied zou gebeuren als een gezin tot de ontdekking kwam dat hun zoon op een katholieke school door een andere leerling was misbruikt. Maar de gelijkenis tussen de twee broer is frappant, ondanks hun verschil in leeftijd. Señora Montenegro vertelde me dat ze nog een zoon had gehad en dat die in Viñales was gestorven. Ik had die twee nooit met elkaar in verband gebracht.'

'Het is me het verhaal wel, hè?'

'Zeg dat wel, rechercheur Ellis,' zei Ramirez. 'Ik hoop dat daarmee al uw vragen zijn beantwoord. Hier is uw paspoort. Ik hoop dat het u in Canada goed gaat.'

'Nog een klein dingetje. Ik neem aan dat niemand heeft bekend geld uit de safe op mijn kamer te hebben gestolen?'

'Ik denk dat u daarvoor uw vrouw moet aanspreken.'

Ellis knikte. 'Dank u.'

Toen Ellis de deur opende om weg te gaan, zei Ramirez nog iets. 'Nog één ding, señor Ellis. Misschien dat u nog één vraag wilt beantwoorden.'

'Natuurlijk,' zei Ellis, en hij draaide zich om naar de inspecteur.
'Zegt u het maar.'
'Waarom hebt u Steve Sloan vermoord?'

74

'Pardon?' zei Mike Ellis. 'Ik weet niet waar u het over hebt. Ik heb Steve niet vermoord, dat heeft een verdachte gedaan. De man die dit heeft gedaan.' Hij wees op de littekens.

'Señor Ellis, we weten allebei dat dat niet waar is. Gaat u alstublieft nog even zitten. We hebben nog een aantal uren voor uw vliegtuig vertrekt en het vliegveld is niet ver hiervandaan.'

Ellis ging langzaam zitten op dezelfde rode plastic stoel waar hij op had gezeten toen de politie hem hierheen had gebracht om te worden verhoord. Ramirez ging aan de andere kant van de formicatafel zitten.

'Waarom denkt u dat ik verantwoordelijk ben voor Steves dood?'

'Ik loop er al dagen mee rond, vanaf het moment dat ik het medisch rapport met uw bloedgroep zag. Een vruchtbaarheidsonderzoek waaruit bleek dat u onvruchtbaar bent. Daar kunt u natuurlijk niets aan doen. Ik heb deze week nog eens geluisterd naar het verhoor dat Sanchez u heeft afgenomen toen ik het dossier voor de openbaar aanklager moest opstellen. U zei daarin dat uw vrouw zes maanden geleden zwanger werd. Uw onderzoek dateerde van ver daarvoor. Toen we uw hotelkamer doorzochten, vond ik anticonceptiepillen in de badkamer, wat betekent dat uw vrouw niet weet dat u onvruchtbaar bent. Gisteravond vertelde señora Jones me dat Steve Sloan stierf kort nadat uw vrouw had ontdekt dat ze zwanger was. U moet hebben geweten dat het kind niet van u was, dat ze u bedroog.'

'Denkt u dat ze me bedroog met Steve? En dat ik hem daarom heb vermoord?'

'We kunnen alleen worden verraden door onze beste vrienden,' verzuchtte Ramirez. 'Daar werd ik deze week weer aan herinnerd.

Misschien had u uw vrouw een affaire met iemand anders vergeven, maar zulk ingrijpend verraad, een affaire met uw beste vriend en dan ook nog de slordigheid van een zwangerschap? Ik ken niet veel mannen die andermans kind willen opvoeden dat als een koekoeksei in hun nest is gelegd.'

'Ik heb toch gezegd,' hield Ellis vol, 'dat Steve is omgekomen tijdens ons politiewerk. Ik raakte gewond, zwaargewond, door dezelfde verdachte die hem heeft doodgeschoten. Kijk maar naar de littekens in mijn gezicht waar hij met dat mes heeft uitgehaald. Denkt u dat ik die verzonnen heb?'

'Nee, señor Ellis. Dokter Apiro zag u toen u hier voor de laatste keer werd verhoord, een week geleden. Wij keken samen, door dat raam daar, hoe Sanchez u verhoorde.' Ramirez wees op het gespiegelde glas. 'Hij vroeg zich af hoe u aan uw littekens was gekomen. Volgens hem zijn de snedes diagonaal aangebracht. Iemand die met een mes zwaait, met de linkerhand of de rechter, zwaait onder een hoek, net als bij golfen. Uw littekens worden onderin breder. Ze hadden in het midden breder moeten worden. Apiro is ervan overtuigd dat u de sneden zelf hebt aangebracht. Hier staat het, in zijn rapport.'

Ramirez haalde een document uit zijn binnenzak en legde het op tafel. 'Zijn conclusies staan onderaan. Hij was een beroemd plastisch chirurg, internationaal bekend om zijn analyses van huidbeschadigingen en aangezichtswonden. U hebt zelf gezien hoe gedetailleerd hij werkt. Ik zal het voor u vertalen. "Uit het aarzelende, tastende begin van de snee in het voorhoofd van het subject en het ontbreken van verdedigingswonden aan de handen blijkt praktisch onomstotelijk dat de verwondingen door hemzelf zijn toegebracht." Ik vroeg me af waarom iemand zichzelf verminkt terwijl zijn partner doodbloedt. Daar is maar één verklaring voor. Dat is als ú hem doodschoot en uw misdaad wilde verhullen.'

'U raadt maar wat,' zei Ellis. 'U kunt niets bewijzen.'

'Dat hoef ik ook niet, señor Ellis. Ik kan u niet aanklagen voor een moord die buiten Cuba is gepleegd. Deze misdaad valt buiten mijn jurisdictie. En we hebben geen uitleveringsverdrag met Canada, en zoals ik al heb verteld: in Cuba heeft een bekentenis geen waarde. Ik ben alleen maar nieuwsgierig en ik houd niet van losse eindjes. Maar vergis u niet, ik weet zeker dat u verantwoordelijk bent voor de dood van uw vriend. Het voelt misschien beter als u er met iemand over praat. Zelfs Sanchez wilde zijn bezwaard gemoed bij iemand luchten zodat er begrip voor zijn gedrag kwam. Maar het is geheel aan u.'

Mike Ellis schudde zijn hoofd. Hij probeerde de herinnering aan Steve Sloans gezicht toen ze de trap naar de 'verwarde man' op liepen opnieuw uit te wissen. Hillary had hem die ochtend verteld dat ze zwanger was en hij had er de hele dag op lopen broeden, omdat hij wist dat het kind niet van hem kon zijn.

Hij leunde verder naar achteren in zijn stoel en gooide het er eindelijk uit.

'Ik had Hillary niet verteld van het onderzoek, maar Steve wel. En toen werd Hillary zwanger. Steve en ik hadden nachtdienst.' Ellis zweeg, herinnerde zich de nacht die hij maandenlang met drank uit zijn geheugen had willen wissen. 'Het was een uur of twee 's nachts. De meldkamer had gezegd dat we voorzichtig moesten zijn. Een man op de derde verdieping, schizofreen, nam zijn medicijnen niet meer in. Meer informatie hadden we niet. Niemand had gezegd dat hij een mes had. We stopten er voor de deur en toen vertelde ik Steve dat Hillary zwanger was. Aan de uitdrukking op zijn gezicht zag ik dat hij zich schuldig voelde. Ik kon niet geloven dat iemand om wie ik zoveel gaf, me zo kon verraden.'

Ze gingen de trap op, de groezelige gang door naar de flat. Ellis bonsde met zijn zaklamp op de deur. Op de gang hing een pislucht, er zaten vlekken op de muren, het linoleum zat vol scheuren en het ganglicht was uit, de lamp was kapot. Ellis had zijn wapen in de ene hand, de lamp in de andere. Sloan trok de sluiting van zijn holster los en ging rechts van de deur staan. Hij dirigeerde Ellis naar de linkerkant en haalde zijn wapen tevoorschijn.

Ellis stond aan de andere kant van het kozijn, met zijn gezicht naar de deur, witheet.

'Ah, shit, Mike, het spijt me. Van het een kwam het ander, één keer maar. Zij heeft mij verleid, eerlijk waar.'

De deur ging open en een onverzorgde man van in de twintig met een jachtmes deed een uitval naar hen. 'Christus,' zei Sloan, 'hij heeft een mes.' Hij schoot de man één keer in de borst.

'Dat lieg je.' Ellis draaide zich naar Sloan en schoot hem in de lies, net onder zijn kogelwerende vest. Sloan kreunde en zakte in elkaar. Ellis zag het slagaderlijke bloed spuiten en besefte meteen wat hij had gedaan.

Het was pikkedonker, op het licht van de twee zaklampen na. Die van Sloan was op de grond gerold en deed de pijn in zijn ogen duidelijk uitkomen. Ellis knielde naast hem neer. Hij zag hoe erg Sloan eraan toe was, te laat al voor de ambulancebroeders. Hij nam zijn partner in zijn armen, hield zijn hoofd in zijn handen.

'Het betekende niks,' zei Sloan, nauwelijks nog hoorbaar.

'Voor mij wel. Verdomme, Steve, wat dacht je nou? Waarom ben je met haar naar bed geweest? Ik kan het niet geloven.'

'Ik weet het niet. Gewoon om het te weten, denk ik. Ik begreep niet waarom je niet gewoon bij haar wegging. Maar we staan quitte, makker. Ik kan ook niet geloven dat je me gewoon hebt neergeschoten.' Hij glimlachte flauwtjes en daarna draaiden zijn ogen weg. Ellis had hem nog in zijn armen toen zijn lichaam verslapte.

Ellis hief zijn hoofd op en keek Ramirez recht aan. Zijn handen hield hij als een kom voor zich, zoals hij Steve Sloans hoofd daarin had laten rusten.

Ramirez knikte medelevend. 'Wij, Cubanen, zijn latino's. Een hoorndrager, een ontrouwe echtgenote, het is een eeuwenoud verhaal. Uw woede is begrijpelijk. In Cuba zouden de meeste mannen alleen hun vrouw hebben gedood, niet hun vriend. Maar dat is onze latinocultuur. Hoe bent u ermee weggekomen?'

'Ik wist dat ik er een puinhoop van had gemaakt en dat ik maar één kans had om nog iets te redden van wat er van mijn leven, van mijn huwelijk, over was. En ik moest aan de baby denken. Die was het enige wat ik nog had. De verdachte was dood. Ik pakte zijn mes en haalde er mijn gezicht mee open. Het was bijna een opluchting dat het zo'n pijn deed.'

'En het wapen?'

'Ik ruilde onze wapens om. Ik stak dat van Steve in mijn holster en stopte het mijne in de hand van de verdachte, zorgde dat zijn vingerafdrukken op de kolf en de trekker stonden. Daarna pakte ik mijn radio en riep de meldkamer op. Ik zei dat we een dode verdachte en een gewonde, misschien wel dode agent hadden, en dat ik ernstig gewond was.'

'Heeft niemand de wapens onderzocht?'

Ellis schudde zijn hoofd. 'Ze werden ballistisch onderzocht, maar niemand heeft gecontroleerd of het onze eigen wapens waren.'

'Dat zouden wij wel hebben gedaan,' zei Ramirez. 'Apiro zou erop hebben gestaan.'

'Ja, ik heb gemerkt hoe goed hij is.' Ellis haalde diep adem. 'Wat gaat u eraan doen, nu u dit weet?'

'Ik? Niks. Ik heb al gezegd dat wat u in Canada ook mag hebben gedaan, het niets met Cuba van doen heeft. Maar het moet moeilijk zijn geweest om het voor u te houden. Onze geheimen vreten ons van binnenuit op als we er niet openlijk over kunnen praten.'

'Ja, ik weet er alles van.'

75

Ramirez gaf Ellis zijn paspoort terug en liep met hem mee tot aan de voordeur. Daarna ging hij terug naar de tweede verdieping en opende de deur van de zijkamer. Hector Apiro stond bij het raam en keek door het spiegelglas. Hij gaf Ramirez de kleine taperecorder. 'Het staat er allemaal op, Ricardo. Interessant. Die Canadees was achteraf gezien dus toch een koelbloedige moordenaar.'

'Zelfs nog koelbloediger dan we dachten. Of misschien warmbloediger.'

'Maar ik heb zijn littekens nooit beroepsmatig onderzocht,' zei Apiro. 'Waar haalde je die onzin vandaan over de breedte van de littekens en de zwaai van het mes? Ik weet helemaal niks van golf. Ik heb nog nooit een stick in handen gehad.'

'Dat heb ik verzonnen,' bekende Ramirez. 'Er was helemaal geen deskundigenrapport. Ik heb een kopie van een van onze bestelformulieren gebruikt. Hij kent geen Spaans, dus ik wist dat hij het verschil toch niet zou zien.'

'Je bent een dondersteen, Ricardo,' grinnikte Apiro. 'Er komt een dag dat zo'n trucje niet werkt en dat je wordt betrapt. En iets anders: ik had die littekens van hem kunnen behandelen zodat hij verdraaid knap was geworden. Je hebt gelijk: wat dat mes betreft, was hij een amateur.' Hij lachte zijn staccato lachje. 'Kunnen de Canadese autoriteiten iets met die informatie?'

'Dat merk ik snel genoeg. Dat was ik vergeten je te vertellen. Ik kreeg gisteravond een telefoontje van de politie in Rideau, in Canada. Commissaris O'Malley. Zijn regering probeert een speciale toestemming te regelen zodat ik naar Canada kan om bij een onderzoek te helpen. Ze denken dat enkele misbruikverdachten van onze kostscholen naar scholen bij hen zijn overgeplaatst, vanwege de klachten over seksueel misbruik die de katholieke kerk onder het tapijt probeerde te vegen. De priester die Sanchez noemde, heeft misschien in Canada ook kinderen misbruikt. O'Malley vertelde dat de man onlangs op het vliegveld van Ottawa is opgepakt wegens het bezit van kinderpornografie.'

Het was het laatste wat Ramirez kon doen voor Rodriguez, zijn arme, gekwelde vriend. Hij ging de Canadese politie helpen en ervoor zorgen dat de man voor de rechtbank verscheen. Een kort verblijf, had O'Malley beloofd, niet langer dan een week. Ramirez wilde niet langer dan dat bij zijn gezin weg zijn, zeker niet nu hij niet wist hoe lang hij nog te leven had.

Het tweede telefoontje, waar hij het niet met zijn kleine vriend over wilde hebben, was van het ministerie van Binnenlandse Zaken.

'Castro heeft gehoord dat er een politieagent tijdens zijn werk is gedood,' had de minister gezegd. 'Hij wil een begrafenis met militaire eer, dat is goed voor het moreel. Uw rapport zal benadrukken dat rechercheur Sanchez de moed had eerder misbruik door de katholieke kerk jegens Cubaanse kinderen wereldkundig te maken. Het rapport zal besluiten met de mededeling dat hij door een ongeluk om het leven kwam in een verlaten schoolgebouw, toen hij op zoek was naar bewijsmateriaal ter ondersteuning van een internationaal onderzoek naar misbruik van onze kinderen in het verleden. Hij werd toen vergezeld door een Canadese advocate die getuige was van zijn heroïsche gedrag. Ze zal daar schriftelijk van getuigen. U zult uw speciale toestemming krijgen om ervoor te zorgen dat dit verhaal de wereld in gaat. Begrijpt u wel, inspecteur?'

Ramirez begreep heel goed hoeveel zijn tripje naar Canada ging kosten.

'Wat spannend,' riep Apiro uit. 'Je bent niet meer van het eiland af geweest sinds je reis naar Rusland.'

'Inderdaad. Hoewel ik me kan voorstellen dat Canada en Moskou elkaar niet veel ontlopen als het om het weer gaat. Het is daar nu winter. O'Malley wil dat ik zo snel mogelijk kom.'

'Hoe moet het zonder jou en Sanchez dan met de afdeling?'

'Die krijgt het druk,' gaf Ramirez toe. 'Maar we hebben er een nieuwe man bij. Die straatagent van de eerste dag van het onderzoek, weet je nog? Die slimme. Espinoza. Ik heb hem vandaag naar onze eenheid laten overplaatsen ter vervanging van Sanchez.'

'Die knaap kan zijn geluk zeker niet op?'

'Ja, hij is heel blij met zijn salarisverhoging.' Vijfentwintig dollar per maand was een hoop geld, meer zelfs dan het salaris van een plastisch chirurg.

'Als je naar Canada gaat, geef je het bandje dan aan señora Jones?'

'Waarschijnlijk wel,' zei Ramirez. Als hij ervoor moest zorgen dat hij een door haar ondertekende verklaring kreeg, kon het bandje in zijn zak hem daarbij helpen. Dat had hij tijdens de rit naar Havana van señora Jones geleerd: bij onderhandelingen moest je iets waardevols hebben om te kunnen ruilen.

'Merkwaardig dat ze in Canada homo's bij de politie hebben,' zei Apiro peinzend. 'Ze liggen daar op dat gebied een heel eind op ons voor.'

'Hoe bedoel je, Hector?'

'Señor Ellis natuurlijk.'

'Denk je dat Michael Ellis homoseksueel is?'

'Het lijkt me duidelijk. De meeste mannen wier vrouw ontrouw is, scheiden. Die schieten de minnaar van hun vrouw niet in de cojones. En zo bezorgd zijn om de baby van zijn vriend? Hij beschreef het als alles wat hij nog had. Alles wat hij nog van señor Sloan had, bedoelde hij eigenlijk, denk ik. Volgens mij was het niet het feit dat zijn vrouw hem bedroog waar hij zo kwaad om was, maar degene met wíé ze dat deed. Met zijn eigen minnaar, señor Sloan.'

76

Het was oudejaarsavond, even na elven. Na zijn gesprek met Apiro was Ramirez de rest van de dag bezig geweest met het opstellen van zijn rapport voor de openbaar aanklager. En de minister van Binnenlandse Zaken.

Hij viel in Apiro's kamer binnen met een fles oude Havana Club in de hoop het te kunnen hebben over de politieke ruilhandel die hij had bedreven, maar Maria Vasquez was er ook. Het kon wachten, besloot hij met een glimlach om de roze lippenstift op Apiro's wang. Het stel leek heel gelukkig met elkaar en dat maakte hem gelukkig. Apiro schonk voor hen allen een glas in en ze toostten op elkaar en het nieuwe jaar. Ramirez stak een sigaar op.

'Ik geloof niet dat jullie me ooit hebben verteld hoe jullie elkaar kennen,' bracht Ramirez hun in herinnering.

'Ik was een patiënt van Hector, lang geleden,' legde Maria uit. 'En die avond dat señor Ellis uit voorlopige hechtenis werd vrijgelaten, kwam ik hem hier opzoeken. Sanchez had Hectors naam genoemd in verband met jullie onderzoek, en ik besefte dat hij nog altijd in Havana werkte.'

'Ja, Maria kwam langs voor een kop koffie, en van het een kwam het ander,' zei Apiro met een brede grijns.

Ramirez voelde dat de dode jongen weer aanwezig was. Hij stond achter Maria's stoel, met zijn armen om haar nek. Nu hij hen samen bekeek, zag Ramirez dat Maria gemakkelijk kon doorgaan voor Arturo's moeder. De gelijkenis was treffend. Maar señora Montenegro had het niet over een oudere dochter gehad, alleen over een zoon die in 1988 was verdwenen.

Ramirez herinnerde zich de foto van Rubén Montenegro in het dossier. *De priesters zeiden dat hij van de berg is gevallen toen hij probeerde naar huis te komen.*, had zijn moeder gezegd. Maar er was geen lichaam geweest, geen begrafenis. Ramirez bekeek het tweetal opnieuw, en toen zag hij het. Voor het eerst besefte hij wat een goede plastisch chirurg Hector eigenlijk was. Dus het straatjochie dat Maria Vasquez had beschermd was haar eigen broertje geweest. Ze had Arturo niet kunnen zeggen wie ze eigenlijk was. Hij was nog maar een kind geweest en zou niet hebben kunnen begrijpen dat de broer die hij nooit had gekend zijn zuster was. Maar Maria had geweten waar Arturo woonde. Zij wist precies wie hij was. Geen wonder dat ze zich zorgen had gemaakt om zijn veiligheid.

Señora Montenegro geloofde dat haar oudste zoon dood was, dat Rubén verdwenen was, lang geleden in de heuvels was omgekomen. Ze had er geen idee van dat hij nog leefde, dat hij nu als vrouw door het leven ging. Maar de gelijkenis tussen de twee familieleden was, als je door de chirurgische ingreep heen keek, verbazingwekkend en onmiskenbaar.

De jongen liep op Ramirez toe en legde zijn handje in die van hem. Het jongetje knikte, lachte toen, en Ramirez zag nu zelf de kuiltjes in zijn wangen, voelde de vingertjes uit zijn hand glijden toen de jongen hem opnieuw zijn lege handen liet zien.

Waarom was hij nog hier en niet waar andere dode jongens speelden? dacht Ramirez. Ramirez had kennelijk iets belangrijks gemist. Maar wat? En waarom laat hij me steeds zijn lege handen zien? En toen begreep Ramirez eindelijk wat de jongen probeerde duidelijk te maken. Michael Ellis had Arturo Montenegro een hoop geld gegeven, en dat was niet op het lichaam aangetroffen. Waar had de jongen het uitgegeven? Hij had er niet aan gedacht dat na te gaan.

De jongen lachte nog een laatste keer naar hem en huppelde weg alsof er voor de deur iemand op hem wachtte.

'Ik ben heel blij voor jullie twee,' zei Ramirez, en hij hief nogmaals zijn glas naar Hector en Maria. 'Geloof me, er gaat niets boven een sterke vrouw aan je zij. Het geheim is dat je leert vechten en leert vergeven. Hector, het wordt tijd dat jullie bij ons langskomen. Francesca zal het heerlijk vinden er een vriendin bij te krijgen bij wie ze kan klagen over mijn slechte gewoonten. Zoals laat thuiskomen, zelfs op oudejaarsavond.'

Hij keek op zijn horloge en stond op. Het liep tegen middernacht. Het was tijd om naar huis te gaan en een moeilijk gesprek met zijn vrouw te hebben. Het was zijn plicht haar eindelijk te vertellen over zijn ziekte, het slechte nieuws met haar te delen waarvoor hij haar zo lang had geprobeerd af te schermen.

Francesca zou zich doodschrikken en hels zijn omdat hij het zo lang stil had gehouden. Hij wreef over zijn wang, voorvoelde de klap die ze hem zou geven, gevolgd door tranen. Maar samen zouden ze aanvaarden wat hun te wachten stond. Dat hadden ze altijd gedaan, omdat ze geen keus hadden.

'Dank je,' zei Apiro en hij neeg het hoofd. 'Je hebt volkomen gelijk. Ik heb te lang als een heremietkreeft in mijn kleine schulp geleefd. Ik zweer het je, Ricardo: ik ben al centimeters gegroeid.'

'En dan hebben we het over de lengte van zijn lichaam,' zei Maria, en ze lachten alle drie, Apiro met zijn raspende blaf het hardst.

Ramirez zette zijn lege glas neer, waarbij zijn hand beefde. Hij zag Apiro, altijd oplettend, zijn hoofd als een papegaai draaien om de beweging scherp te krijgen.

Hij was al een stuk het gangetje door, toen hij hoorde dat Apiro's deur piepend openging en Hector hem achterna schuifelde. Hij draaide zich om en zag zijn kleine vriend met een papier zwaaien.

'Ik heb iets voor je, Ricardo. Mijn oprechte excuses: ik ben het helemaal vergeten met al die opwinding van de afgelopen week. Onze medische dossiers zijn nu gedigitaliseerd en ik heb eindelijk de uitslag gevonden van die autopsie die ik je al zo lang geleden heb beloofd. Die van je grootmoeder. Hier.' Hij gaf Ramirez het papier. 'Kijk. Niet één Lewy-lichaampje in haar hersenen, geen enkel teken van plaques. Niets van dementie. Ze is gewoon van ouderdom overleden.'

Ramirez las de tekst vluchtig door. Het autopsierapport gaf als doodsoorzaak voor zijn grootmoeder op: 'natuurlijke oorzaken'. 'Er was dus niets mis met haar?'

'Niet helemaal,' zei Apiro. 'Ze leed aan hypertyroidie, een erfelijke kwaal. Het viel me onwillekeurig op dat je hand vanavond weer zo beefde. En hoe kortademig je van de week was. Dat kunnen symptomen van die kwaal zijn. Ik zou graag een radiologisch onderzoek met radioactief jodium doen. En al ik gelijk heb, is één enkele dosis met radioactieve isotopen voldoende om je *in no time* weer beter te krijgen. En Ricardo, het goede nieuws is dat we daar de spullen voor in huis hebben.'

77

Ricardo Ramirez liep langzaam door de hal en proefde genietend van het nieuws. De de last van de afgelopen jaren werden van zijn schouders afgenomen. Hector Apiro had hem het allermooiste kerstgeschenk gegeven: een toekomst. Maar als ik niet bezig ben met doodgaan, dacht hij, wat heb ik dan al die jaren in hemelsnaam gezien?
Hij ging in gedachten terug naar zijn grootmoeders laatste woorden. Waren zijn visioenen misschien echte geesten, wachters van gene zijde? Hij had ze behandeld als niets dan vermakelijke verschijnselen, als spelletjes die zijn onderbewuste met hem speelde. Hij had de verschijningen zelfs bevolen te verdwijnen als ze hem ergerden.
Maar nu Ramirez eraan terugdacht, had de dode man hem alle aanwijzingen gegeven om de dood van het jongetje te kunnen oplossen, als hij er tenminste meer aandacht aan had besteed.
In de hotelkamer had de dode man hem willen waarschuwen dat Sanchez de capsule er zelf had neergelegd. Toen Sanchez naar de capsule had gewezen, had de dode man naar Sanchez gewezen. Hij had Ramirez laten zien dat Sanchez vlak ervoor de foto's en de cd uit zijn broekzak had gehaald, maar opnieuw had Ramirez het niet begrepen.
Achter in de auto had hij gedaan of hij een collecteschaal ophield, waarmee hij de kerk weergaf. De dode man had zelfs voorgedaan hoe Sanchez zichzelf zou doden door een kogel in zijn eigen hoofd, met zijn eigen pistool.
Ramirez' onbewuste had al die details nooit kunnen bedenken. De dode man was echt, stelde Ramirez verbijsterd vast. Dat wil zeggen, zo echt als een geest kan zijn.

Ramirez herinnerde zich de andere aanwijzingen die de man had gegeven. De kringen die hij met zijn handen had getrokken toen ze, onder het geroep van kinderen, langs het reuzenrad reden. De jongen had hetzelfde gedaan: Ramirez had gezien hoe gefascineerd hij was geweest door de hamster in de tredmolen, maar hij had er geen aandacht aan gegeven. Wat betekende dat allemaal? En waarom was de dode man verschenen in samenhang met de dood van het jongetje en niet met die van hemzelf?

De man was verdronken, daar was Ramirez zeker van, want hij had het schuim uit zijn mond zien komen. Maar als hij was vermoord had Ramirez geen middelen om de moord op te lossen. Hij wist niet hoe de man heette, en er was zelfs geen melding van een vermiste persoon.

Twee vormen kwamen uit het donker tevoorschijn. Een man en een jongetje liepen naast elkaar naar de Malecón. De man hield de hand van het jongetje stevig vast, hield het kind dicht bij zich. In zijn andere hand had hij de verfomfaaide hoed.

Ze liepen naar het reuzenrad toe, vermoedde Ramirez, gezien de manier waarop het jongetje blij mee huppelde naast de geest die Ramirez al de hele week had gevolgd. Een man die geduldig op hem had gewacht, die met zijn hoed had staan te draaien, die droefgeestig had gehoopt voor een paar tellen de onverdeelde aandacht van de inspecteur te krijgen.

De dode man keek achterom naar Ramirez. Voor het eerst lachte hij breeduit. Ramirez zag de kuiltjes in zijn wangen en begreep eindelijk wie de man was, wie hij ooit was geweest.

Arturo's vader.

Nadat hij met zijn zoontje voor het laatst naar het reuzenrad was geweest, zou señor Montenegro met Arturo teruggaan naar zee, waar ze thuishoorden. Yemayá, de orisha van de zee, zou vanaf nu voor hen zorgen. Ze verlieten Ramirez' rechtsgebied.

De dode man tikte tegen de rand van zijn hoed. Langzaam hief Ramirez zijn hand en wuifde de boodschappers van Eshu vaarwel.

78

Ramirez was praktisch vergeten dat Nieuwjaarsdag een vrije dag was, voor hem de eerste in jaren. Wanneer hij eenmaal thuis was, zou hij voor de verandering echt in slaap vallen. En vrijen met Francesca, met zijn kinderen spelen en eindelijk die cd van Lucy Provedo beluisteren die Francesca hem voor de Kerst had gegeven.

Hij wilde iets bijzonders doen om hun toekomst samen te vieren, een toekomst die nu net zo onzeker en dus hoopvol was als van ieder ander. Misschien wilden ze er nog een kind bij. De wereld was vol mogelijkheden.

Zondagmiddag werd in het Gran Teatro *The Beggar's Opera* uitgevoerd; hij had de affiches ervan al de hele week zien hangen. Als hij thuiskwam, zou hij een verbaasde Francesca in zijn armen nemen, met haar door het huis walsen en haar vertellen van zijn plannen om het werken met de Kerst goed te maken.

Ze waren dol op die opera. Hij ging over corruptie in de politiek, met levendige personages waaronder goed opgevoede hoeren met onberispelijke manieren, mannen verkleed als vrouwen, bedelaars en zelfs gevangenen. Het was een verhaal met vergiftigde drinkbekers, geweld en wraak, met valse beschuldigingen en zelfs een dreigende executie. Maar het ging ook over liefde en loyaliteit en bovenal vriendschap. Het paste bij de gebeurtenissen van deze week.

De oorspronkelijke opera eindigde met de strop, maar het publiek eiste een happy end en zo was het slot herschreven. En ook dat van hem.

Terwijl Ramirez naar de parkeerplaats liep, floot hij een aria. Zijn stap was verend. Hij opende het portier van zijn blauwe autootje en stond op het punt in te stappen toen hij haar zag: een waardige oudere dame die langzaam op hem toe kwam terwijl ze haar best deed haar geruïneerde jurk en het mes in haar borst te negeren. Aan de witte bandana om haar hoofd was een enorme witte stoffen bloem gespeld.

'Het is mijn vrije dag,' zei hij vriendelijk terwijl hij haar naar het duister terug geleidde. 'Maar ik denk dat ik morgen wel kan.'

Epiloog

Er was een week voorbijgegaan, maar de man die de kermisattracties bediende, schrok nog altijd op als hij een politiesirene hoorde, voelde zijn hart nog steeds op hol slaan bij het zien van een policía.

Hij werd geobsedeerd door het dode jongetje, kon maar niet vergeten hoe hij om middernacht, net toen Kerstavond overging in Eerste Kerstdag, in het park was opgedoken. De klokken en de scheepshoorns klonken nog na, in de nachtlucht toeterde zelfs een verre doedelzak. Maar de attracties waren gesloten toen het jongetje onder het metalen hek door glipte, dat hij zojuist had gesloten, en naast hem opdook. 'Alstublieft,' bedelde hij. 'Toe, mag ik in het reuzenrad? Alstublieft.'

'We zijn dicht, jochie. Kom maandag maar terug.'

Het jongetje was ontzettend teleurgesteld geweest. 'Toe nou, ik ben nog nooit op de kermis geweest. Dit is de eerste keer. Ik heb geld.' Hij liet de man vijf peso's zien, die hij omzichtig uit de zakken van zijn korte broek haalde. Hij hield de munten in de kom van twee handjes.

Hij keek zo terneergeslagen dat de man erom moest lachen. Misschien was het geen probleem het reuzenrad voor deze ene keer aan te zetten. Hij nam het jongetje bij de hand naar het onderste stoeltje, deed hem de riem om, trok de stang voor hem omlaag. Toen hij er zeker van was dat het kind geen gevaar liep, zette hij het reuzenrad aan.

Maar toen het bakje hoger kwam, begon de jongen in zijn stoeltje te wriggelen, hij tilde de stang op zodat hij kon gaan staan en, zoete Maagd Maria, voor hij de kans had te zeggen dat de jongen moest gaan zitten, viel hij over de zijkant. Het ging zo snel en onverwacht dat de man het niet kon geloven. Zelfs geen schreeuw, alleen een geluidje toen de jongen met zijn achterhoofd tegen de mast met de Cubaanse vlag sloeg en ruggelings op de grond viel.

En daar lag hij, bewegingloos, al slap en leeg. Een klein beetje bloed, een paar druppels sijpelden uit zijn oor.

De man knielde naast het jongetje, maar hij was al dood. Sommige kinderen werden duizelig als ze in het reuzenrad zaten. Hij kon er niets aan doen. Maar daar lag het kind, met zijn zachte hoofd op het harde beton.

'Jezus,' fluisterde de man, 'Jezus, vergeef me. Wat heb ik gedaan?'

Hij legde zijn vingers tegen de hals en tegen de pols van de jongen, hield zijn gezicht vlak voor dat van de jongen om iets van adem te voelen, zocht wanhopig naar enig teken van leven. Hij voelde de paniek in zijn borst opkomen, zijn hart dat zo snel klopte als dat van een vogel.

Hij huilde, maar daar moest hij mee ophouden, hij moest bedenken wat hij ging doen. De klokken luidden, het was al Kerstmis, middernacht, *madre mía*, Kerstmis. Hij was alleen in het park, verder was er niemand, iedereen zat in de kerk, dat was tenminste iets, God zij dank.

Jezus, bad hij tot zijn redder, en daarna tot Yemayá, de orisha die werd geacht kinderen te beschermen, die hij om een of andere onbekende reden had geërgerd: Vergeef me, ik wilde hem geen kwaad doen, hij was nog maar een kind.

Maar het kind was dood. En al zijn gebeden konden dat ene feit niet veranderen.

De man dacht eraan om naar de politieagent te rennen die altijd op de Malecón stond, een verveelde jongeman in een lichtblauw overhemd, zelf net geen jongen meer. Hij zou bekennen, hij zou de agent vertellen dat hij het park niet had moeten openen als het dicht was, dat hij aardig had willen zijn en dat de jongen gewoon was gevallen. Maar hoe kon hij uitleggen dat een kleine jongen genoeg geld had voor een ritje? Te veel geld voor een jongetje. Vijf toeristenpeso's, dat viel niet uit te leggen.

Hij had niet gevraagd hoe de jongen aan het geld was gekomen, hij was alleen blij geweest met het lachende gezicht van het kind, dat nu dood was. Hoe je het ook wendde of keerde, hij zou er de schuld van krijgen, dat was wel zeker.

Hij dacht aan zijn vrouw en drie kinderen en alle levens die te gronde zouden gaan als de politie hem in de cel zette. Hij nam een besluit, tilde de jongen als een zak aardappelen op en droeg hem naar de laadbak van zijn pick-up, waar hij hem voorzichtig op zijn rug neerlegde en daarna met een zeil toedekte. Niemand had hem gezien, niemand had de jongen gezien.

Hij bracht zijn gezin met de auto naar de nachtmis zonder dat zijn vrouw enig idee had van zijn kleine lading. Later die nacht, toen zij sliep en het feestgedruis op de Malecón verstomde, toen de laatste trompet en de laatste gitaar die de nachtlucht vulden ermee ophielden, stond hij op, kleedde zich stilletjes aan en reed naar de Malecón. Hij zette de auto neer tegenover de medische torens, het donkerste gedeelte van de zeewering, daar waar geen lampen brandden.

Het lichaam van het jongetje was niet zwaarder dan een zak yams. Hij droeg de lichte last naar de stenen muur en liet hem los, liet hem aan de andere kant van de zeewering vallen. Hij hoorde een zachte plons aan de rand van de oever. Hij bad dat Eshu, de god van het ongeluk, de jongen een veilige doortocht zou geven.

Hij kon het lichaam in het donker niet zien liggen, maar de vloed zou hem in de loop van de nacht verplaatsen. Hij was er zeker van dat de jongen 's morgens door vissers zou worden gevonden, en dan zouden zijn ouders geloven dat hij was uitgegleden op de rotsen op de plek waar alle jongens kwamen vissen en pootjebaden. Ze zouden verdriet hebben, kapot zijn om de dood van hun kind, maar niet verdrietiger dan als ze wisten hoe hij werkelijk was gestorven. Een ongeluk, in beide gevallen. Niemands schuld.

Een dood kind, dacht hij, is een dood kind, en een groter verlies bestaat er niet, maar hoe het stierf is minder belangrijk dan dát het is gestorven, en ik vind het erg dat het is gebeurd, maar ik kan het lot niet veranderen. Dit jongetje zal nooit oud worden maar dat is niet mijn schuld. Hoe kon ik dat nu weten?

Hij zei een gebed voor het jongetje en de golven liefkoosden het. Genade zij God en moge zijn ziel ten Hemel worden gedragen.

En toen sloeg hij een kruis, en terwijl hij in zijn hart een gewicht meedroeg zo zwaar als het kruis van Christus, stak hij langzaam de Malecón over met in zijn vuist de vijf toeristenpeso's van de jongen, die zijn eigen gezin net zo goed kon gebruiken als ieder ander.

Hij ging terug naar zijn vrouw en kinderen, maar eerst vouwde hij het dekzeil zorgvuldig op, want het was moeilijk in Cuba goede dekzeilen te vinden, en dat was al zo sinds de *revolución*.

Dankwoord

Ik zal nooit vergeten dat mijn boek helemaal niet zou zijn uitgebracht als ik niet op de laatste avond van het Theakstons Old Peculier crime-festival in Harrogate aan de bar had gestaan (nadat ik de avond ervoor de Debut Dagger aan me voorbij had zien gaan), toen de Schotse auteur Ian Rankin langsliep.

Er was bijna niemand bij de bar. Vrijwel iedereen zat bij een lezing. Ik zat aan mijn laatste glas wijn voordat ik zou teruggaan naar het hotel om mijn spullen te pakken voor mijn lange vlucht naar huis. Ik vroeg hem of ik een foto van hem mocht nemen – normaal gesproken laat ik beroemdheden met rust, maar Crime Writers of Canada had me gevraagd om foto's te maken als ik bekende auteurs tegenkwam.

Hij was zo vriendelijk om ja te zeggen. Hij vroeg waar ik vandaan kwam en ik zei Ottawa. Hij bleek de week ervoor te zijn teruggekomen van het Bluesfest in Ottawa, waar hij met zijn zoon naartoe was geweest. Wat een toeval!

Zonder dat gesprekje over de idiote hitte in Ottawa die week en over hoe geweldig het Bluesfest ondanks het weer was geweest, betwijfel ik of hij me zou hebben gevraagd wat ik in Harrogate kwam doen en of ik al een agent of een uitgever had, wat niet het geval was. Maar die vraag stelde hij wel. En hij bood me aan dat ik hem als referentie mocht noemen. Dankzij hem heb ik mijn Britse en Canadese agenten gevonden, respectievelijk Peter Robinson en Anne McDermid, die ik allebei in m'n hart heb gesloten.

'Geluk is hard werken' wordt er wel eens gezegd. Maar bij dit boek (en deze serie) heeft geluk toch echt een grotere rol gespeeld dan ik met hard werken alleen had kunnen afdwingen.

Er zijn zoveel geweldige vrienden die bereid waren om *Schaduwzijde* te lezen (sommigen zelfs meerdere malen) en me van advies te dienen. Thelma Farmer is de recordhouder: zij heeft het manuscript zeker tien keer gelezen. Andere lezers waren Bill Schaper, Lou Allin, Debbie Hantusch, Mike Hutton, John Lindsay, Ken Stuart, Brian French, Beth McColl, Mark Bourrie, E. Kaye Fulton, Paul Olioff, en natuurlijk mijn dochter Jade, die me niet alleen in het vroegste stadium heeft geholpen bij het construeren van de plot, maar ook heeft bijgedragen aan het ontwerp van het omslag. Guillermo Martinez-Zalce heeft ervoor gezorgd dat al het Spaans juist gespeld was; Alex Schultz heeft gezorgd voor het Engels.

Ik wil jullie allemaal bedanken. En daarnaast heel veel dank aan de Britse Crime Writers' Association voor de nomatie voor de Debut Dagger waarmee dit avontuur is begonnen. En tot slot dank aan Adrienne Kerr van Penguin Canada voor het vertrouwen dat ze me heeft gegeven.